Préparation aux diplômes d'éducateur sportif

Tome 3

Encadrement et animation de la pratique sportive : aspects psychologiques et pédagogiques

Carole Sève

@mphora
27, rue Saint-André des Arts - 75006 Paris

Remarque : cet ouvrage est une édition entièrement revue, actualisée et complétée du manuel paru précédemment sous le titre « Préparation aux Brevets d'État d'Éducateur sportif – Tome 3 ».

Maquette AlphaStudio

Imprimerie EPEL, Hendaye (France)
ISBN : 978-2-85180-772-4

SECTION 2
les facteurs psychologiques

Chapitre 5

SECTION 3
pédagogie sportive

SECTION 4
l'esprit sportif

Cet ouvrage constitue une aide pour les éducateurs sportifs dans la préparation de leur diplôme et pour leur activité professionnelle. Son propos est l'apprentissage et l'enseignement des habiletés sportives. Il présente une synthèse des connaissances, dans le domaine de la psychologie et de la pédagogie, permettant à l'éducateur d'organiser la pratique sportive. Ces connaissances sont transversales à différents contextes d'intervention : entraînement sportif compétitif, éducation sportive, pratique loisir ou récréative…

Cet ouvrage est organisé en quatre sections :

- la Section 1 s'attache à la réalisation et à **l'acquisition des habiletés sportives** ;
- la Section 2 présente les principaux **facteurs psychologiques** intervenant dans la pratique sportive ;
- la Section 3 aborde les **aspects pédagogiques** de l'encadrement de la pratique sportive ;
- la Section 4 concerne **l'esprit sportif**.

Cette structuration de l'ouvrage est due aux contraintes de l'écriture et ne correspond pas à des domaines de connaissances indépendants. Les connaissances concernant la réalisation des habiletés sportives sont essentielles pour concevoir des programmes d'enseignement pertinents ; connaître les facteurs psychologiques aide à la compréhension de la réalisation des habiletés sportives ; la mise en œuvre d'un projet suppose non seulement des compétences de concepteur mais aussi de pédagogue… Un des ressorts de l'expertise des éducateurs est de parvenir à mettre en relation différents types de connaissances qui constituent des ressources pour l'intervention.

Pour faciliter la lecture de cet ouvrage et l'articulation des connaissances, le texte est fréquemment illustré par des schémas et des exemples. Des raccourcis consignent les idées essentielles tout au long du livre et il est proposé, à la fin de chaque chapitre, un résumé, des thèmes de réflexion et des lectures possibles pour approfondir ses connaissances.

section 1

la réalisation et l'acquisition des habiletés sportives

La réalisation et l'apprentissage des habiletés est au cœur de la pratique sportive. Pratiquer un sport nécessite d'apprendre un certain nombre d'habiletés techniques et tactiques. L'objectif de cette partie est de présenter les processus intervenant dans la réalisation et l'apprentissage d'un geste sportif, et les conséquences en termes d'intervention pour l'éducateur. Il s'agit, pour l'éducateur, d'acquérir des connaissances concernant ces processus afin d'adapter ses procédés d'enseignement.

Cette partie est organisée en quatre chapitres :

- le premier précise des vocables fondamentaux relatifs aux habiletés sportives ;
- le deuxième décrit les caractéristiques de la prise de décision et du traitement de l'information dans les situations sportives ;
- le troisième détaille les phénomènes de l'apprentissage moteur ;
- le quatrième s'attache à la prise en compte des caractéristiques de l'apprentissage moteur pour l'enseignement des habiletés sportives.

Chapitre 1

précisions terminologiques

Un des problèmes auquel se trouve confronté l'éducateur lorsqu'il veut enrichir ses connaissances dans le domaine de la psychologie du sport, réside dans la diversité des termes employés. Aussi dans un premier temps, il est nécessaire d'éclaircir le sens des vocables les plus couramment rencontrés c'est-à-dire les notions de développement, d'apprentissage, d'aptitude, d'habileté, de performance, d'entraînement et d'entraînabilité. Bien souvent ces mots n'acquièrent toute leur signification que les uns par rapport aux autres.

→ Le développement et l'apprentissage

Le développement

Le bébé devient un adulte grâce à un phénomène de développement. Ce développement est le fait de transformations génétiquement programmées mais aussi le résultat d'une confrontation de l'individu à l'environnement physique et social.

Ce développement affecte tout le registre comportemental de l'individu : il concerne les aspects physique, moteur, affectif, social. Il s'exprime selon différents plans :

↗ **la croissance physique.** La manifestation la plus évidente du développement est la croissance physique. Cette croissance physique recouvre les modifications staturales et pondérales et les transformations morphologiques et pubertaires. Ces transformations sont réglées essentiellement par des horloges biologiques internes. Par exemple, la puberté est le fait de la libération d'hormones spécifiques ;

↗ **les aptitudes physiques**, qui constituent le potentiel de départ de l'individu, se développent également grâce à des phénomènes de maturation et de croissance. Les performances physiques s'améliorent avec l'âge en dehors de tout processus d'entraînement. La masse musculaire augmente, la capacité à produire et à éliminer l'acide lactique apparaît vers 12-13 ans, les patrons moteurs fondamentaux se diversifient et s'enrichissent entre 2 et 6 ans... Avec l'âge l'enfant devient plus fort, plus rapide, plus efficace ;

↗ l'apparition et la **diversification des patterns moteurs**. L'enfant développe de nouveaux patterns moteurs tels que le lancer à bras cassé, le sautillement, l'attraper... ;

↗ **les ressources attentionnelles et mnésiques de l'enfant s'accroissent** du fait de la maturation du système nerveux central. L'enfant devient capable de porter son attention, pendant une durée plus longue, sur un élément pertinent de la tâche à effectuer sans se laisser déconcentrer par des événements extérieurs et il retient un plus grand nombre d'informations. Comme pour les transformations physiques, ces modifications sont liées à des phénomènes de maturation et de croissance. Les psychologues observent en effet des régularités dans l'ordre et le moment de l'apparition de ces transformations chez tous les enfants. Ainsi avant 8 ans, les psychologues remarquent que les enfants sont incapables de réagir rapidement à un stimulus. La rapidité de réaction à un signal s'améliore sensiblement entre 8 et 12 ans, indépendamment des expériences vécues.

Les régularités dans les transformations des enfants montrent que celles-ci ne résultent pas de la pratique mais bien d'un phénomène de développement prédéterminé.

L'apprentissage

L'apprentissage, au contraire du développement, ne concerne pas les transformations de la conduite qui proviennent des phénomènes de maturation et de croissance du système nerveux et physiologique. **L'apprentissage suppose une acquisition, une mémorisation** d'actes du fait de l'exercice et de la répétition. L'apprentissage résulte d'une confrontation de l'enfant ou de l'adulte à des situations. Celui-ci construit et emmagasine des réponses pour répondre à ces situations. Il y a apprentissage chaque fois que se produit un changement stable dans les conduites qui n'est pas dû à un processus de développement c'est-à-dire de croissance.

L'acquisition des techniques sportives provient donc des phénomènes d'apprentissage. Un tir de handball, une passe de football, un coup droit de tennis, une roulade avant sont appris. Un des rôles de l'éducateur sportif est de mettre en place les conditions de ces apprentissages. Il doit donc en connaître les mécanismes pour optimiser l'efficacité de son enseignement.

Les relations et les différences entre le développement et l'apprentissage

Le développement et l'apprentissage entraînent tous les deux des transformations chez l'individu et sont donc quelquefois difficilement différenciables. Nous pouvons cependant faciliter leur distinction à l'aide des critères suivants :

- le temps nécessaire aux transformations. Le développement peut être conçu comme une transformation se réalisant sur une échelle de temps longue, de l'ordre des mois ou des années, alors que l'apprentissage se réalise sur une durée plus brève ;

- la réversibilité des transformations. Le développement entraîne des modifications généralement irréversibles alors que les modifications résultant d'un apprentissage peuvent être oubliées ou transformées.

- La similitude des transformations. Le développement entraîne des modifications qui sont communes à l'ensemble des individus alors que les modifications résultant des apprentissages peuvent être très diverses en fonction des sujets.
- La prédétermination des transformations. Les modifications dues au développement sont réglées par des horloges biologiques internes et par des programmes de croissance et de maturation alors que l'apprentissage est soumis à des contraintes temporelles beaucoup plus souples.
- La succession des phénomènes. Si le développement est une condition préalable aux apprentissages (on n'apprend pas n'importe quoi à n'importe quel âge), l'inverse n'est pas la règle.

En fait, le critère le plus pertinent pour distinguer le développement de l'apprentissage est l'âge. Le développement dépend d'une variable essentielle qui est l'âge alors que l'apprentissage est essentiellement le fait de la répétition.

Raccourci
Le développement résulte de la maturation.
L'apprentissage résulte de la pratique.

Les aptitudes

Définition

Les aptitudes désignent des caractéristiques individuelles du sujet relativement stables et sont peu influencées par l'apprentissage et la situation. Ces aptitudes sont indépendantes les unes par rapport aux autres. Les aptitudes dépendent avant tout de facteurs d'ordre génétique et constituent, en quelque sorte, le potentiel d'un athlète.

Les différentes sortes d'aptitudes

Fleischman (1964) a identifié, après une analyse complexe, 52 aptitudes chez l'être humain qu'il classifie en trois groupes qui sont :

- les aptitudes physiques (exemples : force dynamique des membres inférieurs, force dynamique des membres supérieurs, force statique des membres inférieurs, souplesse dynamique, endurance cardiorespiratoire, vitesse de mouvement des membres...) ;

↗ des aptitudes psychomotrices (exemples : dextérité manuelle, précision du contrôle, coordination plurisegmentaire, stabilité des postures...) ;

↗ des aptitudes cognitives (exemples : attention sélective, partage de l'attention, visualisation, vitesse perceptive...).

Les aptitudes

Les aptitudes physiques	Les aptitudes cognitives	Les aptitudes psychomotrices
• la force physique • la force statique • la souplesse dynamique • l'endurance cardiorespiratoire • la vitesse	• l'attention sélective • le partage de l'attention • la visualisation • la vitesse perceptive	• la dextérité manuelle • la précision du contrôle • la coordination plurisegmentaire • la stabilité des postures

L'amélioration des aptitudes

Le niveau maximal de développement des aptitudes est fixé génétiquement. Cependant, si l'amélioration des aptitudes est le fait d'un développement de l'organisme, l'exercice et l'entraînement jouent un rôle important. Ceux-ci permettent d'atteindre les limites maximales de développement. Par exemple, la puissance maximale aérobie (la VO2 max) est une aptitude dont la limite maximale de développement dépend de facteurs génétiques tels que la capacité de transport de l'oxygène des poumons vers les cellules musculaires, le débit cardiaque... Si l'individu n'entraîne pas cette VO2 max il atteindra, par le processus de développement, le niveau moyen des sujets sédentaires c'est-à-dire 40 à 45 ml d'O_2 / min / kg de muscle. Par contre, l'exercice lui permet d'atteindre sa limite maximale qui peut être de 60 ml d'O_2 / min / kg de muscle.

Les aptitudes constituent ainsi un potentiel de départ qui détermine en partie la capacité de performance d'un individu. Cependant la possession de certaines aptitudes, si elle est une condition nécessaire, ne suffit pas à l'obtention de bons résultats sportifs. L'exercice et l'entraînement sont indispensables pour le développement optimum de ces aptitudes de départ.

Raccourci

Les aptitudes constituent le potentiel de départ d'un sportif.

Les habiletés motrices

Définition

Du fait de leur diversité, il est difficile de donner une définition qui s'applique à tous les cas. Il est essentiel de différencier plusieurs sortes d'habiletés. Le psychologue Guthrie (1952) a néanmoins proposé une définition qui rend compte des aspects essentiels de l'habileté. Cette définition est la suivante : **« L'habileté consiste en la capacité de parvenir à un résultat avec le maximum de certitude et des dépenses d'énergie ou de temps et d'énergie, minimales. »**

Cette définition met l'accent sur quatre caractéristiques essentielles de la notion d'habileté.

- La réalisation d'une habileté suppose l'existence d'un but à atteindre. L'habileté permet l'obtention d'un résultat. Un élève est habile pour mettre le ballon dans le panier. Sans l'existence de ce résultat à atteindre, on ne peut parler d'habileté.

- L'habileté permet d'atteindre ce résultat avec le maximum de certitude. Un joueur habile au lancer franc en basket-ball présente un fort pourcentage de réussite. Ce fort pourcentage de réussite est constant.

- L'habileté permet de parvenir à un résultat avec le maximum de certitude et des dépenses d'énergie minimales. Cette minimisation de l'énergie concerne l'énergie physiologique et l'énergie psychique nécessaires à la réalisation de l'habileté. Une réponse habile réduit le coût énergétique et attentionnel de la réponse. Le basketteur mobilise juste les segments corporels indispensables et l'attention psychique nécessaire pour tirer au panier. Les spectateurs observant un sportif habile sont toujours surpris de l'apparente facilité de ses actions.

- L'habileté permet de parvenir au résultat en un minimum de temps. Un grand nombre d'habiletés gagnent en efficacité si elles sont effectuées rapidement. Les contraintes de temps, dans les situations sportives, sont importantes et l'athlète doit agir juste au bon moment. L'attaquant qui arrive seul devant le panier doit tirer avant que la défense ne se réorganise. Dans certaines activités, le facteur temps constitue le facteur premier de la performance (épreuves de natation par exemple).

Ces quatre éléments caractérisent une habileté. Dans le domaine sportif les entraîneurs ont souvent tendance à assimiler gestes techniques et habiletés motrices. Il est vrai que ces deux notions sont très proches. La notion de technique insiste cependant plus sur l'aspect purement moteur de la réalisation que la notion d'habileté.

Les composantes de l'habileté motrice

Produire une habileté motrice nécessite la mise en jeu de différents processus. L'entraîneur n'a accès qu'à l'aspect moteur de l'habileté mais la réalisation de celle-ci exige cependant l'intervention de processus psychologiques. Le tennisman qui effectue un coup droit a auparavant identifié la trajectoire de la balle qui lui arrive et décidé d'exécuter ce coup droit. L'habileté ne dépend pas exclusivement de la qualité des opérations motrices mais aussi de la pertinence des opérations mentales. La réalisation d'une habilité met en jeu les trois composantes suivantes :

- la perception et l'identification des caractéristiques de la situation (aspect perceptif) ;
- la décision concernant le mouvement à produire (aspect décisionnel) ;
- la mise en jeu des actions musculaires pour exécuter le mouvement choisi (aspect moteur).

Ces trois composantes occupent une place plus ou moins importante en fonction des caractéristiques de l'habileté à produire.

Habileté sportive

Perception et identification des caractéristiques de la situation.	Décision concernant le mouvement à produire.	Mise en jeu des actions musculaires pour exécuter le mouvement choisi.

Les habiletés ouvertes et les habiletés fermées

Les habiletés sportives sont diverses et leur organisation dépend essentiellement du degré de stabilité et de prévisibilité de l'environnement. Certains gestes sportifs s'effectuent dans des conditions stables (le saut en longueur par exemple) alors que d'autres se réalisent dans des environnements instables (le kayak en eau vive par exemple). En fonction de la prévisibilité de l'environnement, l'habileté est dite habileté ouverte ou habileté fermée.

Les habiletés ouvertes

Ces habiletés sont les habiletés qui se réalisent dans un environnement instable et peu prévisible. L'incertitude provient du milieu, de la présence d'adversaires ou de partenaires. Ainsi en planche à voile l'incertitude provient du milieu. Les conditions de vent et de vagues sont changeantes et influent sur les décisions et les actions. En tennis de table, l'incertitude provient de la présence d'un adversaire. Le joueur ne peut prévoir les réactions de celui-ci et prend des informations en permanence pour agir. En sports collectifs l'incertitude provient de la présence d'adversaires mais aussi de partenaires. Les réactions de ceux-ci ne sont pas contrôlables et prévisibles. Certaines situations sportives font intervenir simultanément plusieurs sources d'incertitude. Dans une régate de voiliers, les incertitudes sont non seulement liées au milieu mais aussi aux réactions des coéquipiers et à celles des équipages adverses. En rugby, l'incertitude provient non seulement des partenaires et des adversaires mais aussi du rebond du ballon qui n'est pas prévisible.

Les habiletés fermées

Les habiletés fermées sont les habiletés qui se réalisent dans un environnement stable et prévisible. L'environnement est connu et ne change pas en cours de réalisation du mouvement. Le coureur de 110 mètres haies connaît le nombre de haies, la hauteur de celles-ci et leur espacement.

Le continuum habiletés ouvertes - habiletés fermées

Les habiletés motrices peuvent donc être placées sur un **continuum habileté ouverte - habileté fermée** en fonction du degré d'incertitude de l'environnement dans lequel elles se déroulent. À un extrême se situent les habiletés pour lesquelles l'incertitude provient simultanément du milieu, des adversaires et des partenaires (le polo). À l'autre extrême se positionnent des habiletés pour lesquelles l'incertitude est quasiment nulle (l'haltérophilie).

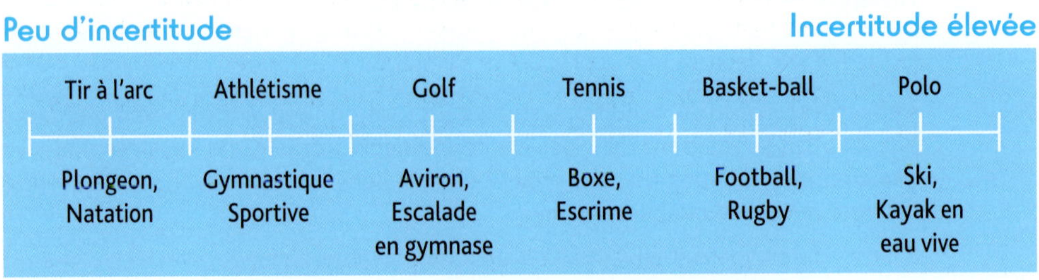

Exemples de positionnement d'activités sportives sur le continuum habileté fermée/habileté ouverte

Intervention des composantes perceptives, décisionnelles et motrices dans les habiletés ouvertes et dans les habiletés fermées

Les habiletés ouvertes imposent au sportif de prendre des informations sur l'environnement pour comprendre la situation et apporter ainsi une réponse adaptée. Les composantes perceptives et décisionnelles de la conduite sont fortement sollicitées. Avant de réaliser un coup droit, le tennisman doit s'informer sur la nature de la balle (vitesse, placement, effet...) qui lui parvient et sur la position de son adversaire. Cette analyse préalable de la situation lui permet d'effectuer un coup droit adapté et efficace. L'habileté du joueur réside dans la qualité du geste et dans sa pertinence par rapport à la situation rencontrée. L'habileté n'est donc pas seulement motrice mais aussi perceptive et décisionnelle.

Par contre, dans les habiletés fermées, l'efficacité du mouvement réside essentiellement dans la qualité motrice du geste effectué. L'environnement est stable et le sportif connaît les caractéristiques de celui-ci. Son problème essentiel est de répondre aux exigences de cet environnement de manière adaptée. Les composantes perceptives et décisionnelles sont donc sollicitées de façon moins importante que la composante motrice. L'habileté d'un coureur de 100 mètres réside dans sa capacité à aller vite et est essentiellement motrice.

L'amélioration des habiletés

L'amélioration des habiletés dépend d'un certain nombre de facteurs dont deux sont prépondérants : les aptitudes et l'apprentissage. L'habileté dépend bien sûr du niveau de développement des aptitudes à disposition mais elle est, dans une large mesure, le produit d'un apprentissage. Ainsi l'habileté à tirer au basket-ball dépend des aptitudes de coordination, de précision du contrôle, de stabilité des postures, de force des membres supérieurs mais aussi et surtout de l'exercice et de l'apprentissage. Il est nécessaire d'apprendre et de stabiliser le mouvement qui permettra d'envoyer le ballon dans le panier. Les aptitudes s'expriment dans des gestes appris par apprentissage et constituent ainsi des habiletés motrices.

Raccourci

Il existe deux types d'habiletés motrices : les habiletés fermées (elles s'effectuent dans un environnement stable) et les habiletés ouvertes (elles s'effectuent dans un environnement instable). Les habiletés fermées sollicitent fortement la composante motrice de l'habileté et les habiletés ouvertes les composantes perceptives et décisionnelles.

La performance sportive

Définition

La notion de performance sportive revêt une certaine ambiguïté. En effet, son emploi est souvent en rapport avec des connotations de succès, de réussite et d'exploit. Réaliser une performance en tennis signifie battre un joueur mieux classé que soi. Cependant cette utilisation particulière du mot performance ne doit pas faire oublier que le terme performance a pour origine le mot de vieux français « parformance ». « Parformer » signifiait accomplir, exécuter. Performance est souvent utilisée, dans le domaine de la psychologie, dans ce sens.

Ainsi la notion de performance désigne tout autant la réalisation d'une réponse motrice que le résultat obtenu, c'est-à-dire aussi bien le mouvement réalisé que le résultat du mouvement. Réaliser une performance en saut en hauteur fait non seulement référence à la hauteur de barre franchie mais aussi aux actions motrices effectuées.

La performance sportive désigne donc les comportements observables d'un individu donné dans une situation donnée et à instant donné. La performance est variable dans le temps et peut être adaptée et efficace ou au contraire inappropriée à la situation. On parle en ce cas de contre-performance.

La performance se distingue de l'habileté dans la mesure où elle est l'actualisation ici et maintenant de l'habileté et des aptitudes du sujet et qu'elle dépend d'un grand nombre de facteurs conjoncturels (la motivation, l'état de fatigue, les conditions de réalisation, le degré d'opposition...).

Les facteurs de la performance sportive

La performance se caractérise par sa variabilité. La performance est instable et varie au cours de la saison sportive. Un des rôles essentiels de l'entraîneur est de permettre à l'athlète de réaliser la meilleure performance possible le jour de la compétition. Pour ce faire il est nécessaire d'identifier les facteurs intervenant sur la performance sportive.

Le schéma de Weineck (1990) permet une première identification de ces facteurs.

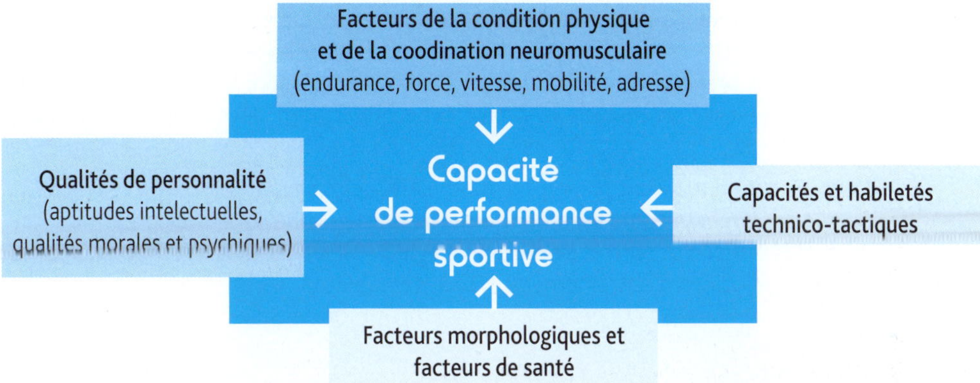

Facteurs de la capacité de performance sportive d'après Jurgen Weineck, *Manuel d'entraînement*, Vigot, 1990

D'autres catégorisations sont possibles. Nous pouvons ainsi distinguer les facteurs suivants :

- les aptitudes physiques, psychomotrices et cognitives qui constituent le potentiel de départ ;
- les facteurs constitutionnels (taille, poids, longueur des différents segments corporels, pourcentage de masse grasse…) ;
- les habiletés motrices et stratégiques développées et qui sont essentiellement le produit des apprentissages ;
- les caractéristiques de la personnalité (résistance au stress, contrôle de ses réactions affectives, endurance psychologique, envie de réussite…) ;
- la motivation ;
- l'état de forme ;
- les facteurs sociologiques (milieu familial…) ;
- les conditions de réalisation de la performance (bruit, éclairage, météorologie, enjeu de la compétition, degré d'opposition…) ;
- les facteurs d'entraînement (programmation…).

Ces facteurs sont nombreux et la performance résulte d'une interaction entre ceux-ci. Un seul facteur altère la performance. Ainsi, un perchiste peut réaliser une contre-performance du fait d'une émotion non contrôlée. Un sportif bien préparé physiquement, tactiquement et techniquement peut échouer lors de la compétition du fait d'un manque de concentration. De la même façon, la motivation ne suffit pas pour réaliser un marathon. Il faut avoir auparavant développé ses ressources énergétiques.

L'entraîneur n'intervient pas avec la même efficacité sur l'ensemble de ces facteurs. Si certains aspects sont facilement améliorables grâce à un entraînement adapté, il est plus difficile et parfois impossible d'agir sur d'autres. Ceci nous amène à différencier les notions d'entraînement et d'entraînabilité.

Raccourci
La performance dépend de nombreux facteurs. Elle est variable dans le temps.

L'entraînabilité

Définition

L'entraînabilité représente la **marge de progrès d'un sportif**. Deux sportifs qui suivent le même entraînement ne progressent pas au même rythme ni de la même façon. Les progrès dépendent de l'entraînement mais aussi du potentiel des athlètes.

Le potentiel de l'athlète

Les aptitudes constituent un facteur limitant les progrès possibles. Un entraînement bien conduit permet aux athlètes d'atteindre le maximum de leur potentiel et de l'utiliser au mieux mais toujours dans des limites fixées génétiquement. L'entraînement optimise le rendement des fibres rapides d'un muscle mais ne peut augmenter le pourcentage de ces fibres rapides par rapport aux fibres lentes de ce muscle (pourcentage dépendant de facteurs génétiques). De même, l'entraîneur agit sur l'acceptation du risque corporel par un athlète mais seulement dans une certaine mesure.

Les caractéristiques morphologiques de l'athlète sont également des facteurs sur lesquels l'entraîneur ne peut agir. La taille, la longueur des différents segments corporels dépendent de données génétiques sur lesquelles l'entraînement a peu d'effet.

La détection des talents sportifs

Le problème de la détection des talents sportifs est ainsi posé. L'atteinte du haut niveau, dans certaines activités sportives, exige la possession de certaines aptitudes et caractéristiques morphologiques. Si l'athlète ne possède pas celles-ci, ses chances d'atteindre le haut niveau s'amoindrissent. Ce constat a incité plusieurs fédérations à identifier les caractéristiques des sportifs de haut niveau pour en inférer un modèle de prédiction de la performance. Un athlète a peu de chances de devenir un bon sprinteur s'il ne possède pas une aptitude anaérobie alactique importante. De même un jeune supportant mal l'effort et la souffrance physique connaîtra des difficultés pour atteindre le haut niveau.

La prédiction des performances reste cependant un problème complexe. La réalisation de performances de haut niveau est le résultat d'une interaction entre de nombreux facteurs. Un bon footballeur peut être un joueur très rapide et technique mais aussi un joueur possédant un sens tactique très développé. Les profils des sportifs de haut niveau dans une discipline sont quelquefois très divers. Un basketteur peut compenser une taille moyenne par une adresse et un sens du jeu extraordinaires. La prédiction de la performance à partir du potentiel de départ des athlètes présente donc des limites. Il s'avère pertinent dans certaines activités sportives qui nécessitent à l'extrême la possession d'une qualité particulière (le 100 mètres par exemple) mais il est souvent mis en défaut. La performance est le résultat de la mise en jeu et de l'interaction de multiples facteurs qui sont difficilement isolables les uns des autres.

→ L'entraînement

Définition

L'entraînement est souvent défini comme une **recherche d'une amélioration des performances** grâce à des créations successives de désordres biologiques.

Cette définition insiste sur l'aspect biologique de l'entraînement. Des répétitions d'efforts musculaires provoquent un processus d'adaptation de l'organisme qui va dans le sens d'une augmentation des ressources énergétiques. Il est fréquent de dire que pour faire progresser l'organisme, sur le plan biologique, il faut le fatiguer. Cette fatigue provoque des phénomènes adaptatifs qui développent la capacité des muscles à fournir des efforts.

Entraîner ne se limite cependant pas à améliorer des aptitudes physiques. L'entraîneur recherche également une amélioration de la technique et de la tactique. L'entraîneur agit sur différents pôles de l'optimisation de la performance sportive. Ces pôles ne recouvrent pas tous les facteurs de la performance mais seulement les facteurs sur lesquels l'entraîneur peut intervenir.

Les pôles de l'optimisation de la performance sportive

Les améliorations dues à l'entraînement sont multiples. L'entraîneur, par ses stimuli d'entraînement, recherche plusieurs effets et agit sur différents pôles de l'optimisation de la performance sportive qui sont :

- le développement des aptitudes physiques nécessaires à la performance ;
- le développement des habiletés motrices (qualité et adaptabilité des gestes techniques) ;
- le développement des habiletés stratégiques et tactiques ;
- le développement de certaines qualités psychologiques (la résistance au stress, l'endurance psychologique, le contrôle de ses réactions affectives...).

Les pôles de l'optimisation de la performance

Selon les effets recherchés, les procédés d'entraînement varient. À titre d'illustration, pour agir sur les facteurs d'ordre psychologique, l'entraîneur construit des exercices spécifiques : il améliore l'endurance psychologique grâce à des séances d'entraînement longues et éprouvantes, pour augmenter la résistance au stress il met en place des situations se rapprochant des caractéristiques de la compétition (par exemple faire jouer des sets commençant à 5/5 ou à 8/7 pour des pongistes), pour développer l'adaptabilité des joueurs il effectue des rotations fréquentes entre les partenaires et les adversaires, il a quelquefois recours à des méthodes de préparation psychologique (relaxation, sophrologie...).

Les exigences de l'entraînement

Entraîner impose de planifier. Cette planification spécifie les objectifs à atteindre, les étapes intermédiaires à franchir, les procédés d'entraînement à mettre en œuvre, l'intensité, le volume, la nature et la fréquence des charges d'entraînement et les systèmes d'évaluation des progrès réalisés. Le plan d'entraînement détermine les lignes directrices à suivre pour atteindre les objectifs fixés. Il n'intègre pas seulement les aspects bioénergétiques de la performance mais tient compte de tous les facteurs sur lesquels l'entraîneur peut agir. Le plan d'entraînement spécifie les acquisitions attendues en terme d'habiletés motrices et stratégiques ainsi que la place et la forme accordées au développement des ressources psychologiques.

Résumé

Les définitions essentielles

- Le développement : résultat de transformations génétiquement programmées, communes à l'ensemble des individus et se réalisant sur une longue échelle de temps.
- L'apprentissage : acquisition de nouveaux comportements qui résultent de la pratique et de la répétition.
- Les aptitudes : caractéristiques individuelles de l'individu, peu influencées par l'apprentissage. Elles constituent le potentiel d'un athlète.
- Les habiletés : capacité de parvenir à un résultat avec le maximum de certitude et le minimum de dépense d'énergie et de temps. Elles sont le produit des aptitudes et de l'apprentissage. On distingue trois composantes dans l'habileté : perceptive, décisionnelle et motrice.
- La performance : comportements observables (ou ses résultats). Elle est variable et dépend des habiletés, des aptitudes et des conditions de réalisation.
- L'entraînement : mise en place de procédés pour améliorer les performances.
- L'entraînabilité : marge de progrès d'un sportif.

Vérifiez vos connaissances

- Quelles sont les différences entre les aptitudes et les habiletés ?
- Quels sont les différents types d'habileté motrice ? Les composantes perceptive, décisionnelle et motrice revêtent-elles la même importance dans ces différentes habiletés ?
- De quels facteurs dépend la performance ?
- Sur quels facteurs l'entraîneur peut-il agir pour améliorer la performance d'un sportif ?

Pour en savoir plus

- Famose (Jean-Pierre) et Durand (Marc), *Aptitudes et performance motrice*, Paris, Éditions de la Revue EPS, 1988. (Présentation très complète des notions d'habileté, d'aptitude et de capacité.)
- Durand (Marc), *L'enfant et le sport*, Paris, PUF, 1987, p. 185-204. (Sur le problème de la détection des talents à partir des aptitudes.)
- Weineck (Jurgen), *Manuel d'entraînement*, Paris, Vigot, 1985, p. 15-30. (Sur les principes de l'entraînement.)
- Spaeth Arnold (Ree K.), *Le développement des habiletés sportives*, Paris, dossier EPS n° 3, 1985, p. 15-24. (Sur la classification des habiletés sportives.)
- Saury (Jacques) et Sève (Carole), *L'entraînement*, Paris, Éditions de la Revue EPS, 2004. (Présentation des pratiques des entraîneurs et des caractéristiques de leur métier.)

Chapitre 2

la prise de décision dans les situations sportives

Dans les situations sportives les sportifs sont en permanence confrontés à des événements imprévus qui leur imposent de prendre des décisions. Un footballeur qui arrive devant le but adverse choisit entre les diverses possibilités qui s'offrent à lui. Est-il préférable de tirer, de passer au partenaire démarqué, de dribbler le défenseur direct ? Ce choix est effectué après une reconnaissance ou une analyse des caractéristiques de la situation. Les sportifs ne sont pas passifs dans leur environnement : ils reconnaissent des situations types qui leur permettent de lever une certaine quantité d'incertitude sur la situation. Une prise d'information sur le défenseur direct renseigne le joueur sur les possibilités d'actions de celui-ci. Peut-il contrer mon tir, intercepter la passe, gêner ma progression ? La qualité de la performance produite est liée à la capacité à reconnaître les caractéristiques de la situation et à la pertinence des prises de décision des athlètes.

Aussi il est essentiel de connaître les éléments qui interviennent sur la prise de décision des sportifs et d'identifier les variables influençant celle-ci.

Les différentes sources d'information

Plusieurs sources sont à l'origine des informations parvenant au système nerveux central. Ces informations proviennent de l'extérieur et de l'intérieur du corps. Grâce au traitement de ces informations les sportifs interprètent la situation et décident de l'action à réaliser.

Les informations d'origine extéroceptive

Les informations extéroceptives proviennent de l'extérieur de l'organisme. Elles sont essentiellement véhiculées par les systèmes sensoriels. Les informations préférentiellement utilisées par les sportifs sont la vision, l'audition, le toucher et dans une moindre mesure l'odorat.

La vision permet aux sportifs de reconnaître des configurations spatiales : elle les informe sur la position des partenaires et des adversaires, sur les caractéristiques des trajectoires de balle, sur les caractéristiques physiques de l'environnement, sur la présence et la forme des obstacles...

Le toucher renseigne également les sportifs. Les sensations provenant de la main, du pied, du visage... informent en permanence les sportifs sur les caractéristiques de leurs actions. Un tennisman est capable de repérer, grâce à ce type d'informations, une modification de sa prise de raquette et de la modifier. Un basketteur « sent » le ballon dans sa main. Un deltiste apprécie sa vitesse grâce à la sensation de la vitesse de l'air sur son visage.

L'audition est utilisée dans certains sports pour identifier la situation. Le pongiste reconnaît une balle liftée par la trajectoire et le mouvement de la raquette adverse mais aussi grâce au bruit du contact balle-raquette. Le bruit du rebond de la balle sur la table est également utilisé pour la régulation des mouvements (il se produit une altération de la performance chez des pongistes auxquels on supprime les informations auditives).

Dans certaines situations, l'odorat constitue également une source d'informations pour les sportifs. Le deltiste perçoit des odeurs émanant du sol qui lui indiquent la présence d'un thermique.

Les informations d'origine intéroceptive

La seconde catégorie d'informations provient des mouvements du corps et est habituellement appelée proprioception ou kinesthésie. Ces informations renseignent sur la position et le mouvement des articulations, les tensions musculaires, l'orientation du corps dans l'espace... Ces informations sont utilisées pour le contrôle des postures et des mouvements.

Plusieurs récepteurs sont à l'origine de ces informations :

- l'appareil vestibulaire de l'oreille interne génère des signaux relatifs aux accélérations et à la position de la tête par rapport à la verticale ;
- des récepteurs situés dans les capsules articulaires sont sensibles aux distorsions de celles-ci ;
- des récepteurs situés dans les muscles (les fuseaux neuromusculaires) sont sensibles aux variations de longueur du muscle ;
- sur les tendons on trouve des récepteurs (les organes de Golgi) sensibles à l'étirement du tendon.

Ces récepteurs reçoivent des informations et les transmettent à la moelle épinière et au système nerveux central (le cerveau). La combinaison et l'intégration de ces informations au niveau du système nerveux central renseignent les athlètes sur la position de leurs segments corporels et sur l'intensité des tensions et des contractions musculaires. Ces informations sont primordiales lors de la réalisation d'un grand nombre d'habiletés motrices. Par exemple, en gymnastique sportive, la réalisation d'un salto avant ou le maintien d'un équilibre sur les mains fait appel, de manière importante, à ces sources d'informations.

Les sources d'informations

Les informations d'origine extéroceptive :	Les informations d'origine intéroceptive :
• la vue • le toucher • l'ouïe • l'odorat	• l'appareil vestibulaire • les fuseaux neuromusculaires • les organes tendineux de Golgi...

Les différentes informations parvenant au système nerveux central

Raccourci
Les sportifs utilisent des informations en provenance de leur corps et de l'environnement pour réguler leurs actions.

Les étapes de traitement de l'information et de la prise de décision

Les psychologues ont identifié différentes étapes lors de la programmation d'une réponse motrice. Entre le moment où les événements se présentent aux sportifs et le moment où commence le mouvement se déroulent un certain nombre de processus appelés les étapes du traitement de l'information. Nous pouvons identifier trois étapes essentielles qui sont :

- l'identification du stimulus ;
- la sélection de la réponse ;
- la programmation de la réponse.

Entrées → Identification du stimulus → Sélection de la réponse → Programmation de la réponse → Sorties

Les étapes de traitement de l'information

L'étape de l'identification du stimulus

Le stimulus correspond aux aspects sensoriels perçus dans la situation. Les sportifs utilisent plusieurs canaux (la vision, l'audition, le toucher, la proprioception...) pour prélever des informations sur la situation rencontrée. Cette prise d'informations s'effectue sur l'environnement immédiat des sportifs mais aussi sur l'environnement lointain. Le tennisman regarde la balle pour s'assurer de sa trajectoire mais aussi la position et le déplacement du joueur adverse. Ces informations permettent de comprendre la situation en réduisant l'incertitude de celle-ci. Prenons l'exemple d'une contre-attaque au handball. Le gardien, en possession du ballon, identifie les positions respectives des attaquants et des défenseurs pour repérer ses partenaires démarqués. Il prélève également des informations sur les courses possibles des différents joueurs afin de déterminer quel partenaire sera, au moment de la réception du ballon, le plus à même d'atteindre le but. Grâce à ces informations, les athlètes reconnaissent des situations familières (des situations types) déjà rencontrées au cours de leurs expériences passées.

L'étape de la sélection de la réponse

L'étape de l'identification du stimulus permet aux sportifs de comprendre les caractéristiques de la situation et/ou de reconnaître des situations déjà rencontrées. Suite à cette reconnaissance, ils effectuent des choix et décident de l'action à effectuer. Ce choix prend également en compte ses propres ressources disponibles. Le gardien de but ne choisira pas de passer à un partenaire démarqué près de la zone adverse s'il ne se sent pas capable d'envoyer le ballon aussi loin. De même un cavalier, en course d'endurance, évitera des obstacles qu'il estime trop difficiles pour le cheval et pour lui-même. Une fois l'action décidée, les athlètes programment la réponse correspondant à ce choix.

L'étape de programmation de la réponse

Dès la décision réalisée, les opérations constituant la programmation de la réponse commencent. Ces opérations concernent le mouvement à effectuer : elles ont pour objet l'organisation du système moteur pour produire le mouvement décidé. Le système doit préparer à l'action les différentes structures intervenant dans la commande motrice (le tronc cérébral, la moelle épinière) et organiser le programme moteur, qui par la suite contrôlera le mouvement en déterminant l'ordre et l'intensité des contractions musculaires à mettre en œuvre pour produire le mouvement désiré. À titre d'illustration, un tennisman repère que son adversaire est au fond du court et décide de monter à la volée. Pendant la course vers le filet, il prépare déjà les muscles du bras et du tronc à effectuer cette volée ; il programme son action future.

Ces différentes étapes du traitement de l'information constituent la partie cognitive du mouvement, c'est-à-dire la partie durant laquelle est décidée et préparée une action. Bien que cognitives, ces opérations ne sont pas forcément conscientes. Ce niveau cognitif intègre des opérations perceptives et décisionnelles. La figure page 47 représente cette organisation de la réponse motrice en différents niveaux.

La partie cognitive du mouvement s'effectue au sein d'un canal central de traitement à capacité limitée. Le canal central de traitement (responsable des activités d'identification, de sélection et de programmation) possède une capacité limitée. L'homme, au contraire de l'ordinateur, ne peut traiter simultanément qu'un nombre réduit d'informations. Il se trouve donc dans l'obligation de développer des stratégies spécifiques pour pouvoir répondre à des situations complexes en un minimum de temps. Un basketteur débutant en train de dribbler est dans l'impossibilité de prendre simultanément en compte, des informations provenant du ballon, du déplacement des adversaires et de ses partenaires et de comprendre en même temps les consignes de l'entraîneur. Un traitement des informations provenant de l'environnement va dégrader son action de dribble. Deux éléments permettent de répondre à ces exigences attentionnelles :

- l'automatisation des mouvements (cf. chapitre suivant) va diminuer le coût attentionnel nécessaire à la réalisation et au contrôle des gestes et ainsi libérer l'attention pour d'autres tâches (regarder ses partenaires, écouter les consignes de jeu du coach) ;

- la reconnaissance de situations types, c'est-à-dire de situations familières déjà rencontrées (par exemple la reconnaissance d'une situation de contre-attaque ou de passe et va, en sports collectifs) et pour lesquelles l'athlète dispose de réponses efficaces, lui permet de réagir plus vite, sans un traitement complexe et séquentiel des caractéristiques de la situation. Pour le jeu d'échec, il a été montré que les experts ne procédaient pas à une analyse pas à pas des possibilités de déplacement des différentes pièces mais qu'ils reconnaissaient des formes ou des configurations de jeu de manière globale. Le même phénomène existe en sport. En sports collectifs, les joueurs expérimentés ne procèdent pas à une analyse séquentielle de la position des différents joueurs mais reconnaissent une situation de jeu typique (déséquilibre spatial de la défense par exemple). En sports de raquette, les joueurs reconnaissent une situation dans laquelle il est possible de surprendre son adversaire par une amortie...

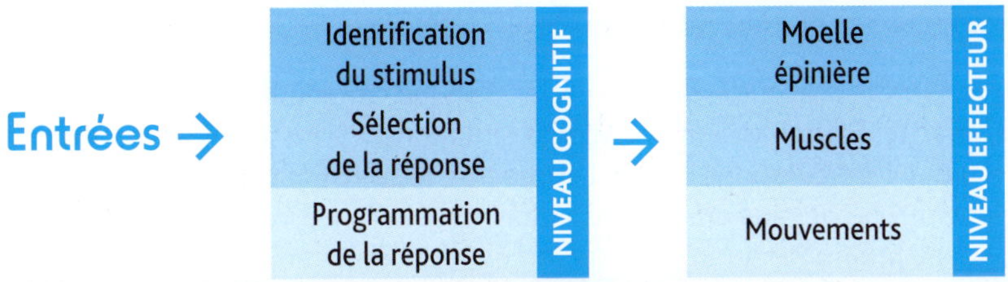

Le niveau cognitif et le niveau effecteur du mouvement

Raccourci
Les sportifs, pour répondre au caractère complexe, dynamique et incertain des situations sportives, apprennent à reconnaître des situations types pour lesquelles ils disposent de réponses efficaces.

Les facteurs influençant le traitement de l'information et la prise de décision

Le traitement de l'information et la prise de décision constituent des éléments essentiels de la performance sportive. Certains tennismen sont en avance sur la balle et semblent avoir deviné les intentions de leur adversaire alors que d'autres réagissent toujours en retard. De même, certains joueurs de sports collectifs sont capables d'intercepter des passes adverses alors que d'autres agissent exclusivement sur le porteur de balle. Comment expliquer ces différences ?

Les facteurs influençant le temps nécessaire aux opérations d'identification du stimulus, de sélection et de programmation de la réponse sont nombreux. Ces facteurs peuvent être liés au sujet (expérience et éveil cortical), à l'environnement (incertitude) ou à la réponse à effectuer (complexité). Nous étudierons successivement l'effet des facteurs suivants :

- la pratique antérieure et l'expérience acquise ;
- la complexité de la tâche (complexité du stimulus et nombre de choix stimulus-réponses) ;
- la complexité de la réponse motrice à effectuer ;
- le niveau d'activation du système nerveux central.

La pratique antérieure et l'expérience acquise

L'expérience acquise du fait de la pratique antérieure de l'activité influe sur la capacité des athlètes à analyser la situation et à reconnaître des situations types ou des configurations de jeu. Les progrès se réalisent sur différents pôles qui sont : une recherche plus efficace des informations, une prise de décision mieux adaptée et une programmation plus rapide. Les phénomènes d'apprentissage ne concernent pas seulement le niveau effecteur de la conduite mais également le niveau cognitif. On parle en ce cas d'apprentissage perceptif et d'apprentissage décisionnel. L'apprentissage perceptif concerne la capacité à identifier les éléments importants de la situation. L'apprentissage décisionnel concerne la capacité à sélectionner une réponse pertinente et la capacité à évaluer (après son exécution) l'opportunité de cette réponse.

La recherche des informations

De nombreuses études ont montré l'existence de différences entre les débutants et les experts concernant les stratégies de prise d'information visuelle. Les différences concernent deux aspects :

↗ les zones des fixations visuelles. Les sportifs expérimentés centrent leur regard sur les zones informatives de la situation et explorent rapidement les particularités de celle-ci. Par exemple en sports de raquette, ils centrent leur regard sur des éléments leur permettant d'anticiper la trajectoire de balle qui sera produite par leur adversaire : alors que les débutants regardent la balle et la raquette, les experts regardent l'épaule, le tronc, le placement des appuis qui leur permet de prévoir plus précocement le mouvement qui sera réalisé par l'adversaire. En planche à voile, un planchiste débutant centre son regard sur sa voile et son environnement immédiat et est incapable de reconnaître une risée ou une vague qui vont perturber le déroulement des actions prévues ;

↗ la diminution du nombre de points de fixations visuelles. Les experts ont des fixations visuelles peu nombreuses et relativement longues. Au lieu de suivre visuellement le déplacement de la balle (comme le fait un débutant), un pongiste expérimenté « l'attend » à certains points précis de sa trajectoire et libère ainsi le regard pour le porter sur l'adversaire.

Les possibilités d'interprétation et de compréhension de la situation sont donc réduites chez le débutant dans la mesure où il peut ne pas percevoir des informations à haute valeur significative.

Le filtrage des informations par le phénomène d'attention sélective

En raison de la capacité limitée du canal central de traitement, les athlètes ne peuvent traiter tous les stimuli en provenance de l'environnement. Les sportifs expérimentés ne sont attentifs qu'à un nombre limité d'informations, celles qui sont pertinentes pour leur action. Un pongiste en train de frapper une balle est confronté à une multitude de stimuli d'origines diverses : la trajectoire de la balle, les actions de l'adversaire, les commentaires et déplacements des spectateurs, les bruits extérieurs... Le joueur filtre ces informations pour ne traiter que celles qui lui permettent d'organiser efficacement son action. Ce filtrage est possible grâce au phénomène d'attention sélective. Cette sélectivité s'améliore avec la pratique du fait de la connaissance et de la reconnaissance des propriétés pertinentes de la situation. Le joueur expérimenté oriente son attention vers ces éléments informatifs alors que le joueur débutant intègre en vrac toutes les stimulations. Sa capacité de traitement de l'information est ainsi débordée et il se produit des altérations de la performance. Un jeune handballeur va quelquefois suspendre son action car il a entendu un cri dans les tribunes. Un sportif expérimenté filtre ce stimulus non pertinent.

La reconnaissance de situations types et de configurations de jeu

Au cours de leurs expériences et au fur et à mesure de la pratique, les sportifs apprennent à reconnaître des situations déjà rencontrées, et ils se souviennent des actions efficaces précédemment effectuées. Cette mémorisation et reconnaissance de situations familières les aide à choisir rapidement l'action à réaliser. Dans une situation identique, ils ont réagit de telle manière et le mouvement effectué a été bénéfique : ils décident donc de le reproduire. Par exemple, au judo, l'athlète reconnaît une situation de déséquilibre de l'adversaire qu'il a exploitée grâce à un balayage de la jambe d'appui. Reconnaissant cette situation, le judoka décide d'effectuer la même action. Plus un athlète est capable de reconnaître des situations types différentes et plus ses prises de décision sont facilitées.

Sans cette expérience précédemment acquise, les sportifs sont contraints de procéder à une analyse complète de la situation et de fonctionner par tâtonnement. Le pongiste qui rencontre pour la première fois une raquette combinée (c'est-à-dire une raquette possédant deux faces avec des caractéristiques différentes) tente de nouvelles solutions pour s'adapter à la nature des balles. S'il s'est déjà confronté à ce type de raquette, il connaît son incidence sur la balle et sélectionne immédiatement des réponses motrices adaptées.

L'augmentation de la vitesse de la programmation motrice

La pratique antérieure stabilise des programmes moteurs grâce à des phénomènes d'apprentissage et d'automatisation. Le mouvement, s'il a été répété un nombre de fois suffisamment élevé, a généré un schéma qui commande l'ordre des contractions musculaires à mettre en œuvre pour le réaliser. Aussi les sportifs possédant de tels schémas vont, une fois la réponse sélectionnée, programmer très rapidement le mouvement à effectuer. S'ils ne possèdent pas ces schémas, ils sont dans l'obligation de construire le programme dans sa totalité. Le pongiste qui repère une situation de frappe coup droit va, en fonction de sa pratique antérieure, faire appel au programme déjà mémorisé « frappe coup droit » ou construire cette réponse motrice. Ce processus de construction nécessite du temps.

Raccourci

La pratique antérieure d'une activité améliore la capacité à reconnaître des situations de jeu familières, dans lesquelles certaines actions se sont avérées efficaces. Cette reconnaissance permet des prises de décisions adaptées et rapides. L'athlète reproduit des actions dont l'efficacité a déjà été éprouvée dans des situations similaires.

La complexité de la tâche à résoudre

La complexité de la tâche à résoudre influe sur la charge mentale des opérations à effectuer. Cette complexité dépend de plusieurs facteurs.

Les situations de double tâche

Un grand nombre de situations sportives imposent aux athlètes d'effectuer deux tâches simultanément. Par exemple, le tennisman analyse, en même temps qu'il se déplace, les caractéristiques de la trajectoire de la balle pour programmer un mouvement de frappe. De même un cavalier prend des informations sur la nature et la position des obstacles pour décider de l'action suivante, tout en maintenant son équilibre sur le cheval. Ces situations sont appelées situations de double tâche. Ces deux tâches à effectuer simultanément sont souvent une tâche sensorimotrice (se déplacer par exemple) et une tâche d'identification et de décision (repérer le placement de l'adversaire pour décider de l'endroit où envoyer la balle par exemple). Ceci est possible grâce à une capacité spécifique de l'être humain, le partage de l'attention. Ces situations de double tâche augmentent la durée nécessaire à l'analyse de la situation dans la mesure où tous les processus attentionnels ne sont pas disponibles pour celle-ci.

Ce partage de l'attention a néanmoins des limites et les capacités du système de traitement de l'information sont dépassées si les deux tâches exigent trop d'attention. Dans ce cas, une altération de la performance se produit. Les sportifs développent donc des stratégies spécifiques pour pouvoir répondre aux exigences de ces situations de double tâche. Ils diminuent le coût attentionnel d'une des deux tâches (souvent celle sensorimotrice) grâce au processus d'automatisation. L'attention « libérée » peut ainsi être utilisée pour la tâche cognitive.

La prévisibilité de l'environnement

La prévisibilité de l'environnement facilite le traitement de l'information et la prise de décision. Dans une habileté fermée comme l'exécution d'un enchaînement d'éléments acrobatiques en gymnastique sportive, l'athlète décide à l'avance des actions à effectuer. Dans ce cas, les étapes d'identification et de décision sont simplifiées. Des informations, d'ordre proprioceptif, renseignent le gymnaste sur sa vitesse et sur sa position dans l'espace et l'amènent à modifier sa conduite mais dans de faibles proportions. De la même façon, un sprinteur dans les starting-blocks connaît déjà les actions musculaires à mettre en œuvre pour réaliser son départ. Son temps de réaction est donc faible et est essentiellement dû au délai nécessaire aux informations auditives pour parvenir jusqu'au système nerveux central et à la durée de transmission de la commande motrice.

Par contre, dans des activités où l'environnement est peu prévisible, les sportifs se livrent à une véritable analyse avant d'opter pour une réponse motrice. Plus les informations sont complexes à traiter et plus le temps nécessaire pour comprendre et interpréter la situation s'allonge. En voile, une décision concernant un choix de navigation peut prendre plusieurs minutes. Le skipper évalue la situation présente et anticipe sur son devenir par le recours à divers éléments : quels sont les vents actuellement dominants ? Quelles sont les prévisions de la météorologie ? Quels sont les courants ? Quelle est la configuration des fonds ? Comment se comporte mon bateau dans le gros temps ? Cependant les contraintes temporelles de la situation ne permettent pas toujours aux athlètes d'envisager et de comparer toutes les alternatives possibles. Ils agissent souvent en situation « d'urgence temporelle » et décident de façon opportuniste. En tennis de table, les balles se déplacent à de grandes vitesses et sur des distances très courtes. Il faut savoir sélectionner très rapidement le coup approprié à chaque trajectoire.

Agir par anticipation

Les sportifs peuvent agir selon une modalité qui n'est plus celle de la réaction mais celle de l'anticipation. Ils traitent des informations qui sont antérieures au stimulus déclenchant. Pour monter à la volée, un tennisman n'attend pas de percevoir une balle plus lente mais anticipe sur cette balle. Il envoie des coups puissants pour obliger l'adversaire à reculer et lorsqu'il juge celui-ci dans une situation nettement défavorable, il amorce son déplacement vers le filet dès que la balle sort de sa propre raquette.

Les athlètes utilisent des informations préalables pour optimiser leurs actions, grâce à une présélection des réponses. Si cette préparation est trop sélective, les sportifs ne peuvent plus réajuster leur comportement en fonction d'une modification non prévue de l'environnement. Un pongiste ayant anticipé une réponse de son adversaire sur son plein coup droit peut être pris à contre-pied si l'adversaire parvient, malgré tout, à décroiser la balle. Aussi, cette anticipation de l'action peut être totale (c'est-à-dire ne prendre en compte qu'une possibilité de réponse) ou partielle (c'est-à-dire prendre en compte plusieurs possibilités de réponse). À titre d'illustration, Alain et Sarrazin (1985) ont, en sports de raquettes, identifié diverses informations antérieures à l'action qui peuvent orienter ces activités anticipatrices. Ces informations sont : les habitudes de jeu de l'adversaire, la position respective de chaque joueur sur le terrain, le niveau de compétence de chacun, le risque associé à l'exécution de tel type de coup, les caractéristiques du rapport d'opposition…

Ces prises de décisions anticipées sont particulièrement adaptées à des situations sportives dans lesquelles la pression temporelle est très forte. Il est quelquefois plus judicieux de faire des paris sur les réponses de l'adversaire plutôt que de réagir en retard. L'élaboration de telles stratégies de prises de décisions doit cependant s'effectuer en fonction d'éléments pertinents pour éviter un trop grand nombre d'erreurs dans les réponses mises en œuvre (certains défenseurs en handball jouent systématiquement l'interception en défense mais sans jamais toucher le ballon).

Raccourci
L'anticipation est possible grâce à la connaissance et à la reconnaissance des caractéristiques de l'environnement. Le sportif effectue des paris sur les événements futurs et se prépare à agir en conséquence.

Les « feintes »

Ces stratégies de prise de décisions prennent également en compte l'intentionnalité de l'adversaire. Dans les activités sportives dans lesquelles l'établissement d'un rapport de force avec l'adversaire est déterminant, chacun essaie de feinter l'autre en lui donnant de fausses informations. Un handballeur fait semblant de passer au partenaire pour provoquer une réaction du défenseur qui lui ouvrira un espace libre devant le but. Cette feinte est programmée lors de la réponse motrice. Le joueur programme un mouvement complexe débutant par une passe et finissant par un tir. Le défenseur, sensible aux informations initiales, interprète la situation comme une situation de passe et ayant débuté une action défensive correspondant à cette passe, ne peut plus modifier son comportement si l'adversaire ne lui en laisse pas le temps.

Une des caractéristiques de l'expertise est de différencier les signaux pertinents des signaux non pertinents. Il ne s'agit pas seulement d'interpréter la situation en fonction de ce qui est perçu mais également en fonction de ce qui est connu de l'adversaire. Cette inférence sur les intentions de l'adversaire amène les athlètes à ignorer certains stimuli et à se centrer sur d'autres. Un attaquant ne pourra pas feinter de la même façon et plusieurs fois de suite un bon défenseur.

La notion de temps et de timing est essentielle dans la bonne réalisation d'une feinte. L'écart temporel entre la feinte et le mouvement est déterminant pour la réussite de la combinaison :

- un laps de temps trop court entre la feinte et le mouvement peut se révéler inapproprié dans la mesure où l'adversaire n'aura pas encore commencé l'action défensive correspondant aux premières informations fournies par l'attaquant ;
- un laps de temps trop long permet au défenseur de reprogrammer une réponse qui prend en compte les informations postérieures à la feinte.

> ***Raccourci***
> Les feintes consistent à donner de fausses informations à l'adversaire afin de le tromper sur ses propres intentions de jeu.

La complexité de la réponse motrice à effectuer

La complexité de la réponse motrice allonge le temps de réaction du fait d'un accroissement de la difficulté de la programmation. Il ne s'agit pas seulement de sélectionner la réponse appropriée à la situation mais également de la programmer et de la réaliser correctement. La complexité de la réponse à fournir peut provenir des exigences de précision du geste et des contraintes de spécifications des paramètres du mouvement.

La précision du geste

Une situation sportive peut exiger un affinement extrême du geste. La programmation exige ainsi plus de temps. Les sportifs programment et contrôlent avec une extrême précision toutes les contractions musculaires à mettre en œuvre. L'archer identifie le stimulus et sélectionne une réponse relativement rapidement mais cependant se prépare longuement avant d'envoyer sa flèche. Ce temps de préparation est nécessaire pour programmer correctement le mouvement. Lors de situations sportives dans lesquelles les contraintes de temps sont importantes, la précision des mouvements peut se dégrader du fait d'une programmation trop rapide. Le basketteur pressé par le temps perd en adresse lors de ses tirs au panier.

Les contraintes de spécification du mouvement

Dans un grand nombre de situations sportives, les conditions environnementales varient en permanence. Les sportifs sélectionnent les valeurs des paramètres du programme moteur généralisé afin d'adapter leur geste aux conditions rencontrées. Cette spécification de la réponse exige du temps. Au golf, la durée de préparation importante du geste est due aux exigences de précision du geste mais également aux spécifications du mouvement à apporter en fonction des conditions de réalisation. Le golfeur peut être dans l'obligation de taper une balle dans une position inhabituelle (dans une pente, dans un terrain difficile, avec la présence d'un vent fort) et doit ainsi adapter son geste. Les athlètes ne réalisent pas toujours exactement le même geste mais l'adaptent en relation avec les caractéristiques de la situation. Cette adaptation nécessite un laps de temps plus important pour amorcer le mouvement.

Raccourci

La durée nécessaire au traitement de l'information augmente avec la précision, la complexité et la variabilité du geste à effectuer.

Le niveau d'activation du système nerveux central

L'activation du système nerveux central (ou éveil cortical) désigne « l'empressement » de celui-ci à recevoir et à traiter l'information. Ce qui est perçu par un sportif dépend de ce niveau d'activation. Celui-ci génère un état particulier de vigilance : les niveaux bas correspondent à des états de sommeil, les niveaux modérés à des états de veille diffuse ou attentive et les niveaux élevés à des états d'excitation voire de surexcitation ou d'agitation extrême.

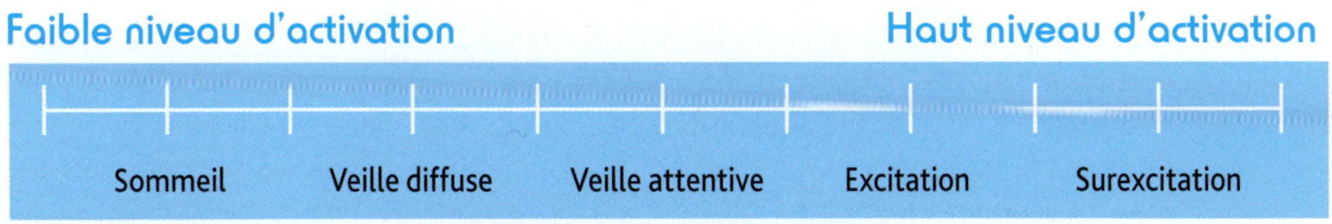

Les différents niveaux d'activation du système nerveux central (éveil cortical)

Il existe un continuum de ces états de vigilance et d'éveil cortical. Ce niveau de vigilance à un effet sur la performance. Cette relation s'établit généralement sous la forme d'un « U renversé » (cf. la courbe page 129). Le niveau de performance augmente à mesure que le niveau d'activation s'élève, jusqu'à un point optimal, au-delà duquel une élévation du niveau d'activation s'accompagne d'une baisse de la performance. Ce niveau d'activation optimal contribue à l'efficacité des processus perceptifs, décisionnels et moteurs.

L'émotion et la motivation sont les deux principaux facteurs qui interviennent sur le niveau d'activation : une augmentation de l'intensité de l'émotion ou de la motivation entraîne une élévation de l'activation nerveuse et physiologique. D'autres facteurs tels que la fatigue, l'absorption d'alcool influent également sur cette activation. Cette influence du niveau d'activation du système nerveux central sur la performance est détaillée dans le chapitre sur les phénomènes de motivation.

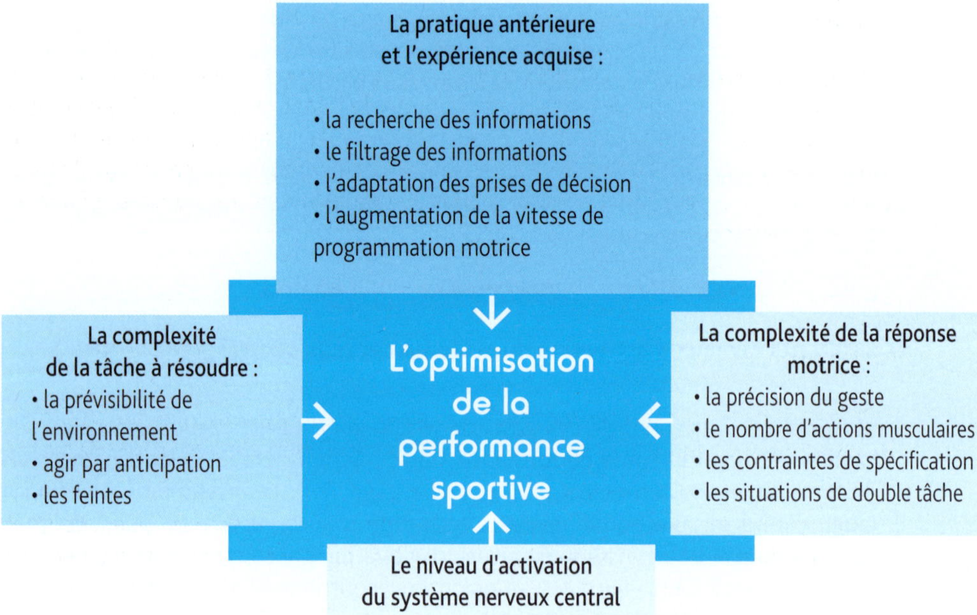

Les facteurs influençant le traitement de l'information et la prise de décision en sport

Résumé

Pour agir les sportifs prennent en permanence des décisions. Ces prises de décision résultent d'un traitement des informations prélevées dans la situation. On distingue trois étapes dans ce traitement de l'information : une étape d'identification pour comprendre la situation, une étape de décision pour sélectionner la réponse à effectuer et une étape de programmation pour préparer le mouvement. De nombreux facteurs interviennent sur ces processus de traitement de l'information.

Vérifiez vos connaissances

1. Quelles sont les différentes informations parvenant au système nerveux central ? Qu'apportent ces informations ? Illustrez à l'aide d'exemples de votre discipline sportive.

2. Quelles sont les étapes de traitement de l'information ? Prenez l'exemple d'un athlète qui va réaliser un geste sportif et décrivez les opérations se produisant au cours de ces étapes.

3. Quels sont les facteurs influençant le traitement de l'information et la prise de décision ?

4. D'où peut provenir la complexité d'une tâche et d'une réponse motrice ?

5. Comment expliquer qu'un sportif puisse anticiper sur les actions de ses adversaire ? Illustrez avec l'exemple d'une situation sportive précise.

6. Qu'appelle-t-on le niveau d'activation du système nerveux central ? Quel est son impact sur la performance ?

Pour en savoir plus

• Spaeth Arnold (Ree K.), *Le développement des habiletés sportives*, Paris, dossier EPS n° 3, 1985, p. 25-41. (Présentation synthétique du modèle de traitement de l'information.)

• Schmidt (Richard A.), *Apprentissage moteur et performance*, Paris, Vigot, 1993, p. 17-72. (Présentation plus détaillée des phénomènes de prise de décision en sport et des sources d'information.)

Chapitre 3

les phénomènes d'apprentissage moteur

Performer dans une activité sportive nécessite l'exécution de nombreux mouvements spécifiques qui ont été appris. Les gestes techniques produits par les athlètes sont multiples et relèvent quelquefois plus de l'improvisation que de la reproduction. Un tennisman, en fonction de la nature de la balle qui lui parvient, oriente différemment sa raquette, termine plus ou moins haut son geste, modifie la force du coup, fléchit plus ou moins ses jambes… Nous sommes souvent surpris pas cette multiplicité et cette adaptabilité des mouvements. Aussi nous pouvons nous interroger sur les processus qui permettent à un athlète de reproduire et de créer ces actions extrêmement complexes, rapides et précises.

Définition de l'apprentissage moteur

Il est indispensable de clarifier ce concept d'apprentissage. En effet, les changements observés dans le comportement ne sont pas toujours le fait d'un apprentissage mais peuvent résulter de l'intervention d'autres facteurs. Il est donc nécessaire de bien identifier ces phénomènes d'apprentissage. Les définitions sont, en fonction des auteurs, extrêmement diverses. Les définitions suivantes nous semblent toutefois largement représentatives de la manière la plus usuelle de concevoir l'apprentissage.

Reuchlin (1977) : « Il y a apprentissage lorsqu'un organisme, placé plusieurs fois dans la même situation, modifie sa conduite de façon systématique et relativement durable. »

Fleischman (1964) : « L'apprentissage est le processus neurologique interne supposé intervenir à chaque fois que se manifeste dans les performances un changement qui n'est dû ni à la croissance ni à la fatigue. »

L'apprentissage moteur est donc un ensemble d'opérations associées à la pratique, qui conduisent à des changements relativement permanents des compétences pour la performance. L'apprentissage permet d'acquérir et d'emmagasiner de nouvelles conduites. Quatre aspects caractérisent les phénomènes d'apprentissage. Ces quatre caractéristiques sont :

- l'apprentissage est une activité psychologique ;
- l'apprentissage est le résultat de la pratique ;
- l'apprentissage moteur n'est pas directement observable ;
- les changements dus à l'apprentissage sont relativement permanents.

L'apprentissage est une activité psychologique

L'apprentissage moteur n'est pas seulement un changement du comportement moteur mais suppose des processus et des transformations internes d'ordre psychologique. Acquérir un geste nécessite l'établissement de nouveaux liens synaptiques au niveau cérébral et une régulation centrale. La commande motrice fait appel à des processus cérébraux, qui interviennent pour l'ajustement des actions motrices.

L'apprentissage est le résultat de la pratique

De nombreux facteurs sont susceptibles d'améliorer les performances et d'amener des transformations des comportements moteurs. Toutefois, l'apprentissage ne concerne que quelques-uns de ces facteurs. Des modifications des performances dues à la croissance ou à la maturation du sujet n'entrent pas dans les phénomènes d'apprentissage. L'apprentissage est associé à la pratique et à l'expérience.

Il convient donc de différencier les facteurs conjoncturels (motivation importante, enjeu de la compétition...) et les processus de développement (gain de taille, modification des facteurs bioénergétiques) qui peuvent intervenir sur la performance, des phénomènes d'apprentissage.

L'apprentissage moteur n'est pas directement observable, seuls ses produits le sont

Lors de la pratique, de nombreux changements tels que le recueil et le traitement de l'information, la planification de la réponse, la construction de programmes moteurs, l'élaboration de références internes, se produisent au niveau du système nerveux central. Ces processus conduisent à des modifications relativement permanentes de la conduite mais ne sont généralement pas directement observables. Leur existence doit donc être inférée à partir des changements dont ils sont supposés être responsables. Nous avons accès aux manifestations de l'habileté mais non aux habiletés elles-mêmes. Nous observons qu'un basketteur devient plus habile dans la réalisation d'un tir en course et nous en inférons des transformations internes dues à l'apprentissage.

Les changements dus à l'apprentissage sont relativement permanents

Pour qu'un changement au niveau du comportement puisse être considéré comme un apprentissage, celui-ci doit être relativement permanent. Il est important de bien différencier les facteurs qui produisent un changement provisoire de la performance (motivation importance, manque de sommeil, utilisation de produits dopants...), des facteurs qui amènent des modifications durables du comportement. Après un apprentissage un individu ne sera plus jamais tout à fait le même, l'apprentissage laisse des traces durables dans l'organisme. L'apprentissage suppose que l'individu est capable de renouveler sa réponse dans la même situation (sinon c'est une réussite ponctuelle mais pas un apprentissage).

Il est essentiel d'établir une différence entre un apprentissage et une performance. Lors d'un apprentissage, le sportif acquiert une nouvelle habileté qu'il pourra reproduire dans une situation identique. Lors d'une performance, le sportif utilise les habiletés à disposition pour produire un résultat. Ce résultat dépend des habiletés développées lors des apprentissages mais est également dépendant de facteurs conjoncturels (niveau de motivation, niveau d'opposition, enjeu de la confrontation, état de forme...) qui rendent cette performance aléatoire.

Les structures nerveuses intervenant dans l'acte moteur

Afin de bien comprendre comment l'acquisition d'un nouveau geste est possible, il est nécessaire de connaître les phénomènes nerveux permettant l'exécution d'un mouvement.

La contraction d'un muscle et le mouvement qui en résulte sont le produit d'un influx nerveux. Le schéma ci-contre donne une représentation de ce phénomène.

En fonction du type de geste (mouvement réflexe, mouvement automatique ou mouvement volontaire), l'origine du phénomène nerveux donnant naissance au mouvement provient de la moelle épinière, de structures sous-corticales ou du cortex moteur.

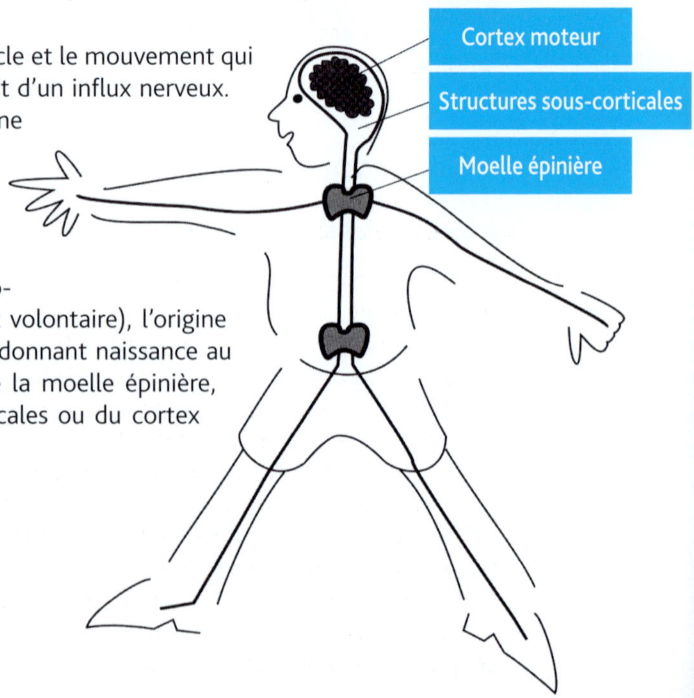

Les trois types de mouvement : le mouvement réflexe, le mouvement automatique et le mouvement volontaire

Le mouvement réflexe

Un mouvement réflexe est commandé directement par des phénomènes nerveux provenant de la moelle épinière. Ces mouvements ont un délai d'intervention extrêmement rapide de l'ordre de 40 ms. Ces mouvements ne sont pas le produit d'un apprentissage mais sont génétiquement précâblés et permettent de répondre à des stimuli simples. Par exemple, lors du contact de la main avec un objet brûlant ou glacé, le retrait de celle-ci est dû à un mouvement réflexe. De même le réflexe myotatique provoque la contraction d'un muscle (afin de le protéger contre une déchirure) lorsque celui-ci est étiré de manière trop brusque ou trop importante.

Raccourci

Les mouvements réflexes sont des mouvements innés et génétiquement précâblés.

Le mouvement automatique

Caractéristiques d'un mouvement automatique

Un mouvement automatique est commandé par le cortex moteur mais sa régulation est assurée par des structures sous-corticales. Ces mouvements sont possibles grâce à la présence de programmes moteurs construits et stabilisés par l'apprentissage. Un programme peut être considéré comme « une série de commandes musculaires structurées avant le début d'une séquence motrice et qui permet à la séquence toute entière d'être exécutée » (Keele, 1968). **Le programme moteur est donc conçu comme une suite finie d'instructions ordonnées, stipulant toutes les commandes à effectuer et qui permet le déclenchement et le contrôle d'une suite d'opérations motrices définies et coordonnées en vue de l'obtention d'un résultat particulier.** Ces programmes moteurs sont construits et stabilisés sous l'effet de la pratique et stockés dans la mémoire à long terme. Un pongiste ayant acquis le programme moteur « frappe du coup droit » peut à tout instant activer ce programme pour effectuer ce mouvement.

Ces programmes moteurs autorisent un réajustement ou non du geste en cours de réalisation en fonction de la durée de celui-ci et présentent ainsi deux modalités : la boucle ouverte et la boucle fermée.

Le programme moteur en tant que système en boucle ouverte

Certaines habiletés sportives dépendent d'un contrôle fonctionnant en boucle ouverte c'est-à-dire sans possibilité de réajustement en cours de réalisation. Ces habiletés sont des mouvements rapides et puissants quelquefois dénommés mouvements balistiques. Les athlètes n'ont pas le temps de traiter les informations relatives aux erreurs du mouvement. En effet lorsque les informations parviennent au cerveau le geste est déjà largement engagé voire même terminé. Ces informations sont utilisées pour modifier les comportements ultérieurs.

Ce contrôle en boucle ouverte est prédominant pour la réalisation des mouvements courts et extrêmement rapides. La figure suivante représente le mode de contrôle des programmes moteurs fonctionnant en boucle ouverte.

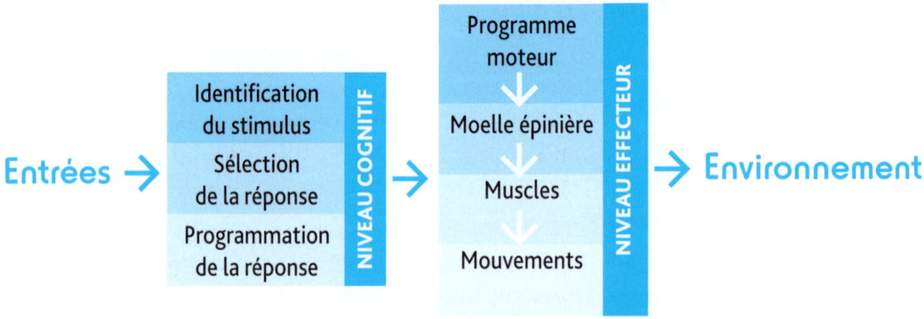

Contrôle d'un programme moteur fonctionnant en boucle ouverte

Considérons une tâche comme smasher une balle au tennis. L'athlète reconnaît une trajectoire de balle favorable à frapper (« balle haute ») (identification du stimulus), il décide de smasher celle-ci (sélection de la réponse), il se prépare à agir (programmation du mouvement) et active le programme moteur « smash ». Le tennisman exécute ensuite ce mouvement en envoyant des ordres aux muscles concernés. Le mouvement, une fois commencé, ne peut plus être modifié.

Le programme moteur en tant que système en boucle fermée

Certaines habiletés sportives peuvent être modifiées en cours même d'exécution. Ces habiletés sont constituées de mouvements assez longs qui permettent des modifications au cours même de l'exécution. Les athlètes disposent d'un temps suffisant pour traiter les informations, en provenance de différentes sources, et réagir en fonction de celles-ci. La figure page 66 représente le type de contrôle des habiletés générées par des programmes moteurs fonctionnant en boucle fermée.

Considérons un tennisman qui décide de monter à la volée. Les processus mis en œuvre sont de même nature que ceux décrits pour l'exécution d'un programme moteur fonctionnant en boucle ouverte. L'athlète repère une position défavorable de l'adversaire en fond de court. La décision de monter à la volée est prise au cours de l'étape de sélection de la réponse. Le mouvement est programmé et initié par le niveau de la programmation de la réponse qui détermine les actions musculaires nécessaires à la course vers le filet. Imaginons maintenant que le tennisman s'aperçoive, au cours de ce déplacement vers le filet, que son adversaire tente de le lober. Le joueur modifie et adapte son programme moteur : il arrête sa course vers le filet et se prépare non plus à la réalisation d'une volée mais d'un smash.

Beaucoup de gestes sportifs sont en fait composés de deux phases : une phase fonctionnant en boucle fermée et une phase fonctionnant en boucle ouverte. Nous pouvons distinguer, dans ces gestes sportifs, une phase de préparation et une phase d'exécution terminale. Durant la phase de préparation, relativement longue, des réajustements sont possibles alors que lors de la phase terminale, rapide et explosive, le mouvement se réalise tel qu'il a été initié sans possibilité de réajustement. Lors d'un lancer de poids, l'athlète peut corriger le placement de son bassin ou de son coude lors de la phase d'élan du geste. Par contre, lors de la phase terminale du lancer qui est une phase explosive, le geste se déroule sans possibilité de réadaptation.

Raccourci

Un programme moteur est une suite finie d'instructions ordonnées, stipulant toutes les commandes motrices à effectuer pour réaliser le geste. En fonction de la rapidité des mouvements ces programmes fonctionnent en boucle ouverte (le geste est extrêmement court et ne peut être modifié en cours d'exécution) ou en boucle fermée (le geste est plus long et peut être modifié en cours d'exécution).

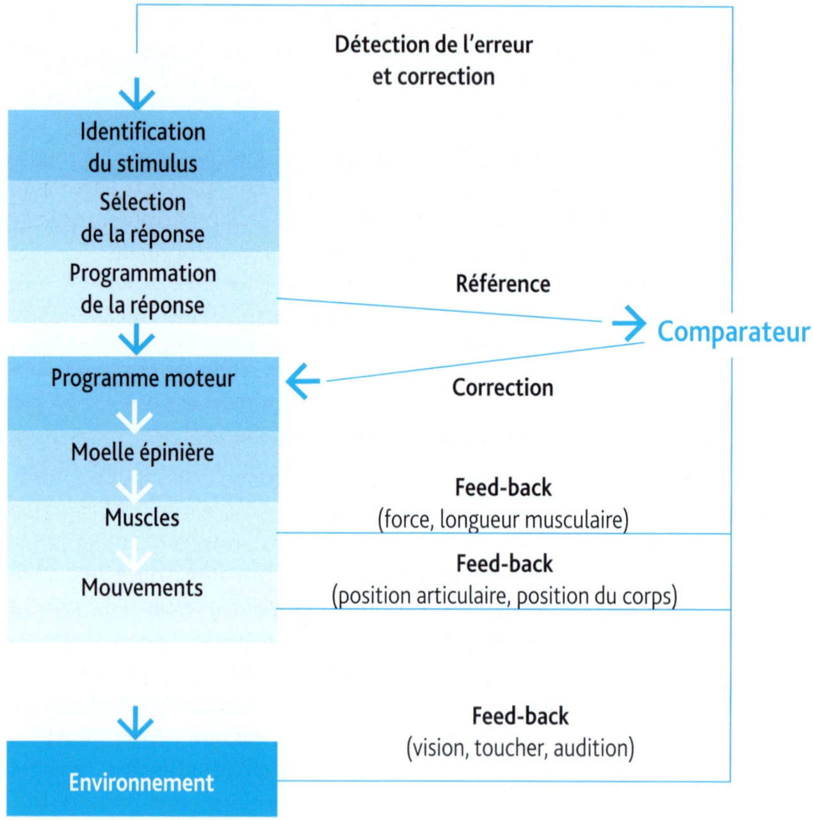

Contrôle d'un programme moteur fonctionnant en boucle fermée

La diversité et l'adaptabilité des programmes moteurs

La théorie des programmes moteurs nous aide à mieux comprendre comment sont stockés et exécutés les mouvements. Cependant, lorsque nous regardons des sportifs, nous sommes surpris par la diversité des comportements qu'ils produisent. Un tennisman, dans une situation critique, exécute un « coup droit catastrophe » jamais travaillé auparavant mais qui est cependant performant. En fait, étant donné le nombre des possibilités de combinaisons de vitesse, de trajectoire, d'angle, de rotation de la balle ainsi que la diversité des placements possibles du joueur sur le court, chaque coup effectué peut être considéré comme nouveau. Dans les activités sportives dans lesquelles l'environnement est instable, les sportifs ne reproduisent jamais tout à fait les mêmes gestes mais les adaptent en permanence aux variations de l'environnement.

Il est donc nécessaire d'apporter quelques précisions à cette théorie des programmes moteurs. En effet, cette théorie ne peut expliquer le problème du stockage et de la nouveauté de ceux-ci. Nous ne sommes pas en mesure, sur le plan physiologique, de stocker tous les programmes moteurs correspondant à tous les gestes différents à effectuer. De plus, nous sommes capables de produire un mouvement nouveau qui n'a jamais été travaillé à l'entraînement et qui donc, apparemment, ne possède pas de programme moteur. La notion de programme moteur généralisé nous aide à comprendre cette apparente contradiction.

La notion de programmes moteurs généralisés

Schmidt (1975) a décrit les caractéristiques des programmes moteurs généralisés. En fait, les programmes moteurs généralisés sont des structures mnésiques abstraites qui, lorsqu'elles sont activées, permettent la réalisation de mouvements. Un programme moteur généralisé commande toute une catégorie de mouvements assez proches c'est-à-dire possédant une certaine identité de structure. Un programme moteur généralisé est en quelque sorte un schéma qui ne retient que les traits généraux du geste, à partir desquels peut être générée une infinité de mouvements. Ces mouvements résultent d'une spécification des paramètres relatifs à la vitesse, à l'amplitude, à la force du geste. La figure page 68 représente ce processus de spécification d'une réponse à partir d'un schéma de mouvement général.

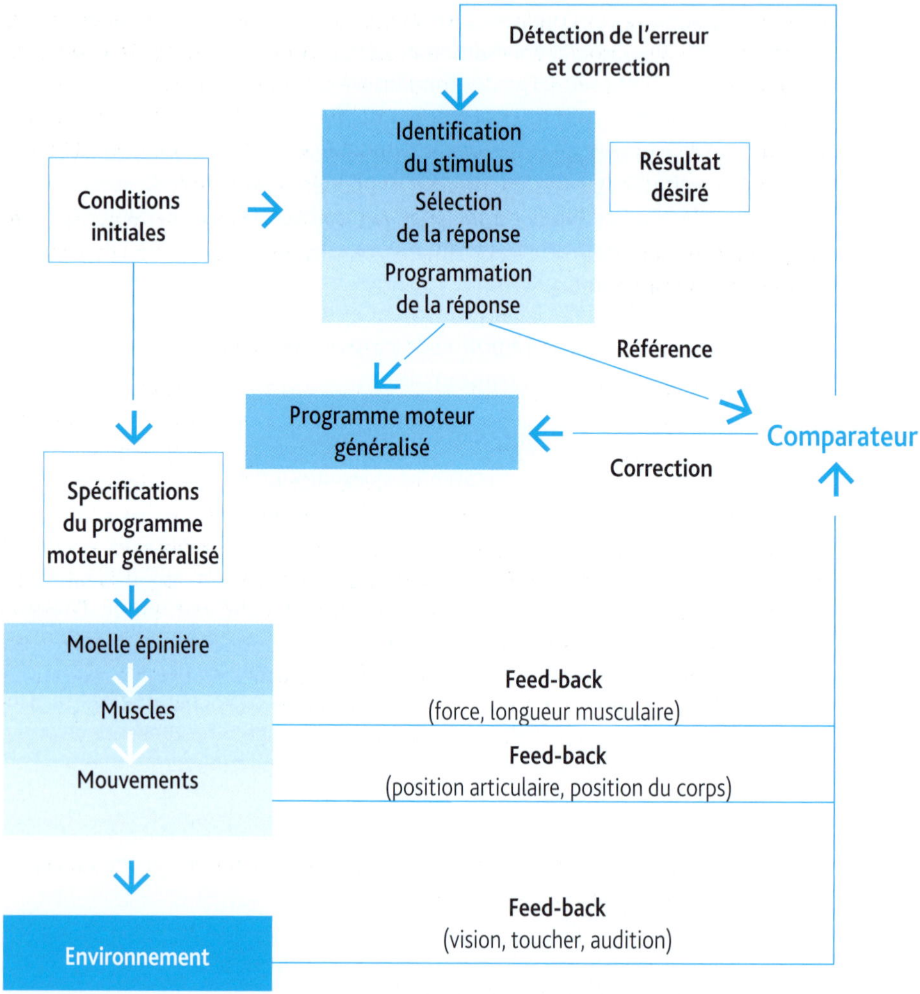

Le programme moteur généralisé

Considérons l'exécution d'un virage parallèle en ski. Le résultat désiré est constitué par le fait de changer de direction, sans baisse excessive de la vitesse et sans perte d'équilibre. Le skieur fait appel au programme moteur généralisé « virage parallèle ». Ce programme général apporte les invariants du geste (prise de carre, flexion, allégement, orientation du buste...). Le skieur spécifie ensuite ce programme moteur en prenant en compte les conditions de réalisation (les conditions initiales) telles que l'état de la neige, l'importance du dénivelé, sa vitesse d'arrivée, la courbe désirée du virage... Cette spécification du programme permet de produire un mouvement adapté par sa vitesse, son intensité, son amplitude, son timing aux particularités de la situation rencontrée. Si le skieur ne prend pas en compte tous ces facteurs pour spécifier sa réponse, il risque de ne pas obtenir le résultat désiré.

La possession de ces programmes moteurs généralisés est extrêmement importante dans les activités dans lesquelles les conditions de réalisation du mouvement changent constamment.

Apprentissage, programmes moteurs et automatisation

L'apprentissage permet l'acquisition de programmes moteurs plus stables, plus précis, plus adaptables et mieux coordonnés. À l'origine, le programme moteur ne contrôle qu'un court enchaînement d'actions. Grâce à la pratique, le programme devient plus élaboré et susceptible de contrôler des enchaînements d'actions plus complexes. Ces programmes sont stockés dans la mémoire à long terme et appelés en fonction des besoins. Ces programmes moteurs présentent l'avantage de diminuer le coût attentionnel du mouvement. En effet, les processus conscients et cognitifs interviennent très peu pour la réalisation d'un mouvement automatisé. Ils sont essentiellement sollicités pour le rappel du programme moteur et sont ensuite disponibles pour répondre à d'autres nécessités de la situation sportive rencontrée. Un jeune basketteur ayant construit le programme moteur dribble « libère » son attention de la conduite du ballon et porte celle-ci sur la position des autres joueurs.

Raccourci
L'automatisation des mouvements résulte de la construction et la stabilisation, par apprentissage, des programmes moteurs.

Mouvements automatiques et stéréotypes

Les stéréotypes constituent une classe particulière de mouvements automatiques. Mais à l'inverse des automatismes, les stéréotypes ne sont pas adaptables. Ils sont réalisés quelle que soit la situation d'une manière rigide et souvent inappropriée. C'est, par exemple, un handballeur qui effectue systématiquement un passage de bras avant de tirer, sans tenir compte des actions du défenseur. Ces stéréotypes résultent d'un apprentissage mal conduit : l'athlète a appris un mouvement de façon « décontextualisée » et le reproduit dans des situations inopportunes.

Raccourci

Le mouvement automatique est un mouvement appris qui se déroule sans intervention de la conscience. L'attention est ainsi libérée et peut se porter sur les aspects stratégiques.

Le mouvement volontaire

Caractéristiques d'un mouvement volontaire

Les mouvements volontaires sont les mouvements qui sont contrôlés de façon consciente. Ils se distinguent des mouvements automatiques dans la mesure où si le déclenchement d'un mouvement automatique est bien le fait d'une action consciente, le déroulement de celui-ci se déroule sans intervention des processus conscients. Par contre, lors d'un mouvement volontaire, le déroulement du geste est contrôlé en permanence par les processus conscients et est modifié par ceux-ci. Dans un mouvement volontaire la conscience intervient à tous les niveaux de réalisation. Le mouvement volontaire permet ainsi de lutter contre certains réflexes. Un individu peut décider de maintenir, malgré la douleur, sa main au-dessus d'une flamme.

Apprentissage et mouvement volontaire

Les mouvements volontaires sont caractéristiques du début des apprentissages et sont la condition même de ces apprentissages. Lorsque les programmes moteurs ne sont pas encore constitués et stabilisés, les sportifs contrôlent pas à pas le déroulement de leurs mouvements. Ainsi, lorsqu'un jeune pongiste apprend la frappe du coup droit, il décide de commencer son mouvement en bas et de le terminer vers l'avant et le haut. Il contrôle l'orientation de sa raquette et la vitesse durant le déroulement du geste. Avec l'automatisation du mouvement, l'intervention des processus conscients se limite à la sélection et au déclenchement de la frappe de balle.

Les mouvements volontaires, s'ils sont caractéristiques des débutants, existent également chez des athlètes confirmés. Certaines situations sportives exigent de la part des athlètes un contrôle permanent des actions qu'ils sont en train d'effectuer. Un grimpeur, lors du passage d'un surplomb, réalise des mouvements qu'il contrôle en termes d'amplitude, de force, de vitesse du début jusqu'à la fin de leur exécution.

Les différents types de mouvement

Réflexe :	Automatique :	Volontaire :
• initié au niveau de la moelle épinière ; • régulé au niveau de la moelle épinière ; • peu modifiable.	• initié au niveau du cortex ; • régulé au niveau des structures sous-corticales.	• initié au niveau du cortex ; • régulé au niveau du cortex ; • modifiable en permanence.

Fonctionnement en boucle fermée :	Fonctionnement en boucle ouverte :
• modifiable en cours d'exécution.	• non modifiable en cours d'exécution.

Les différents types de mouvements

Les processus d'acquisition des programmes moteurs : les étapes de l'apprentissage

L'acquisition d'un programme moteur exige une répétition importante et n'est pas un phénomène continu et linéaire. Ce processus d'acquisition et d'automatisation s'effectue au cours d'étapes successives caractérisées par des modes de fonctionnement particulier des athlètes.

Fitts (1964) a identifié trois étapes (ou stades) distinctes dans le processus d'apprentissage qui sont :

- l'étape cognitive ;
- l'étape motrice ;
- l'étape autonome.

L'étape cognitive (ou stade cognitif)

Dans cette étape, **les débutants cherchent à se construire une idée du but à atteindre.** Ils identifient les actions à produire pour réaliser la tâche. L'activité cognitive est importante dans la mesure où les débutants traitent les informations relatives aux exigences de la situation afin d'élaborer un premier plan d'action.

Considérons l'exemple d'un élève se confrontant pour la première fois au saut en hauteur. Celui-ci cherche à se construire une idée du but à atteindre (franchir la barre en retombant sur le tapis et en prenant son appel sur un pied). Il planifie ensuite les actions conduisant à la réussite de la tâche. Quel est mon pied d'appel ? À quel endroit commencer ma course d'élan ? Comment organiser ma course d'élan pour arriver sur mon pied d'appel devant la barre ? Comment lier ma course et mon impulsion ?

La durée de ce stade cognitif, généralement courte, est en fait dépendante de la complexité de la tâche à résoudre. Plus cette tâche est complexe et plus la durée de ce stade s'allonge. La compréhension des actions nécessaires pour faire avancer une planche à voile requiert plus de temps et d'activité cognitive que la représentation du dribble en basket-ball.

L'étape motrice (ou stade moteur)

L'acquisition du geste au cours de l'étape motrice

Dans cette deuxième étape, **les sportifs se centrent sur la réalisation des mouvements.** Les débutants ont construit une réponse motrice qu'ils essaient maintenant de stabiliser pour la transformer en un programme moteur efficace se déroulant sans intervention des processus conscients. Ils ne se centrent plus seulement sur les résultats de leur action mais aussi sur les actions proprement dites afin « d'intérioriser » les propriétés de l'habileté motrice. Ils sélectionnent le schéma moteur le plus performant et essaient d'obtenir une certaine régularité dans leurs productions motrices.

Considérons l'exemple d'un jeune pongiste qui apprend le lift du coup droit. Après l'étape cognitive au cours de laquelle celui-ci a compris la nécessité de « frotter » la balle et d'accélérer au moment du contact balle-raquette, le joueur rentre dans l'étape motrice. Il a la sensation d'effectuer, de temps à autre, un lift réellement efficace. La balle part vite, le bruit de la balle sur la raquette n'est pas un bruit de frappe mais bien un bruit d'accrochage de la balle... Le joueur essaie alors de reproduire le mouvement qui a permis ce résultat. Il identifie les propriétés du « bon geste » pour le recommencer. Au fur et à mesure de la pratique, ce geste se stabilise et se perfectionne.

Le perfectionnement du geste au cours de l'étape motrice

Nous pouvons relever quatre aspects du perfectionnement du geste.

- La demande attentionnelle nécessaire à l'exécution du geste diminue. Les sportifs « réfléchissent » de moins en moins pour reproduire le mouvement. La charge cognitive, très importante lors des premiers instants de l'apprentissage pour comprendre le but et identifier les actions permettant d'y parvenir, baisse. Le joueur reconnaît de plus en plus rapidement une situation de lift et n'a plus besoin de contrôler pas à pas le déroulement de celui-ci pour bien le réaliser. C'est la construction d'un programme moteur qui permet au mouvement de se dérouler de manière globale et continue.
- Le coût énergétique du geste diminue. Les contractions musculaires inutiles sont supprimées et seules les articulations nécessaires sont sollicitées. Ainsi, lors de l'apprentissage du lift, il arrive que le joueur commande, au moment de l'exécution du geste, un geste parasite avec l'autre bras. L'affinement du programme moteur fait disparaître ces gestes inutiles.
- Le geste se stabilise. Les athlètes deviennent capables de reproduire, d'un essai à l'autre, le même mouvement. Cette stabilisation est le fait de la mémorisation et la fixation d'un programme moteur.
- Le geste se diversifie. Le geste s'adapte aux modifications de l'environnement. Les athlètes prennent en compte de nouveaux indices dont l'identification est plus fine. Le pongiste qui apprend à réaliser le lift est capable, dans un premier temps, de l'effectuer seulement dans certaines conditions. Il effectue un lift sur une balle moyennement coupée, peu rapide, arrivant dans la diagonale, après avoir réalisé un court déplacement. Au cours de cette étape de l'apprentissage, le joueur apprend à diversifier son geste. Il devient capable de lifter une balle rapide, plus basse, avec plus d'effet, arrivant à différents endroits sur la table, après avoir effectué un long déplacement...

Cette phase de l'apprentissage est généralement plus longue que la précédente. Sa durée est essentiellement fonction de la complexité motrice des actions à effectuer. Stabiliser un mouvement de saut à la perche nécessite plus de temps que de stabiliser un mouvement de passe au handball.

L'étape autonome (ou stade autonome)

Cette étape se caractérise par une automaticité accrue des mouvements. Ceux-ci se réalisent dans des conditions variées et avec une faible demande attentionnelle. L'automatisation du mouvement libère l'attention de l'athlète qui peut ainsi se porter vers d'autres aspects de la tâche à réaliser. Un footballeur qui arrive près du but adverse va, tout en conduisant le ballon, prendre des informations sur la position du gardien, de ses partenaires et des défenseurs pour décider d'un projet d'action. Une fois ce projet décidé (passe au partenaire démarqué par exemple), il peut le transformer si la situation change. Le joueur peut, par exemple, percevoir une anticipation du défenseur sur la passe qui lui libère un espace offensif devant le but. Il modifie son projet initial et sélectionne alors une réponse de tir au but. Le temps nécessaire à ce changement de décision et à la « reprogrammation » diminue avec la pratique et l'automatisation des réponses. L'automatisation des mouvements accroît l'adaptabilité des athlètes.

Raccourci
On observe trois étapes dans l'apprentissage d'un geste : une étape cognitive, une étape motrice, une étape autonome.

L'identification des progrès dus à l'apprentissage

Les progrès dus à l'apprentissage d'un mouvement concernent différents aspects de la conduite. Nous pouvons identifier les changements suivants :

- l'amélioration de la stabilité et de l'adaptabilité du geste ;
- l'amélioration de la fluidité du geste ;
- l'augmentation de la précision et de la vitesse d'exécution du geste ;
- la modification des modes de contrôle du geste ;
- la focalisation du regard sur les aspects stratégiques de la situation ;
- la modification des stratégies d'exploration visuelle.

L'amélioration de la stabilité et de l'adaptabilité du geste

Nous ne reviendrons pas sur cet aspect qui a été largement discuté lors des paragraphes précédents. L'apprentissage permet de produire et de reproduire des mouvements conduisant à la réussite de la tâche et favorise l'adaptation du geste aux variations des conditions environnementales.

L'amélioration de la fluidité du geste

L'apprentissage rend les gestes mieux coordonnés et plus déliés. Les mouvements parasites disparaissent et la commande motrice devient plus performante du fait de l'établissement de plans de coopération neuromusculaires plus élaborés. Les muscles antagonistes se relâchent lorsque les muscles agonistes travaillent.

Exemple : pour exécuter un enchaînement d'éléments acrobatiques, le gymnaste expérimenté sollicite directement les bons muscles pour obtenir les résultats souhaités. Les mouvements s'enchaînent harmonieusement sans contractions musculaires inutiles.

L'augmentation de la précision et de la vitesse d'exécution du geste

Les plans de coopération neuromusculaires rendent le mouvement plus précis et plus rapide. Les muscles sont sollicités à une intensité correspondant aux exigences de la réponse motrice. La mémorisation des commandes motrices augmente la vitesse et la précision de la réponse.

Exemple : le pongiste automatise des schémas tactiques constitués d'un service et d'un enchaînement derrière ce service. L'automatisation de cette réponse comme un tout augmente la vitesse de réalisation.

La modification des modes de contrôle du geste

En début d'apprentissage d'un mouvement, les débutants contrôlent visuellement l'effet de leurs actions. Au fur et à mesure de l'apprentissage, ce contrôle en boucle visuelle est remplacé par un contrôle proprioceptif. Les athlètes attendent des conséquences sensorielles de leur action. Ils évaluent la pertinence de leur geste simplement en comparant les sensations proprioceptives attendues avec les sensations proprioceptives générées par le mouvement en cours. Ce contrôle proprioceptif est moins coûteux, sur le plan attentionnel, que le contrôle visuel.

Exemple : le tennisman débutant contrôle visuellement l'effet de son action sur la balle. Lorsqu'il réalise une frappe du coup droit, il vérifie l'impact de la balle sur le terrain adverse. Un tennisman expérimenté sait, avant que la balle ne franchisse le filet, si celle-ci sortira ou non du terrain. Il « sent » si le geste s'est bien déroulé ou si quelque chose d'anormal s'est produit grâce à la comparaison des sensations générées par le geste en cours et celles attendues.

La focalisation sur les aspects stratégiques de la situation

La baisse du coût attentionnel nécessaire à l'exécution des réponses motrices permet aux sportifs de se centrer sur les aspects stratégiques de la situation. Cette baisse du coût attentionnel provient essentiellement de l'automatisation de la réponse motrice et du passage d'un mode de contrôle visuel à un mode de contrôle proprioceptif. Sans cette automatisation des gestes et sans ce contrôle proprioceptif, les sportifs restent englués dans l'action en cours et n'anticipent pas sur le devenir de la situation présente. L'automatisation des actions constitue donc une des conditions pour l'amélioration du sens tactique et stratégique.

Exemple : le footballeur débutant prend peu d'informations sur le placement et le déplacement des autres joueurs dans la mesure où il vérifie visuellement les effets de ses actions sur le déplacement du ballon (il dribble en regardant le ballon). Un joueur expérimenté n'a pas besoin de ce contrôle pour savoir où se trouve le ballon. Les informations proprioceptives provenant du pied suffisent à le renseigner. L'attention et la vision peuvent alors être mobilisées pour renseigner le joueur sur la position des autres footballeurs sur le terrain et facilitent ainsi les choix tactiques.

La modification des prises d'informations visuelles (les stratégies d'exploration visuelle)

De nombreuses expérimentations (Bart et Fleury, 1981 ; Bart et Fleury, 1983) montrent que les prises d'informations visuelles diffèrent chez le débutant et chez l'expert. Alors que le débutant possède une prise d'information qui procède par tâtonnements, l'expert centre son regard sur certains éléments de la situation et sa vitesse d'exploration visuelle augmente. Ripoll distingue deux types d'informations : les informations psychosensorimotrices (qui aident à l'organisation du geste) et les informations psychosémantiques (qui aident à la compréhension de la situation).

Exemple de modification des prises d'informations psychosensorimotrices : un basketteur expérimenté fixe plus longtemps le panier, lors de la réalisation d'un tir, qu'un joueur débutant. Cet ancrage visuel facilite le geste en lui fournissant un support directionnel et postural. Cet ancrage est possible du fait d'une libération de la vision due à un contrôle proprioceptif plus performant.

Exemple de modification des prises d'informations psychosémantiques : un pongiste débutant regarde exclusivement la balle alors qu'un pongiste expérimenté prend des informations sur le mouvement de la raquette adverse (direction, vitesse, amplitude). Il est capable de différencier une accélération de la raquette qui se situe avant et après le contact avec la balle. De la même façon, un volleyeur expérimenté regarde les appuis de ses adversaires pour « deviner » leurs actions futures.

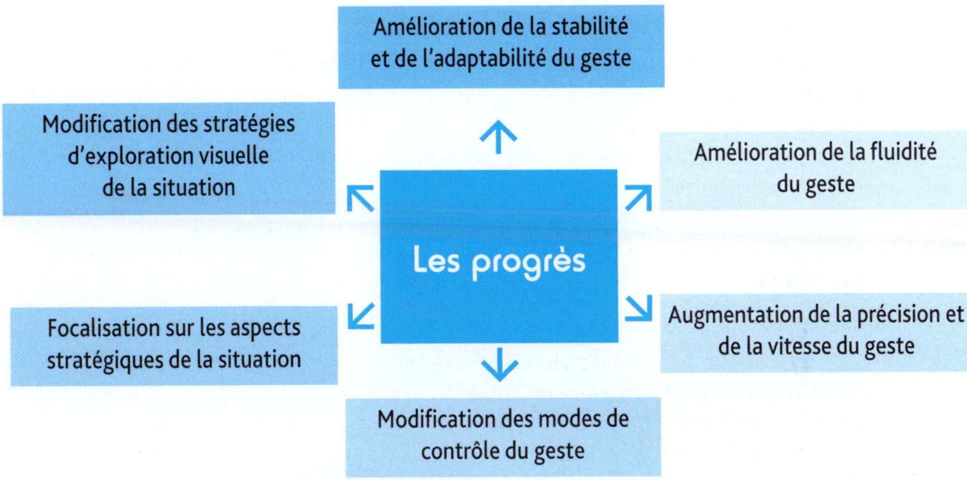

Les progrès dus à l'apprentissage moteur

Raccourci
L'apprentissage d'une habileté permet d'automatiser les mouvements. Les mouvements deviennent plus rapides, plus fluides, plus précis, mieux coordonnés et s'adaptent aux variations de l'environnement.

Les courbes d'apprentissage

Pour représenter les progrès dus à l'apprentissage, on utilise des courbes de performance. Les performances moyennes sont notées en fonction du temps. Ces courbes montrent que les progrès ne sont pas linéaires.

B. Knapp a mis en évidence l'existence de plateaux et de régressions dans les progrès dus à l'apprentissage. Celui-ci n'est pas un phénomène continu : des temps de maturation sont nécessaires pour stabiliser les progrès, des restructurations gestuelles sont quelquefois indispensables pour franchir un stade supérieur dans la performance, l'acquisition de nouvelles habiletés peut perturber certains apprentissages... Par exemple, l'apprentissage du lift coup droit perturbe momentanément, chez un jeune pongiste, la réalisation de sa frappe coup droit : l'apprentissage du frotter de balle nécessite des formes gestuelles qui interfèrent avec l'action de percuter la balle.

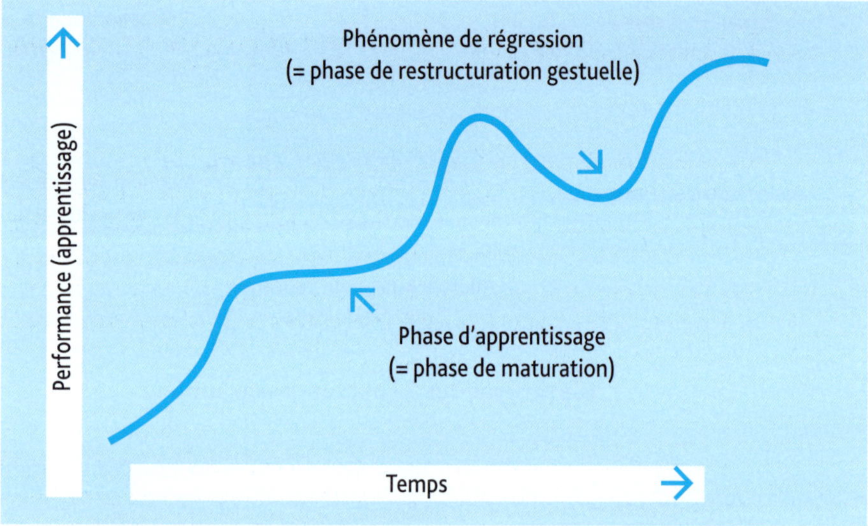

Exemple d'une courbe de performance et d'apprentissage

L'apprentissage constitue un phénomène complexe. L'éducateur, s'il ne peut pas toujours lutter contre l'apparition de ces paliers et de ces régressions dans la performance qui font parfois partie même du processus d'apprentissage, doit néanmoins éviter leur installation. Une régression trop longue de la performance engendre des phénomènes de démotivation chez les athlètes. Une planification cohérente des apprentissages est nécessaire. Celle-ci s'effectue après une analyse des particularités des gestes techniques à apprendre et des exigences de la compétition. Le rôle du spécialiste technique est à ce niveau essentiel. Il connaît les caractéristiques des habiletés motrices de sa discipline et organise leur acquisition dans le temps. Quels sont les fondamentaux techniques à acquérir ? Quel ordre d'acquisition semble le plus cohérent ?

Cependant, il ne faut pas oublier que ces courbes ne constituent pas des courbes d'apprentissage mais des courbes de performance. Des facteurs éphémères, extérieurs au phénomène d'apprentissage tels qu'une fatigue physiologique, une baisse momentanée de la motivation, un changement de matériel, une consigne supplémentaire, expliquent certaines variations enregistrées. Il est important, lors de l'interprétation de ces variations, de bien différencier les facteurs relativement stables dus à l'apprentissage des facteurs temporaires.

Les phénomènes de transfert d'apprentissage

Définition

Le transfert d'apprentissage est défini comme l'effet d'un apprentissage antérieur sur un autre apprentissage. Ce transfert est positif lorsque le changement se traduit par une amélioration de la performance (la pratique antérieure du tir en handball peut, par exemple, faciliter l'apprentissage du lancer de javelot) et négatif lorsque le changement se traduit par une dégradation de la performance (l'apprentissage antérieur du revers de tennis peut, par exemple, nuire à l'apprentissage du revers en tennis de table).

Mécanismes psychophysiologiques du transfert

Beaucoup d'expérimentations se sont attachées à décrire des effets quantitatifs du transfert d'une tâche à une autre tâche mais les explications apportées pour identifier le pourquoi de ces changements sont très floues. Les mécanismes du transfert sont encore largement inconnus et seules des hypothèses existent. L'hypothèse la plus cohérente semble être l'existence d'un transfert au niveau des structures cérébrales.

La théorie des programmes moteurs généralisés de Schmidt (1975) nous aide à comprendre ce transfert au niveau cérébral. Les sportifs construisent, au cours de la pratique, une représentation abstraite du mouvement qui intègre les invariants du mouvement et son image. La variabilité des conditions d'apprentissage permet la création d'un programme moteur généralisé qui prend en charge toute une classe de mouvements. D'après ce modèle, le transfert est donc possible à l'intérieur d'une classe de mouvements « commandés » par le même programme moteur généralisé. Si l'apprentissage d'un type de mouvement A ne facilite pas la performance d'un mouvement B, c'est que ces deux mouvements sont contrôlés par des schèmes moteurs différents.

Si ce modèle permet de mieux cerner les effets de transfert positif, il facilite également la compréhension des phénomènes de transfert négatif. Nous pouvons penser que les spécifications trop importantes de certains paramètres d'un mouvement nuisent à l'apprentissage de mouvements présentant une similitude avec celui-ci mais requérant d'autres spécifications. Par exemple, l'apprentissage du revers en tennis nécessite la spécification des paramètres de force, de vitesse, de blocage des différents degrés de libertés. Lorsque le tennisman apprend le revers en tennis de table, ils spécifient ces paramètres. Si l'apprentissage antérieur du revers de tennis est stabilisé de façon importante et depuis longtemps, le sportif présente plus de difficultés pour adapter ces paramètres.

Raccourci

Le transfert désigne l'effet d'un apprentissage antérieur sur un nouvel apprentissage. Les aspects du transfert sont multiples et le sportif ne transfère pas seulement des structures gestuelles mais également des compétences tactiques et psychologiques.

Que peut-on transférer ?

Les expérimentations s'attachant au transfert envisagent souvent ce phénomène comme un transfert de formes gestuelles. Cependant, l'apprentissage d'une habileté motrice ne se limite pas à l'acquisition de structures gestuelles et il semble que le transfert puisse concerner d'autres aspects de la performance. Ainsi le transfert peut se situer à différents niveaux.

Le transfert de qualités physiques et psychomotrices

La notion de préparation physique généralisée (la P.P.G.) reprend cette idée de transfert. La P.P.G. permet de construire, chez les athlètes, une base physique sur laquelle se développent les qualités physiques et psychomotrices. Ainsi, un entraîneur de tennis prévoit des circuits à base de course en pas chassés, en pas croisés, en arrière, en avant, avec des accélérations, des changements brusques de direction, afin d'améliorer la coordination membres inférieurs-tronc, la qualité des appuis, la vitesse des déplacements... L'entraîneur pense, grâce à l'exercice dans ces situations préalables, augmenter l'efficacité du jeu de jambes des tennismen en situation de match. L'entraîneur d'athlétisme programme en début de saison un travail important de P.P.G. (surtout chez les jeunes athlètes) à base de renforcement musculaire généralisé, de circuits, de courses diverses, d'enchaînements de sauts, « d'éducatifs ou de fondamentaux techniques ». Ces formes de travail ont pour but de développer des « qualités physiques générales » et de faciliter les acquisitions futures.

Bien que cette notion de P.P.G. soit actuellement remise en question dans la mesure où on pense de plus en plus les qualités physiques comme spécifiques et dépendantes d'une tâche particulière, elle constitue encore une forme de travail largement utilisée pour le travail de début de saison et chez les jeunes athlètes.

Le transfert de compétences tactiques

Les athlètes possédant un « bon sens tactique » transfèrent cette qualité à différentes situations. Au tennis, un bon tacticien est capable de s'adapter rapidement aux caractéristiques de différents adversaires. Il repère leurs coups forts et leurs coups faibles et construit des stratégies de jeu adaptées, plus ou moins axées sur la vitesse, le placement, les effets, la force.

Ce tennisman comprend très vite, en badminton, les spécificités de la situation et construit une stratégie appropriée. De la même façon, un bon footballeur est souvent capable d'exploiter un surnombre offensif, de jouer dans l'espace libre, de comprendre les caractéristiques d'un système défensif en handball beaucoup plus rapidement qu'un non-spécialiste de sports collectifs. La pratique antérieure du football a confronté cet athlète à des problèmes de même nature.

Le transfert des stratégies de prise et de traitement des informations

Les athlètes prélèvent et traitent des informations sur leur environnement physique et sur leur propre corps.

Cet apprentissage perceptif peut se transférer d'une situation à l'autre. Par exemple, le tennisman a appris à identifier les caractéristiques d'une trajectoire de balle. Il sait, après une prise d'information sur le début de la trajectoire, où la balle va atterrir dans le terrain. Cette capacité se transfère à une situation de volley-ball. Le tennisman sera rarement surpris par la trajectoire du ballon.

Dans les « sports de glisse », les sportifs prennent des informations d'ordre proprioceptif pour trouver une nouvelle forme d'équilibre et pour réguler leurs actions. Cette capacité se transfère : les jeunes pratiquant le skateboard retrouvent, dans le snowboard, le même type de sensations corporelles et le même type de régulation de l'équilibre.

Le transfert des coordinations visuomotrices

Les coordinations visuomotrices constituent la capacité à produire des mouvements adaptés, en fonction d'informations visuelles. Elles correspondent aux tâches de pointage (venir et/ou rester au contact avec un objet immobile), de poursuite (capacité à rester en contact avec un objet en déplacement), d'anticipation-coïncidence (capacité à entrer en contact avec un objet en déplacement). Ces coordinations sont impliquées dans un grand nombre d'activités sportives. Dans tous les sports dans lesquels un ballon ou une balle est présent, les sportifs réalisent des tâches d'anticipation-coïncidence (attraper un ballon par exemple). Le tir au pistolet, à l'arc, aux fléchettes correspondent à des tâches de pointage. Les jeux vidéo combinent des tâches de pointage, de poursuite et d'anticipation-coïncidence. Les compétences développées, concernant ces coordinations visuomotrices, se transfèrent d'une situation à une autre. Un élève qui sait attraper un ballon de handball sait attraper un ballon de basket-ball.

Le transfert des attitudes psychologiques

La pratique intensive d'un sport tend à développer certaines attitudes psychologiques spécifiques telles que le goût de l'effort, la combativité, l'esprit de compétition, la stabilité émotionnelle, la résistance à la frustration... On remarque qu'un individu ayant pratiqué un sport intensivement, s'engage d'une façon particulière dans un autre sport. Il est capable de produire des efforts prolongés, d'être attentif plus longtemps, supporte mieux l'échec. Il est possible que la pratique sportive intensive renforce certaines attitudes psychologiques qui sont mobilisées lors de la pratique d'autres activités sportives.

Le transfert des structures gestuelles

Ce transfert des structures gestuelles est l'aspect du transfert le plus souvent étudié. On peut évaluer le transfert des structures gestuelles d'un membre vers un autre membre ou le transfert de structures gestuelles proches. Un pongiste droitier, même si il ne s'est jamais entraîné de la main gauche, produit, après un temps de pratique relativement court, des formes gestuelles, avec son côté gauche, correspondant aux principaux gestes techniques du tennis de table (même si l'efficacité de ces gestes est faible, ils sont « techniquement corrects »). Un gymnaste maîtrisant l'enchaînement de diverses rotations va les reproduire plus facilement, dans une situation de plongeon, qu'un sportif n'ayant pas auparavant acquis ces enchaînements moteurs. Un tennisman apprend très rapidement, en volley-ball, le service tennis.

Lorsque les activités sportives sollicitent des structures gestuelles proches, l'entraîneur observe souvent des phénomènes de transfert. Ce transfert est positif dans un premier temps mais devient, avec des niveaux de pratique plus élevés et des exigences motrices de plus en plus précises, nul et même négatif. Un pongiste de bon niveau apprend rapidement un coup droit de base en tennis. Par contre, l'amélioration technique plus fine de ce coup est gênée par la présence du programme moteur « frappe coup droit en tennis de table ». Le pongiste éprouve des difficultés à bloquer son poignet, à transférer totalement le poids du corps, à jouer avec l'épaule. Il a développé un schème moteur très spécifique qui intègre difficilement certaines variations. Les phénomènes de transfert diminuent avec la spécificité des habiletés motrices acquises et à acquérir.

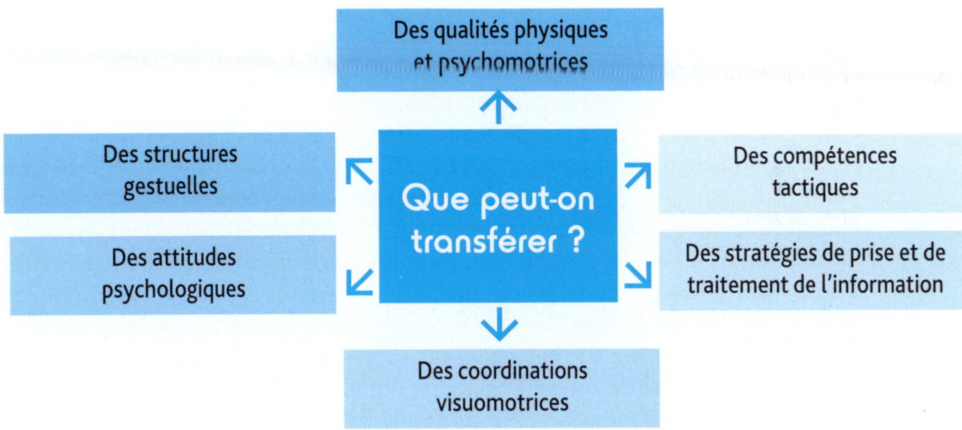

Les différents aspects du transfert

Les éducateurs et les phénomènes de transfert

Des stratégies d'intervention basées sur le transfert

Les entraîneurs poursuivant des objectifs compétitifs, de façon explicite ou non, ont tous une stratégie d'entraînement basée sur le transfert. Les entraîneurs ont, comme soubassement de leurs actions, l'hypothèse que l'amélioration de la performance à l'entraînement se traduit par une amélioration de la performance en situation de compétition. L'hypothèse de l'amélioration de la performance en compétition grâce à l'entraînement, constitue bien une hypothèse de transfert.

De la même façon, les éducateurs intervenant dans des contextes dans lesquels sont privilégiés les objectifs de développement, ont des stratégies basées sur le transfert. Il est attendu que les compétences motrices et psychologiques (adaptabilité, gestion des risques, responsabilisation, autonomie, respect des règles) développées dans le cadre de la pratique sportive se transfèrent à d'autres types de situations.

Les limites des phénomènes de transfert

Bien que les entraîneurs fassent quotidiennement l'expérience de ce transfert, l'existence de celui-ci n'a jamais été réellement prouvée sur le plan scientifique. En effet, les expérimentations, en fonction des protocoles utilisés, ne donnent pas toujours des résultats en accord les uns avec les autres. Ces résultats contradictoires ne permettent donc pas d'affirmer l'existence scientifique du transfert. Nous pouvons ainsi nous demander si une stratégie d'entraînement basée sur le transfert est légitime ?

Les phénomènes de transfert apparaissent limités. Un sportif ayant développé un esprit de compétition dans une discipline sportive n'est pas toujours combatif dans sa vie quotidienne. De même, un joueur efficace à l'entraînement peut être peu performant en compétition. L'introduction d'un nouvel élément (l'importance et l'incertitude du résultat ou la méconnaissance de l'adversaire par exemple) modifie la situation et limite les phénomènes de transfert d'une situation à une autre. Les acquisitions doivent être replacées dans un réseau de significations qui diffèrent en fonction des spécificités des contextes. Un grimpeur se sent à l'aise dans une falaise et met en œuvre des gestuelles qu'il sera peut-être incapable de reproduire en spéléologie du fait de nouvelles données émotionnelles. De même un jeune peut présenter un esprit d'initiative dans un contexte sportif mais être beaucoup moins autonome dans d'autres contextes.

Identifier ce qui est transféré

L'effet d'un apprentissage antérieur sur un nouvel apprentissage peut être dû à diverses causes qu'il convient de déterminer afin d'optimiser les procédés d'intervention. Pourquoi l'apprentissage des sauts et des lancers est-il facilité par la pratique antérieure d'éducatifs ? L'athlète transfère-t-il des qualités physiques et psychomotrices ou des structures gestuelles ? Pourquoi la pratique antérieure du tennis de table facilite-t-elle l'apprentissage du badminton ? Le pongiste transfère-t-il des structures gestuelles, des coordinations visuomotrices, des compétences tactiques, des attitudes psychologiques, des qualités psychomotrices ? Les phénomènes sont complexes et difficilement maîtrisables.

Dans le cadre de l'éducation sportive, les éducateurs cherchent à développer des compétences psychomotrices et sociomotrices générales ou transversales. Ces compétences (autonomie, gestion des risques, respect des autres et des règles, responsabilité) sont supposées pouvoir être mobilisées dans différentes situations (sportive, scolaire, récréative...).

Dans le cadre de l'entraînement sportif de haut niveau, les entraîneurs cherchent à développer des compétences très spécifiques. Il s'agit de proposer des situations d'entraînement respectant les spécificités de l'activité et de la compétition. Le travail de vitesse en hockey sur glace s'effectue sur des patins (la hanche est ainsi en légère rotation externe), sur la glace et en situation d'opposition et non sur une piste (situation dans laquelle la hanche travaille exclusivement dans le sens de la flexion/extension) afin de respecter les caractéristiques du contexte de cette discipline sportive.

Malgré la particularité des diverses situations sportives et la spécificité des acquisitions motrices, il ne semble pas incohérent de baser son enseignement sur des effets supposés de transfert. L'expérience et l'analyse de l'éducateur sont, à ce niveau, essentielles pour la mise en place d'exercices favorisant le transfert des habiletés des situations d'entraînement vers les situations de match, ou des compétences sportives vers d'autres situations de la vie quotidienne.

Les théories du contrôle et de l'apprentissage moteur

Plusieurs théories existent pour expliquer les phénomènes d'apprentissage moteur. Dans le cadre de cette présentation, nous nous sommes référés aux conceptions cognitivistes de l'apprentissage. Celles-ci s'appuient sur un nombre important d'études empiriques et ont donné lieu à des propositions pratiques en termes d'enseignement (qui sont présentées dans le chapitre suivant). Elles sont actuellement les théories de référence pour expliquer l'apprentissage moteur. Cependant depuis une vingtaine d'années, des théories alternatives aux théories cognitivistes se développent dans le domaine de la psychologie du sport. Ces nouvelles théories sont appelées les approches dynamiques de l'apprentissage. Bien que n'ayant pas encore donné lieu à des propositions pratiques aussi formalisées que les théories cognitivistes, ces nouvelles théories de l'apprentissage sont à bien des égards stimulantes et renouvellent la vision des habiletés sportives. Dans cette dernière section nous apportons quelques repères essentiels sur ces nouvelles approches de l'apprentissage.

Des théories de la prescription à des théories de l'émergence

Les théories cognitivistes de l'apprentissage moteur reposent sur la métaphore de l'ordinateur. Le système (l'homme) prélève des informations dans l'environnement ou sur son corps propre, les traite, programme et exécute une réponse. Lors des processus de traitement et de programmation de la réponse, le système mobilise des bases de connaissances stockées dans des mémoires (les programmes moteurs, des connaissances tactiques, des connaissances sur le jeu...). Ces théories sont appelées des théories prescriptives : le comportement est déterminé par un système de traitement d'informations dans lequel « le haut » commande « le bas » en quelque sorte. Une des faiblesses de ces théories est la capacité limitée de traitement et de stockage de l'information de l'homme (par rapport à des ordinateurs). Cette capacité limitée discrédite l'hypothèse du stockage d'un grand nombre de programmes moteurs et de leurs paramètres (les programmes moteurs généralisés). Notre capacité de mémoire n'autorise pas le stockage et le rappel, dans des temps très brefs, d'un nombre aussi important de paramètres pour spécifier des programmes moteurs généralisés, que ceux exigés par la réalisation de performances sportive (essentiellement dans des environnements incertains).

Face à cette lacune, des chercheurs ont proposé une autre vision de la réalisation des habiletés motrices ne faisant pas appel au traitement et au stockage de l'information. Celles-ci ne seraient pas stockées dans des mémoires mais résulteraient (ou émergeraient) de la confrontation de l'individu à un réseau de contraintes (ou de ressources). Ces contraintes sont liées à la tâche, à l'organisme et à l'environnement. Aussi les comportements moteurs de l'individu seraient le résultat d'une interaction entre le système et un réseau de contraintes et non des propriétés inscrites dans l'organisme même. Les comportements ne sont pas mémorisés dans l'individu mais naissent de l'interaction de cet individu avec un environnement. Par exemple, un programme simulant la marche pour un robot spécifie les « contractions » à réaliser pour lever et poser la jambe. L'homme, lui, n'a pas besoin de toutes ces instructions pour marcher : il exploite les ressources offertes par la pesanteur pour les phases de poser.

L'apprentissage comme le passage d'une coordination spontanée à une nouvelle coordination

Un système tend à adopter, sous l'influence des contraintes qui le constituent et/ou qui pèsent sur lui, un certain type de comportement que l'on qualifie de spontané, naturel ou préférentiel. Par exemple si vous faites l'expérience de fléchir-étendre plusieurs fois de suite, simultanément et à une fréquence importante vos deux index, spontanément vous optez pour une coordination en phase (vos index se fléchissent et se tendent à la même fréquence).

Avec un peu de contrôle attentionnel, il est possible d'opter pour une coordination en antiphase (un index se fléchit pendant que l'autre s'étend) mais les autres coordinations (décalage de 90° par exemple entre les deux index) sont beaucoup plus difficiles à réaliser et ne tiennent plus lorsque la fréquence des mouvements augmente. Ce phénomène de coordinations spontanées ou préférentielles a été observé pour d'autres articulations. Il est interprété par les chercheurs comme une tendance spontanée du système à adopter les synchronisations les plus simples possibles. Dans cette optique l'apprentissage consiste à maîtriser de nouveaux degrés de liberté.

Dans un premier temps, le débutant « gèle » un certain nombre de degrés de liberté soit en fixant deux articulations (un débutant qui apprend un geste de contre-attaque en tennis de table a tendance à ne mobiliser que l'épaule et à fixer les jambes et le tronc), soit en mobilisant en phase ou en antiphase deux articulations (par exemple lors de l'apprentissage du lancer de javelot, les débutants ont tendance à présenter une coordination en antiphase concernant les épaules, c'est-à-dire que lors du lancer une épaule « avance » et l'autre « recule »).

Dans un deuxième temps, le sportif libère graduellement certains degrés de liberté et les incorporent dans des structures coordinatives. Le débutant en tennis de table, progressivement, libère les jambes et le tronc et les coordonnent avec le mouvement de l'épaule. Il apprend de nouvelles coordinations.

Dans une troisième étape, l'organisation devient plus économique notamment par une exploitation des forces passives de l'environnement. En tennis de table, par exemple, le pongiste exploite la pesanteur et l'énergie cinétique pour les phases de retour du geste.

Raccourci

Les perspectives ouvertes par les approches dynamiques sont très stimulantes car elles permettent d'expliquer la diversité des comportements observés sans recourir à la notion de mémoire. Cependant elles présentent également des faiblesses. Jusqu'alors les chercheurs sont capables d'expliquer l'apprentissage de mouvements cycliques (apprentissage sur un simulateur de ski, balancés aux barres parallèles, course) mais butent pour expliquer l'apprentissage de mouvements complexes et discrets.

Résumé

Les mouvements produits par les sportifs sont de diverses natures (réflexe, automatique, volontaire). Les gestes sportifs sont le plus souvent des gestes automatiques, sous la dépendance de programmes moteurs généralisés, que les athlètes ont construit grâce au phénomène d'apprentissage. Les mouvements automatiques sont déclenchés par des processus volontaires mais se déroulent sans intervention de la conscience. Ils libèrent ainsi l'attention pour la réalisation d'autres tâches (tactique). Leur apprentissage se caractérise par trois étapes qui correspondent à des modes de fonctionnement spécifiques des sportifs : le stade cognitif (construction du but à atteindre et des actions à réaliser), le stade moteur (stabilisation d'un programme moteur) et le stade autonome (diversification du programme moteur et libération accrue de l'attention). Les progrès dus à l'apprentissage et à l'automatisation sont multiples et concernent non seulement la composante motrice du geste mais aussi ses composantes perceptive et décisionnelle. Ces progrès ne sont pas continus mais sont sujets à des variations au cours du temps du fait de phases de maturation et de restructuration.

Vérifiez vos connaissances

1. Quelle est la différence entre un mouvement réflexe, un mouvement automatique et un mouvement volontaire ? Illustrez avec des exemples.

2. Qu'appelle-t-on un programme moteur généralisé ? Comment peut-il donner naissance à un mouvement ?

3. Quelles sont les différences entre un programme moteur fonctionnant en boucle ouverte et un programme moteur fonctionnant en boucle fermée ? Identifiez un mouvement sous la dépendance d'un programme moteur fonctionnant en boucle ouverte et un mouvement sous la dépendance d'un programme moteur fonctionnant en boucle fermée.

4. Quelles sont les trois étapes de l'apprentissage ? Caractérisez-les en prenant l'exemple de l'apprentissage d'un geste sportif de votre choix.

5. En vous appuyant sur l'exemple d'un geste sportif, identifiez les progrès dus à l'apprentissage.

6. Qu'appelle-t-on le phénomène de transfert ? Que peut-on transférer ?

Pour en savoir plus

- Schmidt (Richard A.), *Apprentissage moteur et performance*, Paris, Vigot, 1993, p. 85-120. (Présentation de la production du mouvement et des programmes moteurs.)
- Simonet (Pierre), *Apprentissages moteurs*, Paris, Vigot, 1985, p. 59-115. (Présentation des modèles théoriques de l'apprentissage moteur.)
- Delignières (Didier), *Psychologie du sport*, PUF, 2008, p. 69-97. (Présentation très accessible des différentes théories du contrôle et de l'apprentissage moteur.)

Chapitre 4

processus d'apprentissage et procédures d'enseignement

L'apprentissage et l'enseignement ne recouvrent pas les mêmes processus. L'apprentissage concerne l'athlète et désigne les transformations survenues chez celui-ci lors de l'acquisition d'une nouvelle habileté. L'enseignement concerne l'éducateur sportif et désigne les procédés employés et mis en œuvre afin de permettre les apprentissages des athlètes.

L'éducateur sportif organise la pratique sportive en adaptant ses procédures d'enseignement aux caractéristiques des conditions d'apprentissage. Pour ce faire, il tient compte des différents aspects de l'apprentissage. Dans ce chapitre, nous décrivons en quoi la connaissance des phénomènes d'apprentissage moteur peut aider l'éducateur à faire apprendre de nouvelles habiletés sportives.

→ L'adaptation des procédés d'enseignement aux différentes étapes de l'apprentissage

Nous avons vu, dans le chapitre précédent, que l'apprentissage n'est pas un phénomène linéaire. Nous avons distingué trois stades distincts lors du processus d'acquisition d'une habileté : le stade cognitif, le stade moteur et le stade autonome. Ces étapes se caractérisent par des modes de fonctionnement spécifiques des sportifs auxquels l'éducateur adapte ses procédures d'enseignement.

L'étape cognitive (stade cognitif)

Dans cette étape, d'une durée généralement courte, les débutants cherchent principalement à se construire une idée du but à atteindre. L'éducateur organise son enseignement de façon à :

- faciliter l'identification du but à atteindre ;
- adapter les contraintes aux ressources des débutants ;
- faciliter la construction d'une réponse motrice.

Faciliter l'identification du but à atteindre

L'éducateur présente et formule le but à atteindre de manière claire et sans ambiguïté de façon à faciliter la planification des actions des débutants. L'atteinte du but principal nécessite souvent l'atteinte de sous-buts intermédiaires dont les débutants doivent avoir connaissance. L'éducateur clarifie, non seulement, le but général de l'activité, mais s'assure également que les sous-buts intermédiaires ont bien été compris par les débutants. Le rôle de l'entraîneur est primordial pour la compréhension par les sportifs des moyens et des actions à mettre en œuvre.

Exemple : au badminton, le but général est de marquer le point. Ce but général est atteint par l'intermédiaire de sous-buts tels qu'amener l'adversaire au fond du terrain, le fixer sur un côté, le faire déplacer, le prendre de vitesse... L'entraîneur explique l'intérêt des dégagements en les réintégrant à la stratégie du jeu : lorsque mon adversaire sera au fond du terrain, je pourrai tenter une amortie.

Diminuer les contraintes de l'environnement

Les débutants, pour se construire des plans d'actions, doivent non seulement connaître le but et les sous-buts de l'activité mais également repérer les contraintes de l'environnement. Celles-ci proviennent des caractéristiques des disciplines sportives.

Exemples : en rugby les contraintes proviennent d'un nombre élevé de joueurs sur le terrain, d'un ballon ovale dont on ne peut prévoir les rebonds, de l'interdiction d'effectuer des passes vers l'avant...

En tennis de table, les contraintes environnementales proviennent de l'utilisation d'une raquette, de la vitesse de déplacement de la balle, de la petitesse de l'espace adverse à atteindre, de la présence d'un filet à franchir et de l'incertitude des renvois de balle de l'adversaire...

Les débutants ne possèdent pas les ressources nécessaires pour répondre simultanément à toutes ces contraintes et l'éducateur, dans un premier temps, les diminue en structurant l'environnement et en focalisant l'attention des débutants sur des éléments clefs.

Structurer l'environnement

L'éducateur structure l'environnement afin d'adapter les contraintes de l'activité avec les ressources attentionnelles des sportifs. Il aménage l'environnement pour ramener la charge attentionnelle en deçà des limites de traitement de l'information des débutants, tout en conservant une situation qui ne soit pas trop en décalage avec la nature des contraintes futures. Si la situation proposée est trop exigeante sur le plan attentionnel, les débutants ne peuvent réaliser la tâche, mais si celle-ci est trop simplifiée par rapport aux conditions normales de réalisation, les débutants construisent des plans d'action qu'ils ne pourront réinvestir lorsque les contraintes augmenteront. La structuration de l'environnement se réalise donc en fonction de deux axes qui sont : l'adaptation aux ressources (informationnelle, décisionnelle, énergétique, biomécanique) des débutants et le respect de la nature de l'activité.

Exemple : en rugby il semble inapproprié de faciliter le jeu en autorisant des passes vers l'avant ou de jouer avec un ballon rond dans la mesure où le jeu serait complètement dénaturé. Il est préférable, pour diminuer les contraintes de l'environnement, de réduire le nombre de joueurs dans chaque équipe et de restreindre la grandeur du terrain.

Focaliser l'attention du débutant

L'entraîneur aide les débutants à focaliser leur attention sur les éléments pertinents de la situation. Les débutants se caractérisent par une prise d'information indifférenciée. Ils prennent toutes les informations disponibles sans s'attacher plus particulièrement aux informations pertinentes. Il convient donc d'aider les débutants à discriminer, parmi toutes les sources d'informations possibles, celles qui sont pertinentes et celles qui ne le sont pas.

Exemple : en équitation, l'éducateur demande aux cavaliers, pour les aider à redresser le buste, de ne pas regarder la tête du cheval mais de porter le regard loin devant eux.

Faciliter la construction d'une réponse motrice

Aider à l'organisation motrice.

L'éducateur ne prescrit pas un modèle dans la mesure où celui-ci ne serait pas applicable par tous les débutants mais leur suggère (par des consignes ou des démonstrations) des plans d'actions.

Exemple : concernant l'apprentissage de la frappe coup droit en tennis de table, les débutants cherchent à réaliser une frappe qui a pour but de communiquer une grande vitesse à la balle et de produire une trajectoire tendue. L'entraîneur les aide à se construire et à mettre en œuvre une séquence motrice adaptée. Pour ce faire, il démontre la forme globale de la frappe et/ou donne des consignes générales : « Il faut frapper la balle au sommet de son rebond » ; « Il faut avancer dans la balle » ; « Il faut accélérer au moment du contact balle-raquette. » Ces consignes ne doivent pas concerner les détails du geste mais insister sur les éléments fondamentaux du mouvement à effectuer.

Aider au contrôle et à l'évaluation de la réponse

Un des rôles essentiels de l'enseignant est de permettre aux sportifs d'évaluer la qualité de leur réponse motrice. Il fournit des indicateurs de réussite (« Si tu as bien frappé la balle, tu dois entendre un bruit sec lors du contact balle-raquette ») et apporte une connaissance du résultat (« Tu as frappé trop tôt » ; « Tu n'as pas assez accéléré » ; « Tu as mal orienté ta raquette »). Ces informations, comme les consignes, doivent être claires et facilement compréhensibles par les débutants.

Le rôle de l'éducateur est extrêmement important au cours de cette première étape de l'apprentissage. En effet, il ne faut jamais oublier que tout est nouveau et difficile pour les débutants : comprendre le but de l'activité, repérer les informations pertinentes, comprendre des consignes verbales, organiser une séquence motrice, corriger un mouvement. L'éducateur ne doit pas fonctionner d'après des modèles prédéterminés mais identifier les difficultés rencontrées par les débutants pour y apporter des solutions adaptées.

Raccourci

Les débutants possèdent peu de ressources et ne sont pas capables de répondre simultanément à toutes les exigences d'un geste sportif. L'éducateur aménage le milieu pour permettre aux débutants de comprendre le but à atteindre et les aider à se construire un schéma d'action simplifié, respectant les éléments fondamentaux du geste à apprendre.

L'étape motrice (stade moteur)

Au cours de la première étape de l'apprentissage, les débutants ont construit un schéma d'action simplifié. Il leur faut maintenant stabiliser cette réponse. Cette stabilisation exige du temps et de la répétition. Aussi le rôle essentiel de l'entraîneur est maintenant d'organiser la pratique pour permettre la mémorisation et l'adaptabilité du programme moteur. Les interventions de l'entraîneur sur la structuration de l'environnement, la focalisation de l'attention, l'aide à l'organisation motrice et au contrôle et à l'évaluation de la réponse, intègrent de nouveaux aspects et s'adaptent à la spécificité des types d'habiletés à acquérir.

Augmenter les contraintes environnementales

Il s'agit d'introduire progressivement, dans la situation d'entraînement, des contraintes éliminées lors de la première étape. Cette introduction progressive permet d'augmenter les exigences de la situation et de solliciter les ressources des athlètes de façon plus importante.

Exemple : en gymnastique sportive, l'éducateur augmente la hauteur de la poutre, diminue les aides physiques, enlève des tapis de protection...

Focaliser l'attention

L'entraîneur focalise l'attention des athlètes sur de nouveaux éléments de la situation. Au fur et à mesure de l'automatisation des mouvements, l'attention se libère et les athlètes deviennent capables de prélever des indices de plus en plus fins qui vont augmenter la pertinence de leur réponse.

Exemple : en tennis, l'éducateur insiste sur le fait de regarder le placement et le déplacement de son adversaire, la position de ses appuis, la préparation de son coup, d'identifier ses forces et ses faiblesses.

Perfectionner la réponse motrice

Aider à l'organisation motrice

L'entraîneur introduit des consignes de plus en plus précises. Les sportifs possèdent un programme moteur de base qu'il faut maintenant affiner. Les consignes portent sur les caractéristiques cinématiques et cinétiques du mouvement et insistent sur la participation d'autres segments corporels.

Exemple : en tennis, l'éducateur insiste sur la participation du corps, l'accélération du mouvement, le replacement en fin de geste.

Aider au contrôle et à l'évaluation de la réponse

La connaissance du résultat est également plus précise. L'éducateur renseigne les sportifs sur divers aspects de leur production motrice. Il peut utiliser la vidéo pour faciliter l'identification et la perception des erreurs.

Raccourci

Durant la deuxième étape de l'apprentissage, l'éducateur organise la pratique de façon à stabiliser et perfectionner les gestes des athlètes. Il introduit progressivement des contraintes supplémentaires pour affiner les conduites.

L'étape autonome (stade autonome)

Cette dernière étape de l'apprentissage est caractérisée par une automatisation accrue des mouvements. La demande attentionnelle, pour réaliser ceux-ci, diminue. L'attention se porte vers d'autres aspects de la situation. L'entraîneur intègre ces réponses dans les conditions réelles de la performance. Il introduit, en fonction des caractéristiques des contextes de production de la performance, des facteurs d'incertitude maximum (habileté ouverte), de correction et de perfection gestuelle (habileté fermée) et/ou d'affrontement (habileté ouverte et habileté fermée).

Raccourci

Lors de la dernière étape de l'apprentissage, l'éducateur insiste sur l'adaptabilité du geste (habileté ouverte) et sur la correction gestuelle (habileté fermée).

L'adaptation des procédures d'enseignement au type d'habileté à acquérir (habileté fermée ou habileté ouverte)

En fonction de leur caractère ouvert (milieu instable et peu prévisible) ou fermé (milieu stable et prévisible), les habiletés motrices possèdent des particularités qui influent sur leur apprentissage et sur leur enseignement.

L'enseignement et l'apprentissage d'une habileté fermée

Lors de l'apprentissage d'une habileté fermée, les sportifs se construisent un « modèle » de mouvement adapté aux contraintes de l'environnement. Ils recherchent un geste efficace et reproductible. La composante motrice constitue le facteur déterminant de la performance. Aussi les procédures d'enseignement privilégient la composante motrice de l'habileté. L'entraîneur met en place des exercices permettant aux athlètes de répéter le mouvement dans des conditions stables. Il aménage le milieu et les exigences de l'exercice en fonction des ressources des athlètes puis, au fur et à mesure des progrès, il organise la pratique dans les conditions réelles de la production de la performance.

L'entraîneur renseigne les athlètes sur les caractéristiques cinématiques et cinétiques du mouvement produit et du mouvement attendu : il précise les articulations qui doivent intervenir, il corrige le « timing » et l'amplitude des différentes séquences musculaires, il démontre le mouvement attendu et guide manuellement le sportif pour lui « faire sentir » le mouvement juste.

Exemple : la gymnaste qui apprend un enchaînement à la poutre doit mémoriser les séquences motrices de cet enchaînement pour pouvoir les reproduire d'un essai à l'autre. Le perfectionnement de cet enchaînement suppose une « réalisation parfaite » des différents éléments gymniques. La gymnaste ne doit pas être déséquilibrée lors des réceptions, les pointes de pied doivent être tendues, les bras bien placés... L'entraîneur agit dans le but d'obtenir cette correction gestuelle.

Raccourci

Lors de l'apprentissage d'une habileté fermée, les interventions de l'entraîneur portent principalement sur la composante motrice de l'habileté. Il aide les sportifs à se construire et à réguler un mouvement correspondant à un modèle attendu. L'acquisition d'une habileté fermée exige beaucoup de patience, de minutie et de précision.

L'enseignement et l'apprentissage d'une habileté ouverte

L'apprentissage d'une habileté ouverte nécessite l'acquisition d'une multitude de patrons moteurs afin de s'adapter à l'instabilité de l'environnement. Les composantes perceptives et décisionnelles constituent les facteurs déterminants de la performance. Les sportifs prennent des informations sur les caractéristiques de l'environnement afin de sélectionner et spécifier leur réponse. Au fur et à mesure de l'apprentissage, les sportifs sont capables de s'adapter à des conditions de plus en plus instables. Aussi les procédures d'enseignement privilégient les composantes perceptives et décisionnelles de l'habileté. L'éducateur met en place des situations pour permettre aux athlètes de construire des programmes moteurs adaptables et d'identifier les caractéristiques de la situation. La structuration de l'environnement constitue un aspect essentiel du rôle de l'entraîneur. L'éducateur diminue, dans un premier temps, le nombre d'informations à traiter pour ne pas surcharger les capacités attentionnelles des athlètes puis, au fur et à mesure des progrès, il introduit des sources d'incertitude supplémentaires et varie les conditions de production des réponses motrices afin de rapprocher les situations d'entraînement des conditions réelles de la performance.

Exemple : le jeune footballeur, en phase de perfectionnement, apprend à conduire son ballon sous la pression d'un défenseur, avec les deux pieds, en modifiant ses vitesses et ses directions de course. Il apprend à tirer dans différentes positions, en mouvement, en prenant le ballon à différents moments, avec le pied droit, avec le pied gauche. Il apprend à jouer en fonction des actions de ses partenaires et de ses adversaires : il apprend à repérer, créer et exploiter un surnombre offensif, à « deviner » les intentions adverses, à « feinter »... L'entraîneur met en place des situations variées sollicitant l'adaptabilité des programmes moteurs et oriente l'attention du sportif vers les indices pertinents de la tâche (« Regarde les appuis de ton défenseur direct », « Regarde le placement des autres joueurs sur le terrain »).

Raccourci

Lors de l'apprentissage d'une habileté ouverte, les interventions de l'éducateur portent essentiellement sur les composantes perceptives et décisionnelles. Il organise l'enseignement de façon à solliciter les phénomènes de prise de décision, il structure l'environnement pour augmenter progressivement les sources d'incertitude, il oriente l'attention des athlètes vers les éléments pertinents à prendre en compte. L'éducateur ne recherche pas la correction du geste mais son adaptabilité et l'efficacité du résultat du geste.

La planification des apprentissages

L'éducateur planifie les apprentissages pour augmenter l'efficacité de son enseignement. Cette planification s'effectue en fonction de deux axes :

- le découpage ou non du geste à apprendre en unités plus petites (apprentissage global ou apprentissage fractionné) ;
- l'introduction ou non de délais entre les exercices (apprentissage massé ou apprentissage distribué).

Apprentissage global et apprentissage fractionné

Faut-il organiser le mouvement en unités plus petites ou apprendre le mouvement dans sa globalité ?

Dans l'apprentissage global le mouvement est appris comme un tout. Par exemple, pour apprendre le saut en longueur, l'entraîneur met en place des situations dans lesquelles les athlètes répètent le saut dans sa totalité.

Dans l'apprentissage fractionné, le mouvement est divisé en un certain nombre d'unités indépendantes, chacune étant apprise indépendamment puis recollée au tout. Ce découpage peut s'effectuer par rapport à une structure temporelle ou par rapport à une structure gestuelle. Le saut en longueur peut être découpé temporellement en isolant la course d'élan, les trois derniers appuis et l'impulsion, l'envol et la réception. Le papillon peut être découpé gestuellement en dissociant l'oscillation du corps, le mouvement des bras et le battement des pieds. Ces mouvements sont appris de façon isolés puis dans leur ensemble.

La pertinence de ce découpage du geste à apprendre dépend de deux facteurs essentiels qui sont les caractéristiques des sportifs et le degré d'organisation du geste.

Les caractéristiques des sportifs

L'apprentissage fractionné permet un meilleur renforcement du fait de buts moins lointains, plus faciles à atteindre. Il favorise ainsi la motivation et l'apprentissage chez des sportifs débutants et chez des enfants. Proposer des situations simples de rotations avant, arrière, longitudinale permet à des jeunes de rentrer dans la gymnastique sportive, sans les rebuter par la complexité des enchaînements à réaliser.

Les capacités de représentation des sportifs influent sur la stratégie de présentation des mouvements à apprendre. Des jeunes possédant des possibilités d'abstraction et de visualisation peu importantes rencontrent des difficultés pour se représenter et effectuer un mouvement complexe. Son découpage, en mouvements plus simples, aide à la compréhension des actions à réaliser.

L'apprentissage fractionné constitue également une aide précieuse pour travailler un détail technique chez un athlète confirmé. Le fractionnement du geste permet d'isoler le défaut technique afin de le corriger plus efficacement. Cependant, une fois la correction effectuée sur ce détail technique, il est nécessaire de reconstruire le geste de façon globale.

Le degré d'organisation du geste

Les gestes longs et peu organisés (le saut en hauteur par exemple)

Le découpage d'un geste se justifie lorsque le geste est long, lent et formé de structures gestuelles peu organisées entre elles. Ainsi, en saut en hauteur, un athlète peut apprendre le franchissement dorsal de la barre et la réception sur le tapis grâce à une situation aménagée supprimant les phases d'élan, d'impulsion et d'envol (utilisation d'un plinthe par exemple). L'acquisition ultérieure de l'élan et de l'impulsion permettra à ce jeune athlète d'effectuer un saut global correct.

Dans ce découpage, il est important de respecter la cohérence interne du geste. Il est nécessaire d'identifier les points clefs du geste qui organisent celui-ci, afin d'isoler ces éléments et commencer par leur apprentissage.

L'élément central constitue une base pour les autres éléments du geste à apprendre. Les autres parties viennent se greffer, de façon cohérente, sur cet élément central. Par exemple, l'analyse du saut en Fosbury peut amener l'éducateur à concevoir le franchissement en dorsal (et non l'impulsion) comme l'élément organisateur du saut. L'entraîneur commence donc l'apprentissage du Fosbury par ce franchissement, sur lequel vient ensuite se greffer l'apprentissage de l'impulsion et de la course d'élan. Le découpage du geste ne s'effectue pas toujours en fonction de son déroulement temporel.

Les gestes courts et hautement organisés (un coup droit de tennis de table par exemple).

Par contre, lorsque le geste est rapide et hautement organisé il est moins aisé de le découper en unités plus petites et il est préférable de l'apprendre comme un tout. Ainsi, pour l'apprentissage d'un coup droit en tennis de table, il est peu judicieux d'apprendre isolément le mouvement du bras et le mouvement du buste pour ensuite les recoller, tant que ces deux mouvements sont liés entre eux et interdépendants.

De même, apprendre isolément les trois derniers appuis et l'impulsion en saut en longueur n'est pas pertinent dans la mesure où l'exécution de ces trois derniers appuis détermine la réalisation de l'impulsion.

Raccourci
L'entraîneur peut mettre en place un apprentissage global ou fractionné. Il opte pour l'une ou l'autre de ces deux modalités en fonction des particularités des athlètes et du geste à apprendre. Il est également possible de combiner l'apprentissage global et l'apprentissage massé.

Apprentissage massé et apprentissage distribué

Faut-il prévoir des pauses dans l'apprentissage ou répéter le mouvement jusqu'à sa réussite ?

Dans l'apprentissage massé le mouvement est répété jusqu'à sa réussite. Par exemple, en tennis de table, tant que le pongiste ne parvient pas à réaliser un service rapide en ligne, il le répète.

Dans l'apprentissage distribué des pauses sont prévues. Des délais (de quelques minutes à plusieurs jours) sont instaurés entre les répétitions des mouvements. Le service rapide peut être, pendant une ou deux semaines et lors de chaque entraînement, travaillé au cours d'un exercice de cinq minutes.

L'éducateur opte pour un apprentissage massé ou distribué en fonction d'une variable essentielle qui est le type de comportement à acquérir.

L'apprentissage distribué

La majorité des comportements à acquérir nécessite la mise en place d'un apprentissage distribué. En effet, l'apprentissage se caractérise par la stabilisation des conduites. Cette stabilisation exige du temps et de la répétition.

La fréquence et la durée des délais entre les répétitions des mouvements déterminent l'efficacité des apprentissages. Les délais introduits dans l'apprentissage ne doivent être ni trop courts (phénomènes de saturation du système nerveux central, ennui, lassitude), ni trop longs (oubli partiel du geste antérieurement effectué).

Exemple : l'apprentissage du tir en suspension en handball ne peut se réaliser en une seule séance. Il est nécessaire de mettre en place, durant plusieurs entraînements successifs, des situations visant à la mémorisation et à l'amélioration de ce comportement.

Les programmes moteurs déjà stabilisés doivent faire l'objet de révisions fréquentes sous peine d'altérations (travail des gammes par exemple). La mémoire humaine est en effet labile et seuls quelques apprentissages moteurs restent fixés à vie.

L'apprentissage massé

L'apprentissage massé est utilisé lorsque le comportement à acquérir fait appel en priorité aux composantes cognitives de la conduite. L'opportunité d'un apprentissage massé pour l'acquisition de tels comportements n'exclut pas la nécessité d'une répétition ultérieure pour stabiliser ces conduites.

Exemple : lors de l'apprentissage d'un comportement stratégique comme une combinaison tactique en sport collectif, il est préférable de répéter cette situation jusqu'à la compréhension de ce schéma par les joueurs. En effet, arrêter avant cette compréhension n'amènerait aucune transformation chez les joueurs.

Raccourci

L'apprentissage des mouvements nécessite un apprentissage distribué. Le geste ne peut être appris en une seule séance mais il est nécessaire de le répéter régulièrement.

La gestion de l'erreur dans l'apprentissage et l'enseignement

Les sportifs n'apprennent pas immédiatement le geste juste mais leur apprentissage résulte d'une suite d'erreurs corrigées. L'éducateur identifie les causes de cette erreur pour aider les athlètes à progresser.

Les différentes sources d'erreur

L'erreur peut provenir de causes cognitives, motrices ou affectives.

Causes cognitives

- Ignorance de la connaissance de la cible. Le sportif ne connaît pas le but à atteindre. Exemple : en saut en hauteur, un débutant ne comprend pas l'intérêt de ne pas toucher l'élastique lors du saut (puisqu'il le franchit).
- Mauvaise élaboration de la connaissance de la cible. Le sportif se construit une idée fausse du but à atteindre. Exemple : un débutant pense que pour sauter haut, il faut arriver très vite face à la barre.

Causes motrices

- Patterns moteurs inappropriés. Exemple : la forme globale du saut peut être inadaptée (la course d'élan est rectiligne, la liaison course impulsion incorrecte).
- Patterns moteurs appropriés mais mal calibrés. Exemple : la forme du saut peut être globalement correcte mais l'énergie du mouvement est inappropriée (arrivée trop lente devant la barre).

Causes affectives

- Peur. Le sportif hésite à s'engager dans l'action. Exemple : le débutant qui a peur de la barre en saut en hauteur.
- Ennui. Le sportif n'est pas intéressé par la situation et ne s'y investit pas. Exemple : un jeune footballeur n'est pas intéressé par la répétition des passes mais a envie de faire des matchs.
- Émotion. Le sportif agit sous la dominance d'une émotion et ne réfléchit plus à ses actions. Exemple : un pongiste n'arrive pas à effectuer des attaques, s'énerve et ne fait plus attention à la réalisation des gestes.

Sources de l'erreur

Causes cognitives :	Causes affectives :	Causes motrices :
• ignorance de la connaissance de la cible ; • mauvaise élaboration de la connaissance de la cible.	• la peur ; • l'ennui ; • l'agressivité...	• patterns moteurs inappropriés ; • patterns moteurs appropriés mais mal calibrés.

Les sources d'erreur du mouvement

L'adaptation des situations à la nature des erreurs

L'éducateur aide les sportifs à comprendre les raisons de leurs échecs et leur propose des situations pour corriger celles-ci.

Ces situations sont adaptées à la nature des erreurs.

Exemples :

- remplacer la barre par un élastique si le débutant a peur de celle-ci ;

↗ organiser la pratique sous forme jouée (un concours de saut) si les athlètes ne s'investissent pas totalement ;

↗ matérialiser les trois derniers appuis à l'aide de marques au sol si le débutant arrive face à la barre.

L'éducateur ne doit pas laisser s'installer trop longtemps l'erreur car celle-ci amènerait très vite une baisse de la motivation et de l'investissement des athlètes.

Résumé

Pour faciliter l'apprentissage de nouvelles habiletés, l'éducateur adapte ses procédés d'intervention aux caractéristiques des apprentissages (étape d'apprentissage et type d'habileté à acquérir). Lors du stade cognitif, il organise son enseignement afin de faciliter l'identification du but et des contraintes environnementales ; au cours du stade moteur et du stade autonome, il organise la pratique afin de permettre une stabilisation et une diversification des mouvements. Lors de l'apprentissage d'une habileté fermée, l'éducateur privilégie la correction gestuelle en apportant des informations sur les caractéristiques du mouvement produit et sur l'écart par rapport au modèle à atteindre, alors que pour l'apprentissage d'une habileté ouverte, l'éducateur insiste sur les composantes perceptives et décisionnelles de la réponse en introduisant progressivement de nouvelles sources d'incertitude. Une planification cohérente, prenant en compte les caractéristiques des conditions d'apprentissage, augmente l'efficacité des actions de l'éducateur.

Vérifiez vos connaissances

1. L'éducateur intervient-il de la même façon lors du stade cognitif de l'apprentissage et lors du stade moteur ? Pourquoi ?
2. L'éducateur intervient-il de la même façon pour l'apprentissage d'une habileté fermée et pour l'apprentissage d'une habileté ouverte ? Pourquoi ? Choisissez une habileté ouverte et une habileté fermée pour illustrer ces différences.
3. Que veut dire planifier les apprentissages ?
4. Vous devez enseigner un enchaînement de gymnastique à de jeunes gymnastes. Allez-vous découper cet enchaînement en unités plus petites et distribuer leur apprentissage dans le temps ? Justifiez votre réponse.
5. À l'aide d'un exemple, identifiez les différentes causes de l'erreur.

Pour en savoir plus

Schmidt (Richard A.), *Apprentissage moteur et performance*, Paris, Vigot, 1993, p. 189-289. (Sur l'organisation de la pratique pour l'apprentissage des habiletés motrices.)

section 2

les facteurs psychologiques

De nombreux facteurs psychologiques interviennent dans la pratique sportive et la réalisation d'une performance. L'objectif de cette partie est d'apporter des connaissances sur certains de ces facteurs et de décrire leur impact sur la pratique sportive. Ces connaissances sont essentielles pour comprendre la manière dont les sportifs s'engagent dans une pratique sportive.

Cette partie est organisée en quatre chapitres :

- le premier décrit les aspects motivationnels de la pratique sportive ;
- le deuxième décrit les aspects émotionnels de la pratique sportive ;
- le troisième aborde la notion de personnalité ;
- le quatrième s'attache à la préparation psychologique.

Chapitre 5

les aspects motivationnels de la pratique sportive

Le nombre de personnes s'adonnant à la pratique sportive est extrêmement important. Le sport mobilise des individus de tout âge et de tous les milieux. Du joggeur occasionnel du dimanche matin à l'athlète de haut niveau qui s'entraîne cinq heures par jour, les formes de pratique sont multiples. Mais comment expliquer qu'un triathlète accepte de souffrir physiquement ou qu'un parachutiste prenne le risque de confier sa vie à un morceau de tissu ? Les interrogations sont nombreuses. Elles concernent non seulement le choix des pratiques sportives mais aussi la forme d'investissement dans cette pratique (loisir, compétition, haute performance). Pourquoi choisir de pratiquer la boxe plutôt que le yoga ? Pourquoi pratiquer le basket-ball dans la rue avec ses copains plutôt qu'au sein d'un club organisé ? Des phénomènes d'ordre motivationnel apportent des éléments de compréhension.

Précisions terminologiques

Les théories expliquant l'origine des motivations sont nombreuses. Certaines insistent plus sur les facteurs innés et endogènes de la motivation alors que d'autres privilégient les aspects sociaux et les phénomènes d'interaction sociale. Avant de détailler ces diverses théories, il est indispensable de définir la motivation et les différents vocables rattachés à cette notion et notamment les concepts de besoin et de motifs.

Les besoins

La notion de besoin fait référence à une conception homéostatique de l'organisme. Dans cette conception, l'organisme recherche toujours un état d'équilibre et les comportements mis en œuvre ont pour fonction principale de rétablir un équilibre compromis. **Le besoin naît d'une carence mettant l'organisme en état de déséquilibre.** Ces besoins peuvent être primaires et liés à la survie même de l'individu (besoin de nourriture, de territoire, d'oxygène, de stimulation) ou secondaires et résultant des interactions de l'être humain avec son environnement (besoin d'affiliation, de compétence, de jeu, d'autonomie...). Le besoin est un phénomène endogène.

Les motifs

Le langage courant utilise souvent indifféremment les deux concepts de motif et de motivation. Il est cependant important de différencier ces deux termes. **Les motifs** (ou raisons) **constituent des prédispositions de l'organisme qui sont activées dans certaines circonstances.** Plus complexes que les besoins, les motifs peuvent, en fonction des circonstances, entraîner ou non certains comportements. Cependant, les concepts de motifs et de besoins sont étroitement liés.

La motivation

La motivation est classiquement **définie comme un ensemble de forces qui oriente l'activité du sujet vers certains buts.** Cette définition insiste sur l'aspect sélectif et directionnel de la motivation. La motivation oriente le comportement vers certaines cibles. Parmi toutes les pratiques sportives qui s'offrent à lui, l'individu en choisit une ou deux et ces choix relèvent de différences qualitatives.

La motivation possède également un effet intensif et énergétique. Cet effet intensif désigne la force, la durée et l'engagement dans une activité. Certains individus s'engagent plusieurs heures par jour et durant plusieurs années dans un seul sport alors que d'autres changent fréquemment de discipline sportive.

La motivation ne constitue pas une prédisposition de l'organisme à agir d'une certaine façon mais est fonction de multiples facteurs d'ordre biologiques, psychologiques et sociaux.

Les théories de la motivation

La motivation est un phénomène complexe et ses conceptions sont diverses. Nous pouvons classifier les principales théories de la motivation humaine en fonction des types de réponses apportés aux questions suivantes :

- La motivation est-elle un phénomène inné ou peut-on l'apprendre et la développer ?
- La motivation provient-elle de l'individu lui-même ou de l'environnement ?
- Quelle est l'importance respective des phénomènes cognitifs, physiologiques et affectifs dans la motivation ?
- La motivation a-t-elle pour seule fonction de répondre à un besoin ou peut-elle, au contraire, en être à l'origine ?

Les réponses apportées à ces questions nous permettent de distinguer trois conceptions principales de la motivation.

La motivation part du sujet

Une première approche considère la motivation comme provenant du sujet. La motivation possède une forte composante innée et a pour fonction essentielle de répondre à un besoin. Le besoin met l'organisme en activité et la nature du besoin oriente le comportement. L'action cesse avec la satisfaction du besoin. Par exemple, un individu en immersion aquatique a besoin d'oxygène. Ce besoin incite l'individu à revenir à la surface et ce avec d'autant plus d'intensité que le manque d'oxygène est important. La motivation est donc un phénomène qui permet à l'organisme de rétablir un équilibre compromis.

L'importance et l'orientation de la motivation dépendent ainsi de la capacité d'une action à assouvir un besoin. Dans cette conception de la motivation ce sont les besoins (le besoin de mouvement ou de contacts sociaux par exemple) qui incitent les individus à pratiquer une activité physique. L'individu n'agit que très peu voire pas du tout sur ses motivations. Il en est l'objet et non l'acteur. Ce modèle présente de nombreuses limites. La motivation est un phénomène plus complexe que la simple réponse à un besoin. Certains individus, par la pratique sportive, se mettent eux-mêmes et de façon volontaire, en situation de déséquilibre. De plus les motivations, au cours de la vie et des situations rencontrées, se modifient et évoluent.

La motivation part de l'environnement

Une deuxième approche considère la motivation comme provenant de l'environnement. La motivation dépend de l'attrait des récompenses ou des rejets des punitions qu'une action peut procurer. La motivation est fonction de l'environnement et résulte d'un véritable calcul cognitif en termes de coût, de récompenses et de punitions. Si le sportif juge les efforts à fournir trop importants pour obtenir le résultat souhaité, il ne s'investira pas dans la pratique. Par contre, si la récompense (ou la sanction) est significative, il acceptera de fournir les efforts nécessaires. Dans ce modèle, les moteurs essentiels de la pratique sportive sont la recherche de la gloire, de la victoire, de l'argent, de la reconnaissance sociale. Si un individu pratique un sport c'est parce qu'il espère en retirer des bénéfices.

Ce modèle présente lui aussi des limites. Un grand nombre de personnes pratique un sport en dehors de toute recherche de succès honorifique et nombreux sont ceux qui ne sont pas très conscients des raisons pour lesquelles ils s'investissent dans des activités physiques.

La motivation est une construction et provient d'une interaction dynamique entre le sujet et l'environnement

Ces deux conceptions de la motivation ont été remises en question par un modèle plus dynamique des phénomènes de motivation et notamment par le psychologue J. Nuttin (1980). Selon celui-ci, la motivation est un phénomène complexe et multiforme. La motivation naît des relations qui unissent l'individu à son environnement. À côté du monde perçu existe un monde conçu, c'est-à-dire que l'individu aspire à un monde idéal qui ne correspond pas forcément à sa façon de vivre actuelle. L'homme, par ses actions, essaie de rapprocher ces deux mondes. Ainsi, un sportif peut se mettre volontairement en situation de déséquilibre pour obtenir un résultat souhaité. Le navigateur en solitaire accepte l'isolement, la souffrance physique et morale pour réaliser et vivre ses valeurs, ses idéaux. En fait beaucoup de conduites, dans le monde sportif, ne sont pas des conduites qui ont pour but de réduire une tension mais elles provoquent souvent l'effet inverse.

Dans cette conception de la motivation, les facteurs endogènes et exogènes interagissent. La motivation à effectuer un comportement provient de l'environnement et de l'individu. Les soubassements des phénomènes de la motivation sont multiples et l'individu peut, en fonction des situations, intervenir de façon plus ou moins importante sur ceux-ci. Les dimensions cognitives et affectives sont réintégrées dans un même modèle. Dans une équipe de jeunes joueurs de basket-ball, les motivations à pratiquer sont extrêmement diverses. Un jeune viendra pour sortir du cadre familial le samedi après-midi, un autre a suivi son copain, un autre espère devenir Tony Parker...

Les motivations pour pratiquer un sport sont donc multiples et ne possèdent pas toujours les mêmes caractéristiques. Seule une étude approfondie permet d'accéder à celles-ci.

Raccourci
La motivation pousse l'individu vers certains buts. C'est un phénomène complexe qui dépend à la fois des caractéristiques de l'individu et de l'environnement.

Les motivations pour pratiquer un sport

De nombreux auteurs ont essayé d'identifier les différentes motivations pour pratiquer un sport. La méthode utilisée consiste souvent à interroger les sportifs sur les raisons qui les ont amenés au sport. Les raisons invoquées sont multiples et dépendent bien souvent des activités sportives pratiquées et du type d'investissement dans celles-ci. Nous pouvons regrouper ces motivations en trois catégories : les motivations d'ordre social, physiologique et psychologique.

Les motivations d'ordre social

Ces motivations sont liées aux **besoins d'intégration et de contacts sociaux.** L'homme recherche l'établissement de contacts et de relations affectives. La pratique sportive constitue un terrain privilégié pour la création de tels liens. Les jeunes pratiquant le street-ball reconnaissent et diffusent dans leur pratique une façon de vivre et d'exister. Les femmes se regroupant à 18 heures dans une salle pour y pratiquer la gymnastique volontaire recherchent autant l'entretien physique que les discussions d'avant, de pendant et d'après le cours.

Un des ressorts essentiels du mouvement sportif réside dans l'attachement à un club, une équipe. L'association sportive est un lieu où les individus perdent leur anonymat pour devenir un élément à part entière de la structure.

Les motivations d'ordre physiologique

Ces motivations sont liées aux **besoins de stimulation et de mouvement.** La recherche d'un bien-être ou d'un mieux-être physique, la dépense d'énergie, le plaisir de bouger constituent des raisons fréquemment évoquées. Le mouvement procure (en général) un sentiment agréable et permet d'assouvir ce besoin de mouvement et de stimulation corporelle. Le danseur entretient un véritable rapport hédoniste avec son corps, le trampoline entraîne des sensations corporelles de déséquilibre et de vertige, le jogger sent ses muscles se tonifier...

Les motivations d'ordre psychologique

Ces motivations sont essentiellement liées aux **besoins de compétence et d'autodétermination.** Les individus ont besoin de se sentir compétents dans un domaine. Il existe chez tous les individus une tendance à bien faire, à rechercher l'efficacité dans leurs interactions avec l'environnement. En fonction des individus, cette recherche de compétence s'exprime différemment. Certains recherchent le succès dans le domaine intellectuel (bien réussir en classe par exemple), dans le domaine social (avoir beaucoup d'amis) ou dans le domaine physique (être bon dans un sport). Cette recherche de compétence est liée à la recherche d'approbation et d'estime par les autres et à la recherche de la maîtrise maximum dans une tâche.

Les succès obtenus dans des situations s'accompagnent en plus de sentiments positifs à l'égard de soi-même qui en retour vont accroître ou préserver la motivation à l'égard de ces situations. En d'autres termes, plus un individu se sent habile dans un sport et plus il s'y intéresse. Le sport permet à l'individu de se donner des « challenges » et il est l'occasion de s'investir et de réussir dans des tâches multiples. Le jeune sauteur en hauteur qui franchit pour la première fois la barre des deux mètres en retire une réelle satisfaction.

Les cas extrêmes

Un des aspects les plus intriguants dans le domaine du sport est la raison qui pousse les individus à des extrêmes. Certains sportifs acceptent de s'entraîner durement plusieurs heures par jour dans l'espoir d'une hypothétique médaille et réitèrent leurs efforts en cas d'échec. D'autres s'engagent dans des pratiques physiques dans lesquelles les risques encourus sont réels. Ces comportements ne semblent pas explicables par les phénomènes de motivation vus précédemment. Aussi, quelles peuvent être les raisons de telles conduites ?

Certaines explications avancées intègrent une dimension physiologique. Les sportifs deviennent dépendants de leur activité (phénomène d'addiction). Cette dépendance se manifeste par une prédominance excessive de cette activité dans la vie de l'individu au détriment d'autres secteurs comme la famille ou le travail. L'arrêt de l'activité sportive entraîne des réactions de nervosité et d'anxiété. Il se produit un phénomène proche de l'addiction. Cette addiction serait le fait de substances spécifiques (les béta-endorphines qui sont des dérivés de la morphine) produites par l'organisme lors d'efforts physiques extrêmes. Ces substances provoquent un état d'euphorie chez l'athlète qui recherche cette production de substances dont il est devenu dépendant, par une prise de risque de plus en plus importante ou par des efforts physiques de plus en plus violents. Ainsi malgré l'anxiété et l'angoisse (voire la terreur) précédant un premier saut à l'élastique, après celui-ci le sportif se trouve dans un état proche de l'ivresse et il éprouve un sentiment de bien-être important.

Les résultats expérimentaux restent cependant très incomplets pour étayer cette théorie séduisante. D'autres explications pour comprendre de telles conduites mettent plus l'accent sur des aspects psychologiques. L'acceptation de la douleur pourrait résulter d'un besoin de compétence et d'un niveau d'aspiration particulièrement développés. Le sportif est prêt à souffrir pour relever le défi d'une tâche très ardue et difficile, pour connaître ses propres limites et les repousser. Il sort ainsi de son cadre habituel d'existence pour accéder à l'exploit.

Ces conduites extrêmes soulignent la complexité des phénomènes de motivation. La motivation amène quelquefois les sportifs à se mettre volontairement dans des situations de danger et de déséquilibre.

Les raisons de la non-pratique sportive

S'intéresser aux raisons de la pratique sportive nous amène à nous intéresser également aux raisons de la non-pratique. L'interrogation des non-pratiquants laisse apparaître une grande diversité de réponses. Ces raisons concernent, en premier lieu, le non-intérêt porté à la pratique sportive considérée comme trop dure, inintéressante. L'individu ne se juge pas assez performant dans le sport, il n'y éprouve pas de plaisir… D'autres se disent attirés et motivés par la pratique sportive mais n'ont pas le temps, les installations nécessaires, ils n'ont pas eu l'occasion de s'inscrire dans un club. Ceci révèle l'importance de la démarche active du sujet. Certains se donnent les moyens de pratiquer et sont prêts à investir en temps, en argent et en énergie dans une activité sportive alors que d'autres en restent au stade de l'intention et de l'envie. La motivation seule ne suffit pas à agir, l'action est déclenchée par un acte de décision. Le fait de s'engager à un moment donné dans une pratique nous lie à celle-ci.

Raccourci

Les motivations pour pratiquer un sport sont multiples et peuvent être d'origine sociale (besoin d'affiliation et de contacts sociaux), physiologique (besoin de mouvement et de dépense physique) et psychologique (besoin de compétence et d'autodétermination).

Les différentes formes de motivation

Les formes de la motivation sont multiples et ont une influence différente sur l'engagement de l'athlète. Il s'agit donc d'identifier les formes de la motivation et de noter leur effet sur l'activité des sportifs.

La motivation intrinsèque et la motivation extrinsèque

Une dimension fréquemment utilisée, pour caractériser la motivation dans le domaine sportif, concerne la dimension intrinsèque-extrinsèque. **Le sportif est dit motivé de façon intrinsèque lorsqu'il effectue une tâche pour le plaisir éprouvé** dans la réalisation même de cette tâche. Il n'attend pas de récompense externe mais l'activité est en soi une récompense. Un comportement intrinsèquement motivé est donc un comportement dont la valeur se situe au niveau du comportement lui-même.

Par contre, **le sportif est dit motivé de façon extrinsèque lorsqu'il attend une récompense externe** de son action. Ainsi, le sportif qui pratique une activité pour la notoriété, les avantages matériels, sociaux ou financiers qu'il espère en retirer est motivé extrinsèquement.

Le continuum motivation intrinsèque-motivation extrinsèque

Vallerand (1994) dépasse cette dichotomie motivation intrinsèque-motivation extrinsèque pour identifier des niveaux intermédiaires. Il va du pôle négatif de la non-motivation au pôle le plus positif de la motivation intrinsèque. Vallerand différencie ainsi trois niveaux de motivation extrinsèque et trois niveaux de motivation intrinsèque.

Les trois niveaux de motivation extrinsèque

Ils traduisent l'évolution d'une source de motivation externe vers une autodétermination de plus en plus affirmée par les sportifs eux-mêmes. Ces trois niveaux sont les suivants.

La régulation externe : le sportif agit pour les récompenses et les punitions imposées par quelqu'un d'autre. « Je vais à l'entraînement sinon l'entraîneur ne me laissera pas jouer le prochain match ». Le sport est vécu comme une source de contraintes.

L'introjection : le sportif agit du fait d'une intériorisation d'une régulation externe antérieure. Le sportif a intériorisé l'obligation. « Je vais à l'entraînement parce qu'il faut que j'y aille ». Le sport est vécu comme une source d'obligations.

La motivation extrinsèque identifiée : le sportif a intériorisé par un choix conscient une obligation et justifie cette obligation. L'athlète s'impose des activités (musculation, footing...) peu motivantes pour lui mais nécessaires au maintien de sa forme et/ou aux progrès dans le sport qu'il a choisi. « Je vais à l'entraînement parce que j'ai choisi de jouer au basket-ball et pour moi c'est important de progresser ». Le sport est vécu comme une nécessité.

Les trois niveaux de motivation intrinsèque

Elles traduisent des buts favorisant la poursuite intrinsèque de la connaissance, de l'accomplissement et de la stimulation. Ces trois niveaux sont les suivants.

La motivation intrinsèque à la connaissance : le sportif pratique un sport pour le plaisir d'apprendre une activité physique qui régulièrement lui proposera des connaissances nouvelles. Le sport est vécu comme une source de connaissance.

La motivation intrinsèque à l'accomplissement : le sportif pratique un sport pour le plaisir de se dépasser soi-même et d'explorer ses limites. Le sport est vécu comme une source de progrès.

La motivation intrinsèque à la stimulation : le sportif pratique un sport pour les sensations qu'il procure. Le sport est vécu comme une source de plaisir.

Les relations entre la motivation intrinsèque et la motivation extrinsèque

Les relations entre la motivation intrinsèque et la motivation extrinsèque sont complexes et les phénomènes observés très divers. Un sportif peut fonctionner de façon simultanée ou alternative avec des motivations de différentes formes. Le deltiste en compétition recherche des sensations de plaisir et les émotions associées au vol mais essaie également d'aller au maximum de ses possibilités et de celles de son aile pour battre ses adversaires. De même, un footballeur professionnel joue au football parce que c'est son métier mais éprouve dans le même temps un réel plaisir à être sur le terrain.

Les motivations évoluent au cours du temps et en fonction de l'intensité et du type d'engagement dans la pratique sportive. L'importance de la récompense, sa nature, son annonce avant la performance, l'attitude de l'entraîneur, le plaisir éprouvé lors de la pratique sont autant de facteurs qui vont agir sur les liens qu'entretiennent motivation intrinsèque et motivation extrinsèque.

L'influence de la motivation intrinsèque et de la motivation extrinsèque sur l'engagement du sportif

La motivation intrinsèque et la motivation extrinsèque ont des effets différents sur la pratique sportive. Lorsque les sportifs sont extrinsèquement motivés, l'activité s'arrête avec l'obtention du gain attendu alors que les sportifs intrinsèquement motivés poursuivent plus longtemps leurs efforts. Aussi, un athlète a d'autant plus de chances de continuer dans un sport qu'il est motivé intrinsèquement. Différentes recherches ont montré que seuls les individus motivés intrinsèquement s'investissent à long terme. Bien sûr, en fonction du niveau de pratique, la motivation n'est plus de même nature.

Les sportifs de haut niveau sont forcément motivés de façon plus extrinsèque : ils attendent souvent de la reconnaissance et des profits des efforts accomplis. Ces sportifs éprouvent cependant du plaisir lors de la pratique. Seul ce plaisir intrinsèque peut constituer le soubassement de l'engagement des sportifs de haut niveau.

La motivation extrinsèque augmente les phénomènes d'anxiété. Les sportifs motivés extrinsèquement craignent plus la défaite que les sportifs motivés intrinsèquement.

Les sportifs motivés exclusivement de façon extrinsèque abandonnent plus fréquemment, dès que des échecs apparaissent et dès que les récompenses n'existent plus, dans la mesure où le plaisir éprouvé dans la pratique ne lie pas ces sportifs à leur activité. Aussi il est important de préserver cette motivation intrinsèque et le plaisir éprouvé lors de la pratique.

Raccourci

Il existe deux formes principales de la motivation :

- la motivation intrinsèque (le sportif est motivé par le plaisir éprouvé lors de la pratique sportive) ;
- la motivation extrinsèque (le sportif est motivé par les bénéfices qu'il peut retirer de la pratique sportive).

La motivation intrinsèque favorise la poursuite de l'activité sportive.

Il existe un effet double : la motivation influe sur l'intensité et le type d'engagement dans la pratique sportive qui à leur tour agissent sur la motivation.

Les facteurs influençant la motivation intrinsèque

Les facteurs influençant la motivation sont nombreux. Nous nous appuierons sur les résultats des travaux expérimentaux de Vallerand pour décrire les effets du succès et de l'échec, de la compétition et de la relation entraîneur/athlète sur la motivation intrinsèque. Ces résultats expérimentaux ne sont, bien sûr, pas généralisables à toutes les situations mais ont pour intérêt de décrire des mécanismes généraux et de montrer l'importance de divers facteurs sur le devenir de la motivation.

L'influence du succès et de l'échec

Le sentiment de compétence et la motivation intrinsèque sont étroitement liés. Le succès élève le sentiment de compétence et le niveau de motivation intrinsèque des sportifs alors que l'échec provoque un sentiment d'incompétence et de frustration. Des échecs successifs amènent une baisse de la motivation intrinsèque si ceux-ci ne sont pas analysés. Les retours de l'entraîneur et de l'environnement vers les athlètes sont extrêmement importants. Si l'entraîneur (ou les parents) fournissent exclusivement, après une défaite, des feed-back négatifs à un athlète, le sentiment de compétence de celui-ci se trouve affecté. L'athlète se trouve nul, « bon à rien »... Son engagement dans l'activité diminue. Ce phénomène est accentué chez des athlètes extrinsèquement motivés. Par contre, des feed-back positifs vont augmenter l'intensité de l'engagement des athlètes. L'entraîneur (et les autres personnes entourant l'athlète) doit donc être attentif à la forme de ses interventions et alterner retours négatifs et retours positifs.

L'influence de la compétition

La compétition est un élément constitutif essentiel du sport et elle offre l'occasion de se confronter et de se mesurer avec les autres dans l'activité choisie. L'énergie, en situation de compétition, est mobilisée à son maximum et le fait de se confronter aux autres augmente le niveau de motivation. Nous pouvons nous interroger sur l'effet de la compétition sur la motivation intrinsèque.

Quelquefois, en compétition, les sportifs essaient de battre les adversaires à tout prix. L'accent est mis sur la victoire avec une telle intensité que les sportifs en arrivent à oublier le plaisir de la pratique. Ces comportements provoquent une baisse voire une disparition de la motivation intrinsèque en ce sens où la motivation n'est plus orientée vers le plaisir de jouer mais vers le désir de surpasser les adversaires. Les « pensées » des athlètes sont plus dirigées vers les conditions à mettre en œuvre pour battre l'adversaire que sur la qualité de leur prestation. Ainsi les finales des championnats, dans lesquelles l'enjeu de la victoire est prépondérant, ne sont pas toujours le lieu des plus belles prestations sportives. La compétition, lorsqu'elle est exclusivement orientée vers le fait de battre l'adversaire, peut donc avoir des effets néfastes sur la motivation intrinsèque.

Mais la compétition intègre d'autres dimensions comme le fait de se tester, de se surpasser, d'explorer ses limites... Dans ce cas, la compétition renforce la motivation intrinsèque dans la mesure où la compétition constitue une occasion d'augmenter le sentiment de compétence. L'entraîneur doit donc ne pas toujours insister sur le résultat chiffré de la rencontre sportive mais aussi valoriser les comportements mis en œuvre sous peine de voir les athlètes se concentrer exclusivement sur les buts et perdre ainsi le plaisir de la pratique.

L'influence de la relation entraîneur-athlète

La relation entraîneur-athlète est fondamentale en sport. Elle unit le sportif qui désire apprendre et être performant à celui qui détient certains éléments indispensables à la réalisation de ce projet. Ce rapport est un rapport complexe qui prend de multiples formes. Les athlètes peuvent être plus ou moins dépendants ou plus ou moins autonomes par rapport à leur entraîneur. Le type de rapport qui s'instaure entre les athlètes et l'entraîneur dépend essentiellement de son attitude. Celle-ci oscille entre deux pôles : l'entraîneur peut opter pour un comportement contrôlant (attitude autocratique) ou pour un comportement soutenant l'autonomie (attitude démocratique).

Le comportement contrôlant

Un comportement contrôlant force les sportifs à agir d'une certaine façon. L'entraîneur décide des formes d'exercices à mettre en place, il définit les objectifs, donne des consignes précises à respecter lors des matches (« Tu commences à attaquer sur son coup droit quand je te le dis sinon tu attends. ») Ce type de comportement baisse le sentiment de compétence et d'autodétermination des athlètes. Ceci provoque une diminution de la motivation intrinsèque. Les athlètes ne se sentent pas responsabilisés, ils suivent, sans toujours savoir où cela peut les mener, les directives de l'entraîneur. Les sportifs deviennent passifs. L'entraîneur doit souvent relancer l'investissement des athlètes qui baisse. L'échec est, dans ce cas, très mal vécu et entraîne un arrêt de l'activité.

Le comportement soutenant l'autonomie

Un comportement soutenant l'autonomie sollicite, au contraire, l'activité et les prises de décision des athlètes. L'entraîneur laisse plus d'initiative aux sportifs, il demande leur avis, il explique ses décisions et justifie ses choix (« N'attaque pas trop vite sur son coup droit car tu fais beaucoup trop de fautes directes mais exploite les situations favorables dès que tu en as l'occasion. ») Les sportifs se sentent plus impliqués dans l'action, ils ont une marge de manœuvre plus importante et ont droit à l'originalité et à la créativité. Le sentiment de compétence et d'autodétermination s'élève et renforce ainsi la motivation intrinsèque.

Ces deux types de comportement de l'entraîneur constituent deux extrêmes et l'entraîneur oscille, en fonction des caractéristiques de la situation, entre ces deux types de comportement. Certaines situations exigent une reprise en main de l'entraîneur alors que dans d'autres cas, l'entraîneur est beaucoup plus conciliant. L'entraîneur adapte son comportement aux spécificités des athlètes et évite de n'intervenir que sur un mode contrôlant sous peine de voir les athlètes se démobiliser et se désintéresser de l'entraînement.

Raccourci

Chaque entraîneur possède un style d'intervention qui lui est propre. Ce style se situe entre une attitude autocratique et une attitude plus démocratique. Les entraîneurs modifient leur style d'intervention afin de s'adapter aux caractéristiques des situations d'entraînement.
Une attitude démocratique renforce la motivation intrinsèque des sportifs.

L'influence du rajout des récompenses

Si la motivation première pour pratiquer une activité physique est souvent de nature intrinsèque, le rajout d'une récompense externe peut nuire à celle-ci. Un exemple éloquent de Casady (1974) cité par Bakker, Whiting et Van der Brug (1992, p. 25), illustre la manière dont se déroule ce processus.

« Un vieil homme vivait seul dans une rue où des garçons jouaient très bruyamment tous les après-midi. Un jour ils firent vraiment trop de tapage et il les appela. Il leur dit qu'il aimait les entendre jouer, mais qu'il devenait sourd et qu'il ne pouvait plus entendre leurs jeux. Il leur demanda de venir tous les jours devant chez lui pour jouer bruyamment. Il leur donnerait 25 cents chaque fois qu'ils viendraient. Les jeunes revinrent en courant le jour suivant et firent un vacarme épouvantable devant la maison. Le vieil homme les paya et leur demanda de revenir le lendemain. De nouveau ils firent du bruit, et de nouveau le vieil homme les paya. Mais, cette fois, il ne leur donna que 20 cents à chacun, en leur expliquant qu'il n'avait plus beaucoup d'argent. Le jour suivant, ils n'obtinrent que 15 cents. En outre, le vieil homme leur dit qu'il ne pourrait leur donner que 5 cents le quatrième jour. Les garçons se mirent en colère et répondirent au vieil homme qu'ils ne reviendraient pas. Cela ne valait pas la peine, dirent-ils, de se fatiguer à faire du bruit pour 5 cents par jour. »

Nous pouvons expliquer la disparition de la motivation intrinsèque par le fait que quand chacun des deux types de motivation peut provoquer le comportement, la motivation extrinsèque aura priorité sur la motivation intrinsèque. En effet, ses résultats sont plus facilement observables et le sportif a tendance à réduire l'importance des facteurs internes jusqu'à n'agir que pour les facteurs externes. Ainsi, le rajout systématique, à une bonne performance sportive, de récompenses externes nuit à la motivation intrinsèque. Les sportifs n'agissent plus pour la recherche du plaisir éprouvé lors de la pratique mais pour l'obtention d'un gain. Le processus d'attribution des récompenses possède un effet motivationnel à court terme. Une récompense provoque généralement une augmentation de la motivation mais pour entretenir cette motivation, il faut instaurer un processus de renouvellement permanent des récompenses. L'usage intensif de celles-ci a donc pour conséquence de transformer ce qui au départ était un plaisir, un jeu, une envie de progrès en un travail et une recherche de gain.

Exemple : si l'éducateur fait entrevoir à un jeune nageur passionné par la natation la possibilité d'obtenir un triton, celui-ci peut ne venir ensuite au club que dans l'espoir d'avoir ce triton. Ce détournement de son attitude peut se traduire par un arrêt de son activité si l'on supprime les récompenses.

Quelques conseils pratiques pour entretenir la motivation :

- annoncer les objectifs de la séance ;
- expliquer l'intérêt des exercices ;
- varier les exercices ;

- moduler la difficulté des exercices ;
- donner des feed-back positifs ;
- proposer des formes jouées ;
- s'engager dans la pratique avec les athlètes ;
- dialoguer avec les athlètes ;
- adopter une attitude démocratique.

Les facteurs de la motivation intrinsèque

La régulation cognitive de la motivation : le phénomène de l'attribution causale

La tendance à expliquer les résultats obtenus

Les sportifs ont tendance à analyser et à expliquer les événements dont ils sont acteurs et spectateurs. Ce phénomène s'appelle le phénomène d'attribution causale. La motivation est influencée par ce phénomène d'attribution causale dans la mesure où le type des facteurs explicatifs avancés influe sur le niveau d'aspiration des sportifs. Aussi il est important d'identifier à quelles causes les sportifs attribuent leur succès ou leur défaite. Par exemple, un sportif qui pense que sa victoire est due à la chance ou à des erreurs de l'adversaire ne retire pas autant de satisfaction de son succès qu'un joueur qui attribue sa victoire à un dépassement de lui-même face à un adversaire valeureux et performant.

Les facteurs explicatifs

Les sportifs recourent à quatre causes principales pour expliquer un résultat : l'aptitude, la chance, la difficulté de la tâche et l'effort. Ces causes se caractérisent par leur stabilité (dimension stable-instable) et par la localisation de la responsabilité (dimension interne-externe). Le type de facteurs utilisé pour expliquer l'obtention d'un résultat influe sur le niveau d'aspiration, le sentiment de compétence et la motivation des sportifs.

Dimensions	Stable	Instable
Interne	Aptitude	Effort
Externe	Difficulté de la tâche	Chance

Les dimensions et les causes d'explication

La dimension stable-instable

Attribuer un résultat à une cause stable, c'est penser que ce résultat va se reproduire. S'il s'agit d'un succès, l'avenir est envisagé avec sérénité. Par contre, s'il s'agit d'un échec, les sportifs peuvent se sentir impuissants pour changer ce résultat négatif en un résultat positif. Le sentiment de compétence et le niveau de motivation s'en trouvent affectés.

Attribuer un résultat à une cause instable c'est penser, au contraire, que ce résultat peut se modifier à l'avenir.

La dimension externe-interne

Attribuer un résultat à une cause externe (la chance par exemple), c'est penser que l'on ne peut pas agir directement sur le résultat ultérieur. Les sportifs se sentent impuissants, irresponsables et dépendants de facteurs extérieurs.

Par contre, attribuer un résultat à une cause interne (l'effort), c'est penser que l'on peut avoir prise sur le devenir de la situation. Ce sentiment s'accompagne d'une impression de compétence et d'efficacité en cas de succès ou d'impuissance et d'inefficacité en cas d'échec.

Influence des phénomènes d'attribution causale sur le niveau d'aspiration et de motivation

Ces phénomènes d'attribution causale possèdent un rôle régulateur de la motivation. Ce n'est pas toujours le résultat en soi qui importe mais l'analyse de celui-ci. Une série d'échecs attribués à la malchance ne s'accompagne pas forcément d'une baisse de la motivation et d'une diminution de l'intérêt porté à la pratique. De même, une série de succès attribués à la chance ne s'accompagne pas d'une augmentation du niveau d'aspiration. En fait une attribution interne du succès élève le sentiment de compétence alors que l'attribution externe, en cas d'échec, déresponsabilise les sportifs. Les jeunes enfants fonctionnent plus sur des attributions externes (en cas d'échecs) que les adultes. Les athlètes de haut niveau ont recours, eux, plus à des attributions internes.

L'entraîneur doit aider les athlètes dans cette analyse des succès et des échecs. En effet lorsque les sportifs ne perçoivent aucun lien entre leurs actions et les événements qui se produisent, ils se sentent impuissants et sans possibilité d'intervention sur les événements. Des sentiments d'incompréhension, de crainte et d'anxiété apparaissent et la motivation baisse. Ce sentiment d'impuissance peut mener à l'abandon de la pratique.

Ces phénomènes d'attribution sont complexes et dépendent de diverses variables telles que le type de résultat obtenu, les caractéristiques des sportifs, les spécificités de la situation...

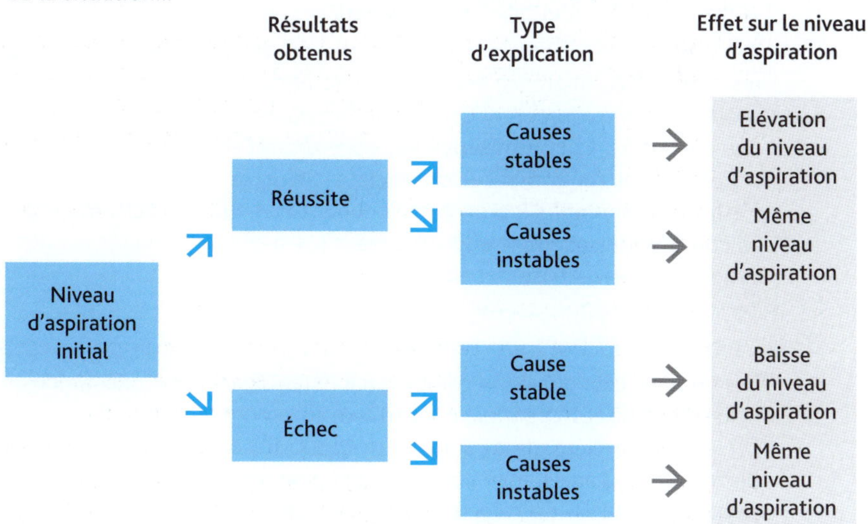

Le phénomène d'attribution causale

Raccourci

Les sportifs ont tendance à rechercher les causes de leurs succès et de leurs échecs. Ce processus s'appelle l'attribution causale. D'une façon générale les succès sont plutôt intériorisés et les échecs extériorisés et ceci d'autant plus que les sportifs sont jeunes. Le type d'explications avancées augmente ou diminue le sentiment de compétence des sportifs.

La motivation d'accomplissement

Accomplissement et sentiment de compétence

Les travaux récents sur la motivation ont introduit un nouveau concept, celui de motivation d'accomplissement. Ce concept offre un nouveau regard sur les dimensions intrinsèque et extrinsèque de la motivation. La motivation d'accomplissement est liée à celle de compétence. Un sportif qui s'engage dans une pratique physique tente de montrer sa compétence. Le besoin de se sentir compétent est en effet l'un des motifs déterminants dans le choix des disciplines sportives pratiquées (on opte de manière préférentielle pour des sports dans lesquels on se sent performant), et l'intensité de l'engagement dans celles-ci (plus on progresse dans un sport, plus on se sent compétent et plus on s'y investi).

Les sportifs perçoivent leur compétence de deux manières différentes. Selon la première, la compétence est référée à la performance réalisée par les autres : le sportif s'estime compétent dans la mesure où il a réalisé une meilleure performance que les autres. La **compétence** est donc **exoréférée**, c'est-à-dire déterminée par un **processus de comparaison sociale**. Selon la seconde conception, le sportif s'estime compétent s'il progresse, indépendamment des performances des autres. La **compétence** est donc **endoréférée**, c'est-à-dire déterminée par des **critères de progrès et de maîtrise** personnels.

Buts compétitifs et buts de maîtrise

Ces deux perceptions de la compétence déterminent deux orientations motivationnelles différenciées. La première, dite d'investissement sur l'ego, est caractérisée par une perception exoréférée de la compétence. Le sportif poursuit des **buts compétitifs ou de performance** (gagner un match, être champion régional). La deuxième, dite d'investissement sur la tâche, est caractérisée par une perception endoréférée de la compétence. Le sportif poursuit des **buts de maîtrise,** et considère le succès en termes de développement personnel plutôt qu'en termes de supériorité sociale. Ses buts sont référés à sa propre activité : courir un marathon, monter d'un classement en tennis

Les buts compétitifs et de maîtrise présentent des particularités. Les buts compétitifs sont peu contrôlables dans la mesure où beaucoup de facteurs externes interviennent dans la victoire et la défaite, tels que la performance des autres adversaires, les conditions de jeu. Aussi ces buts sont anxiogènes (car présentant une incertitude) et peu flexibles (on perd ou on gagne). Les buts de maîtrise sont moins anxiogènes car plus flexibles et procurent un plus fort sentiment de satisfaction. Le sportif peut ajuster en permanence ses buts selon son état de forme et le niveau d'opposition.

L'orientation motivationnelle des sportifs influe sur les phénomènes d'attribution causale. Les sportifs poursuivant de manière préférentielle des buts compétitifs évoquent plus fréquemment l'aptitude et la chance pour expliquer les succès et échecs. Les sportifs centrés sur des buts de maîtrise mettent en avant l'effort et la difficulté de la tâche.

Climat motivationnel

Les buts privilégiés par les athlètes dépendent de leurs propres caractéristiques mais aussi du climat instauré dans le groupe par l'éducateur. L'éducateur peut favoriser, au sein du groupe d'entraînement, un climat motivationnel centré sur la performance (l'ego) ou sur la maîtrise (l'investissement).

L'éducateur favorise un climat centré sur la performance et les buts compétitifs lorsqu'il valorise la compétition interpersonnelle, la comparaison sociale, l'évaluation publique, les feed-back normatifs (« Tu fais moins bien que Pierre. ») À titre d'illustration un entraîneur de tennis de table mettant systématiquement en place des formes compétitives, lors des entraînements, aboutissant à un classement des joueurs, qui compare en permanence les performances respectives des athlètes, qui s'adresse à un joueur de manière à ce que l'ensemble du groupe entende ses propos… valorise des buts compétitifs et génère un climat motivationnel centré sur la performance.

L'éducateur favorise un climat centré sur la maîtrise lorsqu'il valorise les efforts, l'investissement, les progrès, les feed-back individualisés…

Raccourci

Les athlètes poursuivent de manière préférentielle des buts compétitifs ou de maîtrise. Ils privilégient ainsi plus la comparaison sociale (buts compétitifs) ou leurs propres progrès (buts de maîtrise). Ces buts ont des impacts différents sur l'investissement des sportifs : les buts compétitifs génèrent de l'anxiété et les buts de maîtrise un sentiment de satisfaction. L'éducateur cherche à agir sur le climat motivationnel du groupe d'entraînement pour maintenir un compromis entre buts compétitifs et buts de maîtrise.

Les effets de la motivation sur la performance sportive

L'effet directionnel et l'effet énergétique de la motivation

La motivation possède deux effets : un effet directionnel (ou qualitatif) et un effet énergétique (ou quantitatif).

L'effet directionnel fait référence au type d'investissement et au type d'activité choisie. Les sportifs s'engagent dans une pratique physique (ou plusieurs) à l'exclusion des autres. Nous ne détaillerons pas cet effet de la motivation car il est plus lié à des phénomènes d'ordre social et psychosociologique.

L'aspect énergétique influe sur l'intensité de l'engagement dans l'activité. La motivation possède un effet psychophysiologique et élève le niveau d'activation du système nerveux central. Cette activité nerveuse s'évalue par des indicateurs tels que le rythme cardiaque, la pression artérielle, l'activité électro-encéphalographique. Nous pouvons classer sur un continuum les niveaux d'activation du système nerveux central et les associer à des états de vigilance qui peuvent aller du sommeil à la surexcitation en passant par la veille attentive et l'excitation.

Le niveau optimal de motivation

La performance augmente avec l'activation du système nerveux central et donc avec l'intensité de la motivation mais jusqu'à un certain point seulement, au-delà duquel la performance s'altère. En fait, il existe un niveau optimal de motivation qui contribue à l'efficacité des processus perceptifs, décisionnels et moteurs. Si l'athlète n'est pas assez motivé, le niveau d'activation du système nerveux central, trop faible, nuit à la vitesse et à la pertinence des prises de décisions et des actions. L'athlète « endormi » réagit souvent trop tard car il n'est pas prêt à traiter des informations et à agir. Par contre, si l'athlète est trop motivé, le niveau d'activation du système nerveux central, trop important, interfère avec la qualité de la commande motrice. L'athlète surexcité réagit souvent trop vite et mal à propos. La relation entre le niveau de performance et le niveau de motivation prend donc la forme d'un U renversé.

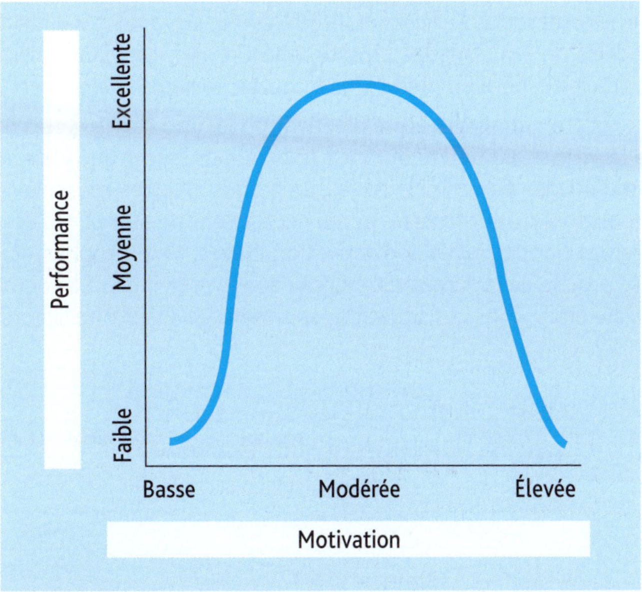

La relation entre le niveau de motivation et la performance

L'influence de la difficulté de la tâche

Ce niveau de motivation optimal diffère en fonction de la difficulté de la tâche à effectuer. Pour une tâche difficile, le niveau optimum de motivation est atteint plus rapidement que pour une tâche facile. Tout se passe comme si la réalisation de la tâche difficile (jusqu'à un certain seuil) constituait en soi un renforcement positif. Au contraire une tâche facile, pour être effectuée, nécessite un niveau de motivation initial plus important.

L'influence des caractéristiques de la discipline sportive

Ce niveau optimal est différent en fonction des caractéristique de la tâche à effectuer. Il dépend de la part que chacun des processus (perceptif, décisionnel et moteur) prend dans la réponse finale.

Les habiletés qui exigent une prise d'information et de décision importante et un contrôle musculaire très fin (tir à l'arc, golf, billard, tennis de table) nécessitent des niveaux d'activation modérés. Une activité nerveuse trop importante nuit à la précision des mouvements et interfère avec des activités d'identification et de prises de décision. Un athlète surexcité réfléchit mal, oublie des éléments de la situation, se précipite, perd en précision. La courbe se déplace alors vers la gauche.

Par contre, un niveau élevé d'activation facilite les habiletés requérant de la force, de la vitesse ou de l'endurance (marathon, lancer de poids, sprint). Les habiletés caractérisées par la mise en jeu de grands groupes musculaires, sans intervention importante du contrôle fin et qui nécessitent peu les prises de décision, ne sont pas altérées par des niveaux d'activation élevés. L'haltérophile doit se mettre dans un état proche de la surexcitation pour soulever la barre. La courbe de performance se décale alors, dans ces situations sportives, vers la droite (figure ci-dessous).

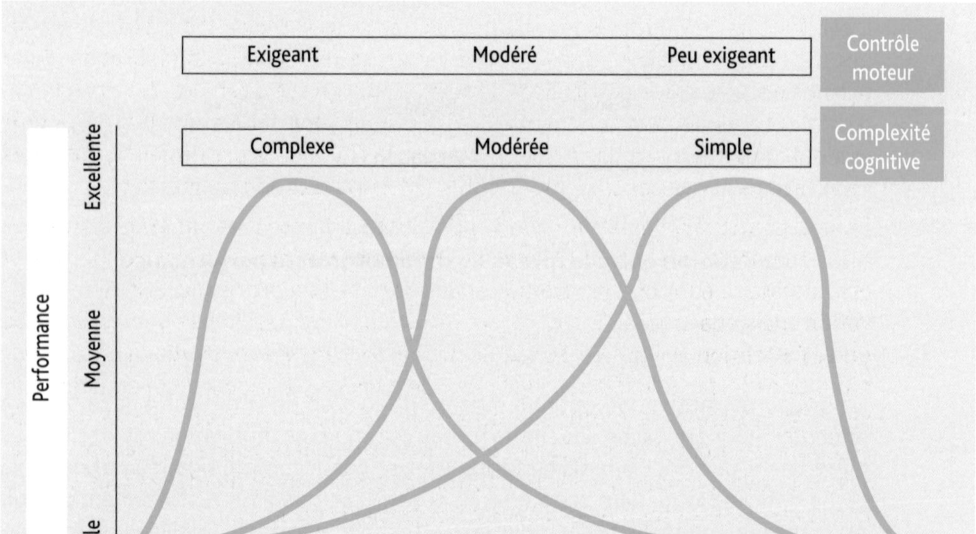

La relation entre le niveau de motivation et la performance, en fonction de l'habileté sportive

d'après A. Schmidt, *Apprentissage moteur et performance*, Paris, Vigot, 1993, p. 30.

Raccourci

Un niveau de motivation élevé augmente l'éveil cortical et produit un état d'excitation nerveuse. Cette excitation favorise la réalisation d'habiletés sportives requérant force et vitesse mais perturbe les habiletés sportives requérant un contrôle moteur fin.

Il est nécessaire d'adapter le niveau de motivation aux caractéristiques de l'habileté sportive à réaliser.

Cependant, ce problème est complexifié dans la mesure où dans certains sports la réalisation des habiletés motrices, en fonction des situations, requiert soit plus d'attention, de précision et de coordination ou soit plus de force et de vitesse. Par exemple, en basket-ball, la réalisation d'un lancer franc et la récupération du ballon sous les panneaux ne font pas appel au même type d'habileté motrice.

Il est donc parfois difficile pour l'entraîneur et pour l'athlète d'identifier le niveau optimum de motivation et d'activation nerveuse nécessaire à la réalisation d'une performance sportive particulière. D'autant plus qu'actuellement des chercheurs remettent en question ce schéma du U renversé. Jones et Hardy (1989) mettent en doute la symétrie de la courbe. Selon eux, la chute de la performance, due à des stimulations nerveuses trop importantes, est brutale et non progressive.

En fait, même si on peut dire que la performance baisse avec un état de motivation excessif, le modèle du U renversé demande néanmoins à être complexifié. Il est nécessaire de tenir compte non seulement de l'aspect quantitatif de la motivation mais également de son aspect qualitatif. Ainsi, les indices vers lesquels se porte l'attention de l'athlète sont quelquefois plus liés à la motivation et à la valeur émotionnelle des informations qu'à leur pertinence par rapport à la situation. Un jeune gymnaste peut porter son attention, de façon prioritaire, sur la fosse de réception et non sur la qualité des actions motrices antérieures à sa réception (du fait de la valeur émotionnelle des informations, le jeune gymnaste est plus attentif à la chute dans les tapis qu'à la correction gestuelle du saut).

Résumé

Les motivations pour pratiquer un sport ne sont pas toutes de même nature. Elles peuvent être d'origine sociale, physiologique ou psychologique et d'origine intrinsèque ou extrinsèque. Le sportif est dit motivé de façon intrinsèque lorsqu'il s'investit dans un sport pour le seul plaisir éprouvé lors de la pratique de celui-ci et de façon extrinsèque lorsqu'il attend des récompenses externes de sa pratique (argent, reconnaissance sociale, gloire, succès). En fait, ces deux types de motivation ne s'excluent pas et il est possible de mettre en évidence des niveaux intermédiaires.

De nombreux facteurs influent sur la forme et l'intensité de la motivation (la compétition, l'échec, le rajout de récompense, les types d'explication du résultat...).

La motivation possède un effet sur la performance sportive. La performance augmente avec le niveau de motivation mais jusqu'à un certain point seulement, au-delà duquel la performance s'altère. Ce niveau optimal de motivation est fonction des caractéristiques de la tâche : faible pour une tâche dont la difficulté est essentiellement informationnelle, il augmente pour des tâches dont la difficulté est énergétique.

Vérifiez vos connaissances

1. En vous appuyant sur votre spécialité sportive, identifiez les diverses motivations des pratiquants.
2. Qu'appelle-t-on la motivation intrinsèque et la motivation extrinsèque ?
3. Pourquoi est-il important d'être motivé intrinsèquement ?
4. Quels sont les facteurs qui influent sur la motivation intrinsèque ?
5. Vous semble-t-il nécessaire de donner des récompenses aux sportifs pour entretenir leur motivation ? Pourquoi ?
6. Un sportif réalise une bonne performance. À quels types de facteurs peut-il attribuer ce succès ?
7. Comment l'éducateur peut-il favoriser un climat motivationnel centré sur la performance ou sur la maîtrise dans son groupe ?
8. La performance augmente avec le niveau de motivation mais jusqu'à un certain point seulement. Quelles caractéristiques de la tâche influent sur cet optimum de motivation ? Illustrez à l'aide d'exemples.

Pour en savoir plus

- Durand (Marc), *L'enfant et le sport*, Paris, PUF, 1987, p. 29-92. (Présentation synthétique et complète à la fois des motivations et des raisons de la pratique sportive.)
- Vallerand (Robert J.), *La motivation du sportif de compétition. Théories et applications*, Paris, Les cahiers de l'INSEP, n° 6, 1994. (Présentation des résultats de travaux expérimentaux sur des éléments influençant la motivation du sportif.)
- Bakker (F. C.), Whitting (H.T.A.) et Van der Brug (H.), *Psychologie et pratiques sportives*, Paris, Vigot, 1992, p. 10-54. (Précisions terminologiques des concepts liés à la notion de motivation et présentation de la motivation dans le domaine du sport.)

Chapitre 6

les émotions dans le sport

Le sport constitue une occasion d'éprouver des émotions diverses et extrêmement intenses. La recherche d'émotions est d'ailleurs un des motifs essentiels de la pratique du sport. En fonction des activités pratiquées, les sportifs cherchent à se faire plaisir et/ou à se faire peur. Les émotions, cependant, peuvent également nuire à la pratique sportive et devenir une cause d'abandon. Certains sportifs arrêtent de pratiquer parce qu'ils ne supportent plus le stress de la compétition ou parce qu'ils ont frôlé un danger extrême.

Précisions terminologiques

La première difficulté lorsque l'on s'intéresse aux phénomènes émotionnels dans la pratique sportive provient de la diversité des concepts utilisés pour les nommer : humeur, affect, état affectif, sentiment, émotion. Selon les auteurs, la signification accordée à ces termes est légèrement différente et exprime différentes manières d'appréhender les phénomènes émotionnels : en termes de valence (positive ou négative, contenu qualitatif de l'émotion), d'intensité, de temporalité... Dans un premier temps il nous semble essentiel de mieux cerner ces termes et notamment ceux d'états affectifs, d'émotions et de passions.

Les états affectifs

La notion d'état affectif est communément utilisée comme un terme générique des phénomènes émotionnels et décrit leur évaluation subjective. Les états affectifs sont peu verbalisables et se caractérisent essentiellement par une valence qui est positive lorsque l'expérience émotionnelle est vécue comme agréable, et négative lorsque l'expérience émotionnelle est vécue comme désagréable. La notion d'états affectifs est proche de celle d'humeur : ces notions se réfèrent à un flux émotionnel continu lié à l'adaptation de l'acteur à son environnement physique et social qui révèle l'engagement au monde de l'individu. Par exemple, la sensation diffuse de bien-être ou de mal-être, de confort ou d'inconfort, d'agrément ou de désagrément.

Les émotions

Définition d'une émotion

Une émotion peut être définie comme une réaction psychique et psychologique produite par une situation extraordinaire pour le sujet. Ces situations peuvent être, dans le domaine sportif, le début d'une rencontre importante, la fin d'un match dans lequel le résultat est encore indécis, un but marqué, une décision de l'arbitre perçue comme injuste, l'agression par un adversaire, un saut en parachute, une première descente en rappel... Les « situations émouvantes » sont diverses et ne provoquent pas les mêmes effets chez tous les individus. Un joueur sera excité à l'idée de participer à la finale alors qu'un autre tremblera de peur dans les vestiaires. L'émotion générée par une situation dépend non seulement des spécificités de cette situation mais aussi des caractéristiques des sujets qui y sont confrontés.

Une émotion se caractérise par un contenu qualitatif (joie, peur, honte, colère...) reconnaissable et exprimable par le sportif et par une intensité (le même contenu émotionnel peut être ressenti de manière plus ou moins intense).

Les différents degrés des émotions

Les émotions sont multiples. Elles sont, par exemple, la joie, la peur, la colère, la honte, l'agressivité... Un même contenu émotionnel peut entraîner différents niveaux de perturbation en fonction de son intensité. Nous pouvons distinguer, de manière générale, trois degrés dans les émotions (par exemple, la simple appréhension peut se transformer en peur puis en panique). Si l'individu peut réguler des émotions de premier degré, les fonctions cognitives perdent le contrôle des émotions du troisième degré. Un fou rire ou une peur panique ne sont plus contrôlables. L'individu, sous l'emprise d'une émotion violente, réagit sans pouvoir réguler ses actions.

	Émotions		
1er degré	Appréhension	Contrariété	Agrément
2e degré	Peur	Colère	Joie
3e degré	Terreur	Fureur	Extase

Exemples d'émotions

Les passions

Les passions sont plus délicates à définir que les émotions. Cette notion revêt de multiples significations. Elle évoque la souffrance, la douleur, l'irrationalité, le désordre, la maladie voire la folie, la passivité d'un sujet qui pâtit d'une action extérieure... Les passions sont considérées comme des mouvements autonomes découlant des instincts : elles nous poussent à agir et peuvent devenir dangereuses si l'homme ne sait leur résister. Platon considérait les passions et les émotions comme irrationnelles et une menace pour l'ordre social : les passions risquent sans cesse de nous déborder, nous devons apprendre à les gérer et la raison semble la seule à pouvoir être le garant du bon ordre de l'âme et de la Cité. Cette conception des passions a perduré dans la psychologie populaire en mettant en avant l'incontrôlabilité de l'émotion, visible à travers des expressions du type « Excuse-moi, j'étais en colère, je ne me contrôlais plus, je ne pensais pas ce que je disais » ; de la même façon les crimes passionnels, en étant jugés moins sévèrement que les crimes prémédités, témoignent de la reconnaissance de l'impuissance des hommes face à des expériences émotionnelles qui les débordent. Dans cette optique l'émotion s'oppose à la raison, et le maintien de l'ordre social nécessite une « domestication » des émotions. Les passions se présentent comme un dynamisme propre auquel l'instance rationnelle ne peut s'opposer.

Raccourci

Les états affectifs sont des états émotionnels ayant une tonalité agréable ou désagréable qui perdurent dans le temps.

Les émotions se caractérisent par un contenu qualitatif reconnaissable (peur, joie, colère) et une intensité. Elles sont éprouvées de manière ponctuelle en relation avec un événement extérieur. Elles comportent une dimension physiologique et cognitive.

Les passions sont considérées comme des états émotionnels incontrôlables, qui nous débordent et nous amènent à agir de manière irrationnelle.

Les théories des émotions

Les théories expliquant l'origine des émotions sont diverses. Ces théories diffèrent selon la manière dont elles se positionnent par rapport à trois questions-clefs qui ont structuré, et qui structurent toujours, les débats théoriques.

- Les émotions sont-elles universelles ou culturelles ?
- Les émotions sont-elles d'origine périphérique ou centrale ?
- Les émotions sont-elles des phénomènes individuels ou collectifs ?

Les émotions sont-elles universelles ou culturelles ?

Cette question renvoie à l'aspect héréditaire ou acquis des émotions et de leur expression. Il s'agit de comprendre si les émotions sont innées et donc identiques dans toutes les cultures, ou si elles résultent d'un apprentissage social et diffèrent ainsi selon les cultures.

Pour certains auteurs, les émotions sont innées et universelles (tous les êtres humains éprouvent les mêmes contenus émotionnels). Les émotions, et notamment leur expression, remplissent une fonction adaptative en permettant de transmettre des intentions de comportement aux autres. Pour d'autres auteurs, les émotions comportent une forte dimension sociale et culturelle. Elles résultent de phénomènes d'apprentissage et diffèrent selon les cultures.

Une voie moyenne entre ces deux conceptions consiste à distinguer des émotions primaires et des émotions secondaires. **Les émotions primaires ont un caractère universel** et sont communes à toutes les cultures. Ces émotions primaires sont, par exemple, la colère, le dégoût, la tristesse, la peur… **Les émotions secondaires sont spécifiques à certaines cultures**. Elles sont plus liées à des facteurs d'ordre social et culturel. Par exemple la honte résulte d'un apprentissage social : ce sont essentiellement les parents qui apprennent cette émotion à leurs enfants en relation avec certains comportements ne correspondant pas aux normes sociales établies.

Les émotions sont-elles d'origine périphérique ou centrale ?

Cette question renvoie à l'origine de l'émotion. Pour certains auteurs, l'élément déclencheur du ressenti d'une émotion est la perception des perturbations viscérales et physiologiques consécutives à des mouvements du corps. Cette théorie a été avancée à la fin du XIXe siècle. Selon cette théorie, les expériences émotionnelles consistent en des sensations périphériques, c'est-à-dire en des sensations corporelles causées par nos propres mouvements et nos propres réactions physiologiques tels que la respiration ou les battements cardiaques. Dans cette optique, l'émotion est causée par les sensations, et chaque émotion typique correspond à une structuration différente de telles sensations. À titre d'illustration, chacun peut faire l'expérience que le fait de sourire de manière volontaire (même sans raison) procure une expérience émotionnelle agréable. Il est à remarquer que des sportifs utilisent de tels procédés pour influer sur les émotions ressenties (maîtriser sa respiration, se relâcher ou au contraire se « stimuler »…). Pour d'autres auteurs, l'élément déclencheur du ressenti d'une émotion réside dans l'évaluation cognitive de la situation. C'est parce qu'un sportif estime qu'il est en danger qu'il éprouve une sensation de peur, et c'est cette sensation de peur qui produit des modifications physiologiques et psychologiques.

La question de l'interaction entre les déterminants physiologiques et psychologiques de l'émotion est complexe. Actuellement, les auteurs recherchent une voie moyenne permettant d'intégrer dans le même schéma explicatif les aspects physiologiques et cognitifs. L'émotion serait le résultat d'une interaction entre deux composantes, un éveil physiologique (dû aux mouvements du corps) et une cognition (représentée par l'attribution de sens à cet éveil physiologique en fonction de certains événements de la situation). Aussi, un sportif peut interpréter les mêmes sensations physiologiques comme agréables ou désagréables selon le sens qu'il donne à la situation.

Les émotions sont-elles des phénomènes individuels ou collectifs ?

Les émotions ont été longtemps envisagées comme un phénomène individuel résultant des états internes des individus et de leur perception du monde environnant : les émotions seraient ce qu'il y a de plus privé en nous. Cependant, depuis quelques années, un certain nombre d'auteurs mettent en avant l'aspect social des émotions : ils estiment que l'émotion n'est pas un phénomène purement individuel mais qu'elle présente une forte composante interindividuelle et sociale. Selon la théorie sociale des émotions, ces dernières sont conçues comme les moments saillants d'un processus permanent de coordination entre les individus.

À titre d'illustration, certains auteurs apportent plusieurs exemples pointant l'impact de la présence d'autres personnes sur l'épreuve et l'expression des émotions. Les différentes configurations (seul ou en groupe, avec des amis ou des inconnus) dans lesquelles est perçue une émotion influent sur son ressenti. Par exemple, lorsqu'un homme regarde un film qu'il trouve amusant avec une amie, son ressenti et l'expression de son amusement diffèrent selon sa perception des états émotionnels de son amie : son ressenti est affecté s'il perçoit que son amie est irritée par ce film qu'elle considère comme sexiste. Par contre s'il regarde le film avec un autre ami qui est sensible à ce type d'humour, il donnera libre cours à ses émotions.

L'expression d'une émotion par autrui nous sollicite et ne nous laisse pas indifférent : elle éveille des réponses d'accord ou de désaccord (qui sont du registre de l'approbation ou du blâme), elles nous séduisent, nous effraient, nous embarrassent. Ce phénomène d'ajustement et de contagion des émotions a été mis en évidence lors du visionnement en groupe d'un match de football. Le fait de visionner les événements sportifs en groupe influe de manière importante sur l'émotion éprouvée : l'émotion de chacun participe dans le même temps à la construction du groupe et influence les émotions des autres membres. En exprimant une émotion, les individus expriment une certaine interprétation de la situation et un système de valeurs. Cette interaction émotionnelle renforce l'émotion originelle et entraîne une contagion (émotionnelle) chez les autres individus présents dans la situation. L'expression de l'émotion est une manifestation de son engagement vis-à-vis d'un groupe et une forme de coopération active à l'existence du groupe. Ne pas exprimer d'émotions au sein d'un groupe ou d'une communauté signifie aux autres que l'événement ne compte pas pour soi et que l'on ne partage pas le même système de valeurs.

Dans le domaine sportif, cette dimension collective des émotions est prégnante que ce soit pour les relations entraîneurs/athlètes, athlètes/athlètes, athlètes/parents ou athlètes/public. Bien souvent pour comprendre et analyser les émotions ressenties par un sportif, il est nécessaire de s'intéresser aux émotions exprimées par son entourage. L'agacement exprimé par un entraîneur ou un parent influe sur l'état émotionnel d'un sportif ; le public réagit émotionnellement aux états affectifs qu'il perçoit chez les sportifs.

> ***Raccourci***
> L'émotion est un phénomène complexe. Plusieurs théories s'affrontent pour rendre compte du ressenti et de l'expression d'une émotion.

Les émotions dans le sport

Les manifestations de l'émotion

L'émotion éprouvée dans des situations sportives provoque des perturbations physiologiques et psychiques.

Les manifestations physiologiques de l'émotion

Les manifestations physiologiques sont nombreuses. Les expressions pour caractériser un état émotionnel abondent et traduisent souvent une réalité physiologique. On se dit « rouge de colère », « blanc de peur », on a « des sueurs froides », « mal au ventre », « la bouche sèche », « des palpitations »... Les signes corporels de l'émotion sont essentiellement la pâleur ou la rougeur (qui correspondent à une modification de la circulation sanguine périphérique), des tremblements, des sueurs, une élévation du rythme cardiaque, de la tension artérielle, de la fréquence respiratoire, du tonus musculaire... Des réactions hormonales, essentiellement une production accrue d'adrénaline et de noradrénaline, se produisent. Cette sécrétion est fonction de l'intensité émotionnelle de la situation et prépare l'organisme à réaliser certains comportements. Ces modifications des fonctions corporelles peuvent donner lieu à des comportements de fuite, d'agression, d'inhibition ou d'euphorie. Une illustration classique est celle des modifications observables chez un chat exposé à un chien qui menace de l'attaquer. Le chat présente une pilo-érection, une augmentation de la fréquence cardiaque, des ajustements vasomoteurs se traduisant par une redistribution du sang des viscères vers les muscles squelettiques et le cerveau, un apport énergétique, une facilitation de la coagulation du sang, un accroissement du nombre de lymphocytes… L'ensemble de ces modifications facilite la fuite ou le combat et permet à l'organisme d'anticiper et de réparer d'éventuelles blessures.

Les manifestations physiologiques de l'émotion

Sur le plan psychique, l'individu est également perturbé. Le niveau d'éveil cortical augmente, l'individu éprouve des difficultés pour fixer son attention, ses idées se bloquent, il ne prend en compte que certains indices de la situation... On parle quelquefois de fouillis cérébral pour caractériser cet état.

Les manifestations de l'émotion

Physiologiques :	Psychiques :
• augmentation de la fréquence cardiaque ; • augmentation de la fréquence respiratoire ; • augmentation du tonus musculaire ; • décharge hormonale ; • tremblements...	• augmentation du niveau d'éveil cortical ; • difficulté à fixer son attention ; • fouillis cérébral ; • focalisation sur certains indices de la situation...

Les différentes manifestations de l'émotion

Le principe d'action psychophysiologique des émotions

L'émotion, comme la motivation, a une influence sur le niveau d'activation du système nerveux central. Le niveau d'activation du système nerveux central augmente avec l'intensité des émotions. Les émotions contrôlées augmentent l'investissement et l'éveil cortical du sportif et contribuent à une meilleure performance. Par contre, les émotions qui envahissent l'athlète et qui échappent au contrôle des fonctions cognitives altèrent la performance. En fonction de l'intensité des émotions, ces modifications seront plus ou moins grandes. Les athlètes doivent donc apprendre à contrôler les émotions générées par les situations sportives car, s'ils se laissent submerger par celles-ci, leur performance sera perturbée. Des joueurs de football, qui à 10 minutes de la fin du match sont déjà fous de joie à l'idée d'avoir gagné, risquent fort de se « relâcher et de se prendre un but » par surprise.

Les différences individuelles

Les individus ne recherchent pas les mêmes émotions et avec la même intensité. Certains préfèrent un faible niveau d'activation et optent en général pour des comportements planifiés comportant peu d'incertitude. À l'inverse, d'autres recherchent un haut niveau d'activation et se caractérisent par des conduites improvisées et à risque. L'origine de ces différences individuelles est peu connue. En fonction des spécificités de la situation et de son état du moment, un individu peut rechercher un faible ou au contraire un fort niveau d'activation. L'âge semble néanmoins une variable significative. Avec le vieillissement, l'individu tend à éviter les niveaux d'activation nerveuse trop hauts.

Ces différences constituent un élément explicatif concernant le choix des activités sportives et l'attrait de la compétition. La pratique de la course de fond et la pratique de la planche à voile ne provoquent pas les mêmes perturbations émotionnelles. Il en est de même pour la pratique en loisir et pour la pratique en compétition.

Concernant les relations émotion-performance, il semble qu'il existe également de nombreuses différences interindividuelles. Par exemple, certains sportifs réalisent leurs meilleures performances lorsqu'ils sont énervés alors que pour d'autres sportifs l'énervement est une source de perturbation de la performance.

Les relations émotion-performance sportive

Le modèle de l'IZOF (Individual Zones of Optimal Functioning) proposé par Hanin constitue un modèle relativement abouti des relations émotion-performance en sport prenant en compte les différences interindividuelles entre sportifs. Pour construire ce modèle, Hanin utilise un protocole dans lequel les sportif sont invités à se remémorer une compétition au cours de laquelle ils ont réalisé une bonne (ou une mauvaise) prestation et doivent caractériser les émotions (qualité et intensité) qu'ils éprouvaient avant ou au cours de la compétition. Ces émotions sont choisies dans une liste mais le sportif peut également introduire de nouveaux termes dans la liste s'il en éprouve le besoin. Ces études ont permis d'identifier les patterns émotionnels associés à une bonne ou mauvaise performance.

Pour construire ces patterns, quatre catégories d'émotions sont identifiées :

- les émotions plaisantes (ayant un contenu agréable) et facilitantes (associées à une bonne performance) (P+) ;
- les émotions déplaisantes (ayant un contenu désagréable) et facilitantes (N+) ;
- les émotions plaisantes et débilitantes (associées à une mauvaise performance) (P-) ;
- les émotions déplaisantes et débilitantes (N-).

Les patterns associés à une bonne performance sont ainsi les patterns (P+, N+) et les patterns associés à une mauvaise performance les patterns (P-, N-). Ces patterns permettent une évaluation globale des émotions agréables et désagréables (en termes d'expérience subjective) qui facilitent ou perturbent la performance. En ce qui concerne la notion d'intensité, ce modèle suggère l'existence d'un optimum d'intensité pour chaque émotion précompétitive correspondant aux meilleures performances (plus l'intensité de l'émotion éprouvée par le sportif est éloigné, en deçà ou au-delà de cet optimum, plus sa performance tend à se dégrader). Cependant l'optimum ne correspond pas à un niveau donné d'intensité, mais à une zone plus ou moins large à l'intérieur de laquelle l'intensité de l'émotion peut fluctuer tout en restant favorable à la performance.

Les patterns émotionnels associés à une performance optimale sont spécifiques à l'individu et les caractéristiques des zones optimales varient fortement d'un individu à l'autre. Les différences relevées par les études portent sur : a) le contenu des émotions, b) l'estimation subjective de leur intensité. Selon les sportifs, les émotions ne sont pas rangées dans la même catégorie, c'est-à-dire que la même émotion peut être facilitante pour un sportif et perturbante pour un autre. On observe également une grande variabilité dans l'intensité des émotions qui accompagnent la performance (bonne ou mauvaise).

Les situations émouvantes

Les émotions deviennent perturbantes lorsque les sportifs se laissent envahir par celles-ci. Nous pouvons nous demander ce qui rend, pour les sportifs, une situation « émouvante ». Le problème est complexe. La valeur émouvante d'un événement dépend de l'état dans lequel se trouve l'individu au moment présent mais aussi de ses expériences passées. Les réactions émotionnelles antérieures laissent des traces dans le système limbique (« le cerveau des émotions »). Une simple odeur entraîne un état émotionnel agréable ou désagréable en fonction des évènements auxquels elle a été associée. Aussi la même situation suscite des réponses émotionnelles différentes chez les individus en fonction de leurs expériences passées et du sens qu'ils donnent aux événements rencontrés.

Exemple : un pongiste peut appréhender le fait de se retrouver à 10/10 parce qu'il a souvent perdu dans cette situation. Le fait de vivre à nouveau cette situation provoque un sentiment d'anxiété chez ce joueur. Par contre, un joueur qui a souvent gagné à 10/10 vivra cette situation avec sérénité et peut-être même avec plaisir.

Raccourci
Selon les sportifs une même émotion peut être facilitatrice ou perturbante. L'intensité des émotions constitue un facteur essentiel. Une émotion ressentie de manière intense entraîne une activation élevée du système nerveux central et donc des modifications physiologiques et psychologiques qui, lorsqu'elles sont trop importantes, nuisent à la qualité de la performance.

Quelles émotions interviennent dans la pratique sportive ?

Un grand nombre d'émotions sont liées à la pratique sportive : l'anxiété, la colère, la joie, la fierté, la honte... De façon générale, le sport procure des émotions fortes et permet de vivre plus intensément. Le sportif recherche ces états émotionnels qui peuvent être le motif essentiel de la pratique. Les émotions vécues et la recherche d'émotions nouvelles augmentent l'investissement du sportif dans son activité. Un parachutiste recherche des sensations de vitesse, de vertige. La peur surmontée se transforme en un véritable sentiment de plaisir et de bien-être. Un grand nombre d'émotions ne sont pas perturbantes pour le sportif. Seules les bouffées émotionnelles, non contrôlées, entraînent un dérèglement du comportement. Les émotions qui nuisent le plus souvent à la performance sportive sont l'anxiété (qui peut être somatique ou cognitive) et la frustration (qui peut se transformer en agressivité).

L'anxiété

Définition

L'anxiété a été l'émotion la plus étudiée par les psychologues du sport. Elle se manifeste par des affects négatifs et des sentiments d'appréhension et de tension associés à un haut niveau d'activation de l'organisme. Cette émotion est liée à la perception d'une menace, c'est-à-dire à l'évaluation de la situation actuelle comme dangereuse, physiquement ou psychologiquement. Cette perception de la menace intègre deux dimensions indépendantes.

- La perception de l'importance du résultat. Dans la pratique sportive, ce sont essentiellement les résultats en compétition qui sont considérés comme importants par les sportifs. Cette importance est liée à la signification de la compétition pour le sportif, à la perception des attentes de ses proches (entraîneur, parents), à ses croyances quant aux conséquences de l'échec ou de la réussite.

- La perception de l'incertitude. Cette perception est liée au caractère nouveau de la situation (première participation à une compétition nationale par exemple) et/ou aux chances que se donne le sportif d'atteindre le résultat escompté (mise en relation de ses capacités et des exigences de la tâche).

Anxiété comme trait ou comme état

Les psychologues distinguent l'état d'anxiété et le trait d'anxiété.

L'état d'anxiété est la réponse comportementale dérivant de la perception d'une menace. Cette émotion naît avec la perception de la menace et disparaît avec cette menace. L'état d'anxiété est temporaire : il est lié à une situation particulière que le sportif juge importante, incertaine, nouvelle et/ou dangereuse.

Le trait d'anxiété est une caractéristique durable de la personne, définie comme une disposition à percevoir certaines situations comme plus ou moins menaçantes et à y répondre par des états d'anxiété plus ou moins élevés. Les sportifs à haut niveau d'anxiété-trait percevront plus souvent les situations comme menaçantes et y répondront par des états d'anxiété plus élevés.

Anxiété cognitive et anxiété somatique

L'anxiété, comme toute autre émotion, mêle des dimensions cognitive et somatique (ou physiologique).

L'anxiété cognitive est une composante évaluative, caractérisée par des expectations pessimistes quant aux chances de succès, des autoévaluations négatives, un manque de concentration. Le sportif doute de ses capacités à réussir la tâche.

L'anxiété somatique renvoie à la dimension physiologique et donc au niveau d'activation physiologique. L'anxiété somatique se caractérise par des perceptions de symptômes corporels provenant de processus d'excitation : le sportif est tendu, a les mains moites, ressent des tremblements, sent son cœur battre plus vite…

Ces deux dimensions de l'anxiété sont indépendantes. Un sportif peut présenter un haut niveau d'anxiété cognitive et un faible niveau d'anxiété somatique, et inversement. Ces deux dimensions de l'anxiété sont évaluées à l'aide de questionnaires. Le sportif est invité à se remémorer l'état dans lequel il se trouve lors d'une compétition et à répondre à des questions du type :

- « Je doute de moi », « J'ai peur d'échouer », « J'ai peur de décevoir par un mauvais résultat »… (anxiété cognitive) ;
- « Je suis agité », « Je me sens tendu », « Je sens mon cœur battre plus vite »… (anxiété somatique).

Anxiété et performance

L'influence, sur la performance, des deux dimensions de l'anxiété diffère. Les études montrent que la performance décroît de manière linéaire quand s'élève l'anxiété cognitive. Autrement dit plus un sportif doute de ses chances de succès et moins il est performant. Cet effet est généralement expliqué par le détournement de l'attention induit par l'état d'anxiété.

La relation entre l'anxiété somatique et la performance est plus complexe. L'anxiété somatique (comme la motivation) est liée à la performance par une relation en U inversée. Dans un premier temps, une élévation du niveau d'anxiété somatique permet une amélioration de la performance, mais au-delà d'un optimum la performance se détériore. L'effet positif de l'anxiété somatique s'explique par l'augmentation du niveau d'activation physiologique qui prépare le sportif à agir : l'élévation de l'anxiété somatique observée avant le début d'une compétition constitue un comportement adaptatif visant à optimiser la performance. L'effet négatif de l'anxiété somatique s'explique par les perturbations induites sur la réalisation des habiletés sportives par un niveau de tension musculaire trop important.

Raccourci
L'anxiété intègre une dimension cognitive et somatique. Ces deux dimensions n'ont pas le même impact sur la performance.

L'apprentissage de la gestion de l'anxiété somatique

La gestion de l'anxiété somatique s'apprend. Des stratégies de contrôle et de réduction de l'anxiété somatique s'acquièrent au cours de l'apprentissage au point que l'on peut considérer ces stratégies comme constitutives de l'habileté. Des expérimentations se sont attachées à évaluer les fluctuations de l'anxiété somatique chez des parachutistes confirmés et chez des parachutistes débutants, sur une période de temps s'étalant de la semaine précédant le saut jusqu'au moment du contact avec le sol. Les courbes traduisant les fluctuations de l'anxiété chez ces deux groupes sont fortement contrastées. Pour les débutants, on constate que l'anxiété s'accroît régulièrement au fur et à mesure que s'approche le moment de sauter et atteint son maximum au signal « prêt ». Pour les parachutistes expérimentés, l'optimum d'anxiété apparaît beaucoup plus tôt et se trouve à l'arrivée à l'aérodrome et diminue ensuite. L'évolution de l'anxiété n'est pas adaptée chez les débutants puisqu'au moment du saut ils se trouvent dans un état d'activation important. Par contre, les parachutistes expérimentés ont, au moment du saut, baissé leur niveau d'activation, ce qui leur permet de se préparer au mieux.

Cet apprentissage du contrôle et de la réduction de l'anxiété somatique est une conséquence incidente à la pratique mais peut également faire l'objet d'un apprentissage spécifique grâce à des méthodes de préparation psychologique (relaxation, sophrologie, training autogène). (Voir chapitre 8.)

Les exercices pour apprendre à gérer son anxiété

L'entraîneur met en place des exercices spécifiques pour aider les sportifs à gérer leur anxiété. Ces exercices confrontent les sportifs à des situations stressantes, inhabituelles, incertaines afin de leur apprendre à réagir à des situations perçues comme menaçantes.

Exemples d'exercices possibles :

- faire pratiquer les sportifs dans des situations inhabituelles (dans le froid, sous la pluie, avec un mauvais éclairage, dans des ambiances sonores différentes…) ;
- mettre en place des situations plus dures que la normale (commencer un set en perdant deux manches à zéro en tennis, avoir quinze minutes pour remonter un but en football, jouer avec un défenseur de moins en handball…) ;
- mettre en place des situations confrontant les sportifs à des situations instables (changer d'adversaires tous les six points en tennis de table, modifier fréquemment le système défensif des adversaires en basket-ball…) ;
- faire jouer avec une pression temporelle importante (match au temps en tennis de table), recréer l'enjeu de la compétition à l'entraînement.

L'expérience et la créativité de l'entraîneur sont à ce niveau essentielles. Il construit des situations adaptées pour apprendre aux athlètes à ne pas appréhender les situations nouvelles et la compétition.

L'importance de l'entourage du sportif

Le comportement des personnes entourant le sportif constitue également un facteur qui va influer sur le niveau d'anxiété de celui-ci. L'entraîneur, la famille, les dirigeants peuvent être des agents stressants pour le sportif. Le sportif engage, dans ses succès et dans ces échecs, d'autres personnes. Celles-ci exercent quelquefois une pression très importante sur l'athlète qui va augmenter son anxiété. Par exemple, un entraîneur peut mettre en situation difficile un joueur par des remarques telles que : «Je te fais une dernière fois confiance. Tu rentres sur le terrain, mais si tu n'es pas capable de marquer, je te sors tout de suite». Les parents, de façon involontaire, sont souvent des agents stressants. Ils reportent leur anxiété sur les jeunes qui présentent déjà des difficultés à gérer la leur. Des jugements négatifs sur leur prestation vont également augmenter la peur de mal faire ou de ne pas être à la hauteur des attentes.

Raccourci

Un entourage anxieux, exigeant, dur, très critique, insécurise le sportif et augmente son anxiété. Par contre, un entourage serein, calme, confiant, qui encourage et réconforte le sportif sans toujours le juger constitue un environnement qui diminue l'anxiété de celui-ci.

La frustration et l'agressivité

Définition

La frustration est un sentiment qui naît lorsque l'individu est dans l'impossibilité d'atteindre les résultats qu'il s'est fixés. Une domination de l'adversaire, des échecs successifs, des contraintes trop importantes, constituent des situations susceptibles d'engendrer la frustration. Un handballeur, marqué d'un peu trop près par un défenseur qui entrave toutes ses actions, connaît un sentiment de frustration dans la mesure où il ne peut jouer comme il le désire. De même, un joueur qui juge une décision de l'arbitre injustifiée se sent frustré. Ce sentiment de frustration peut entraîner de l'agressivité.

Les formes de l'agressivité : l'agressivité instrumentale et l'agressivité réactive

L'agressivité peut être définie comme une réaction intentionnelle destinée à infliger une douleur ou un dommage à une autre personne. Nous pouvons identifier différents niveaux et différentes formes de l'agressivité. À un premier stade, l'agressivité est seulement de la combativité **(agressivité instrumentale)** et elle a pour but de se surpasser pour vaincre l'adversaire. Le basketteur accepte les contacts avec ses adversaires, sous le panneau, pour récupérer le ballon. Le dommage causé n'est pas le but de l'agression. Celle-ci ne constitue que le moyen d'obtenir quelque chose de gratifiant. À un autre stade, l'agressivité peut se transformer en violence physique ou verbale **(agressivité réactive)** lorsque son seul but est de faire mal.

Sous l'emprise de la colère, l'athlète inflige des dommages corporels à ses adversaires ou les insulte de façon délibérée. Le défenseur, qui vient de se faire dribbler par l'attaquant, peut le faucher ou le retenir par le maillot sans s'inquiéter du ballon. Un pongiste, mécontent de sa prestation, va jeter sa raquette, taper dans la table ou s'en prendre au public.

Origine de l'agressivité

Nous pouvons nous interroger sur l'origine de cette agressivité et notamment nous demander si elle constitue un phénomène inné ou acquis. L'agressivité est-elle innée et appartient-elle à notre patrimoine héréditaire ou est-elle acquise et résulte-t-elle exclusivement d'un sentiment de frustration ?

L'agressivité est innée et répond à des fonctions essentielles

Certains psychologues et éthologues pensent qu'il existe une forte composante innée dans l'agressivité. La stimulation de certaines zones du cerveau donne naissance à des comportements agressifs. L'agressivité est la condition même de la survie des espèces animales. Les principales fonctions de l'agressivité sont la rivalité pour la répartition du territoire, des femelles, des sources de nourriture, du pouvoir... Ces thèses, qui considèrent l'agressivité comme naturelle à l'homme et inscrite dans sa nature fondamentale et instinctive, tendent à justifier les comportements agressifs sur les terrains de sport. En effet, elles confirment l'idée que la compétition sportive est nécessaire à l'homme pour le « purger » de ses pulsions agressives d'une façon socialement admissible. La compétition sportive constitue ainsi une forme de ritualisation qui permet aux tendances agressives de se décharger sur des terrains de jeu et non dans la rue. Ce phénomène est accentué dans des sports où l'affrontement physique est une composante essentielle de la pratique sportive (la boxe, le hockey sur glace).

L'agressivité est apprise et est un phénomène social

Cependant, il n'a jamais été démontré que le sport possédait une fonction exutoire des tendances agressives. Le fait de libérer ou de visionner de l'agressivité ne rend pas forcément moins violent. C'est même souvent l'effet inverse qui est observé. Leyens (1977) note une augmentation de l'agressivité des spectateurs après le visionnement d'un film violent. Les mêmes résultats sont observés après la participation à un spectacle sportif violent. Le fait d'exprimer de l'agressivité n'est pas une condition suffisante pour la réduction de celle-ci.

Aussi, d'autres conceptions insistent donc sur l'aspect social de l'agressivité. Karli (1987) dresse un tableau complet de l'agressivité qu'il envisage comme pouvant être le résultat d'un apprentissage et sous la dépendance de phénomènes sociaux. Nous pouvons illustrer cette conception par les résultats d'une expérimentation de Pfister (1985) sur les actes agressifs en football. Pfister montre que le nombre d'actes agressifs en football augmente avec l'âge et que cette augmentation résulte essentiellement de l'observation des aînés. L'approbation de ces actes par l'entraîneur constitue un renforcement positif qui tend à stabiliser et à multiplier ceux-ci. Le comportement agressif résulte ainsi d'un apprentissage : l'agressivité est renforcée lorsque l'approbation, la victoire, la considération récompensent les actes d'agression. Aussi on ne naît pas agressif mais on le devient.

Raccourci

La combativité (agressivité instrumentale) peut se transformer en violence (agressivité réactive) lorsque les athlètes agissent sous l'emprise de la colère. L'entraîneur ne doit pas tolérer les actes d'agression (même s'ils ont conduits à la victoire) mais au contraire les combattre et les sanctionner.

La relation entre la frustration et l'agressivité

L'agressivité est souvent reliée à la notion de frustration. Cependant, si l'agressivité provient souvent de la frustration, la frustration peut entraîner d'autres types de réactions. La frustration engendre une excitation physiologique qui peut provoquer trois types de réactions différentes : intrapunitive, impunitive ou extrapunitive.

Les réactions intrapunitive, impunitive et extrapunitive

La réaction intrapunitive correspond à des comportements par lesquels le sportif se punit lui-même. Il s'insulte (« Je suis nul »), se culpabilise (« De toute façon, c'est toujours de ma faute »), pleure...

La réaction impunitive correspond à des états de tension extrême et/ou d'apathie. Le sportif pâlit, se renferme, « se bloque », rompt toute forme de communication avec l'extérieur, craint une sanction supplémentaire...

La réaction extrapunitive, qui est souvent la réaction la plus courante, correspond à des comportements agressifs qui peuvent être orientés vers des individus (adversaire, partenaire, entraîneur, parent, arbitre, public...) ou vers des objets (la raquette, la table, la balle, le ballon...).

Ces réactions peuvent, bien sûr, se combiner. Un pongiste qui vient de perdre un match serré peut lancer sa raquette, s'insulter puis se renfermer sur lui-même.

Réactions à la frustration

Intrapunitive (autopunition)	Impunitive (isolement)	Extrapunitive (comportements agressifs)

Les effets de la frustration

Les différences interindividuelles

Chaque individu possède un seuil de résistance à la frustration et à la colère différent. Les expériences de la petite enfance et les comportements des parents sont primordiaux pour l'établissement de ce seuil de résistance. Aussi, nous pouvons penser que la frustration provoque une excitation physiologique et que la réaction à cette excitation dépend des caractéristiques de la situation présente et des expériences passées. L'importance accordée à la situation influe sur le type d'engagement des sportifs et en fonction des situations, ils ne présentent pas les mêmes styles de comportement. Un sportif peut être très calme dans les situations de la vie courante et devenir très agressif sur un terrain de sport.

Cependant, malgré l'importance du rôle des premières expériences, des évolutions sont toujours possibles et s'il est impensable de modifier complètement des comportements, une attitude adaptée de l'entraîneur peut diminuer le nombre d'actes agressifs sur les terrains de sport. Il ne faut pas confondre combativité et violence. Les limites entre ces deux comportements sont trop souvent franchies. L'action de l'entraîneur est à ce niveau essentielle. Celui-ci doit rester calme, serein, constant (dans la mesure du possible) dans les situations difficiles et ne jamais valoriser les comportements agressifs mais au contraire les combattre. Les maîtres mots sont sécuriser, dialoguer, analyser, comprendre…

Résumé

Le sport est générateur d'émotions diverses. Elles constituent souvent le motif même de la pratique sportive : les sportifs cherchent à se faire peur et/ou à se faire plaisir. Cependant, les émotions non maîtrisées sont source d'altérations de la performance. Lorsque le sportif se laisse envahir par ses émotions, l'impact de celles-ci sur les composantes physiologiques et psychologiques augmente et nuit à la qualité des productions motrices. L'anxiété et la frustration sont deux émotions négatives qui entraînent des dérèglements du comportement des sportifs. Il est nécessaire de connaître les facteurs qui influent sur le niveau d'agressivité et d'anxiété pour faciliter l'apprentissage de leur gestion.

Vérifiez vos connaissances

1. Les émotions sont-elles toujours perturbantes pour le sportif ? À quelles conditions le deviennent-elles? Illustrez à l'aide d'exemples.

2. Quels sont les impacts du ressenti d'une émotion sur les plans physiologiques et psychologiques ? Illustrez avec des exemples.

3. Quels sont les éléments qui peuvent entraîner l'apparition des émotions? Illustrez avec des exemples tirés de votre discipline sportive.

4. Quelle est la différence entre l'anxiété cognitive et l'anxiété somatique ? Ont-elles les mêmes impacts sur la performance sportive ?

5. Vous remarquez qu'un entraîneur complimente un joueur après que celui-ci ait stoppé brutalement un adversaire. Que pensez-vous de cette attitude?

6. L'agressivité est-elle inhérente à la pratique sportive?

Pour en savoir plus

- Alderman (Richard B.), *Manuel de psychologie du sport*, Vigot, 1983, p. 255-p. 276. (Présentation de l'agressivité dans le domaine sportif.)
- Pfister (Richard), « Le sport et la catharsis de l'agressivité » in *La psychopédagogie des Activités Physiques et Sportives* sous la direction d'Arnaud (P.) et Broyer (G.), Privat, 1985, p. 225-p. 236. (Présentation des effets de la pratique sportive sur l'agressivité.)
- Poizat (Germain), « Le sport de haut niveau : que d'émotions ! » in Ria (L.) *Les émotions*, p. 61-p. 80, Revue EPS, 2005. (Caractérisation des émotions dans la pratique sportive de haut niveau.)

Chapitre 7

la personnalité du sportif

Des études sur l'analyse des caractéristiques psychologiques des athlètes de haut niveau mettent en évidence que certains traits de personnalité se retrouvent plus fréquemment chez les athlètes de haut niveau que chez le reste de la population, alors que d'autres études montrent, au contraire, que cette différence n'existe pas. Aussi nous pouvons nous demander s'il existe une « personnalité sportive ». Autrement dit, un certain type de personnalité prédispose-t-il à la pratique sportive et à la haute performance ? Pratiquer un sport modifie-t-il les caractéristiques de la personnalité ?

→ La personnalité : un concept complexe qui renvoie à des débats théoriques de fond

Le concept de personnalité est utilisé pour rendre compte des différences de comportement observées chez les individus. Cette notion est complexe et est un concept central dans le champ de la psychologie : elle renvoie à des débats de fond de la conception de l'homme.

Liberté/Déterminisme

Ce débat renvoie à la croyance dans le degré de liberté que nous avons dans nos comportements, autrement dit notre comportement est-il déterminé par des facteurs contrôlables ou incontrôlables ?

Interne/Externe

Ce débat renvoie à la part relative que nous accordons à des facteurs internes et externes dans nos comportements. Notre comportement résulte-t-il de facteurs internes (« notre structure psychologique » par exemple) ou de facteurs externes (les caractéristiques de la situation, les facteurs environnementaux) ?

Rationalité/Irrationalité

Ce débat renvoie à la croyance en l'importance de nos capacités de raisonnement et de réflexion. Dans quelle mesure celles-ci peuvent-elles influer nos choix et nos comportements ? Sommes-nous des êtres rationnels ou agissons-nous sous l'emprise de facteurs irrationnels (les pulsions par exemple) ?

Changement/Stabilité

Ce débat renvoie à la croyance en nos capacités de changements, de transformation. Nos comportements sont-ils déterminés par notre « structure psychique » et nos premières expériences ou pouvons-nous modifier ces comportements ?

Holisme/Élémentarisme

Ce débat renvoie à la conception de l'homme. Peut-on l'envisager comme l'articulation de composantes élémentaires qu'on pourrait appréhender de manière isolée (les traits de personnalité par exemple) ? Ou est-ce qu'on ne peut, au contraire, appréhender l'homme que dans sa globalité (un tout que l'on ne peut scinder en différentes parties) ?

Selon leur positionnement dans ces débats, les psychologues accordent plus ou moins de crédit à la notion de personnalité et l'envisagent de manière différente. Les psychologues estimant que le comportement est essentiellement régi par des forces internes et qu'il est peu modifiable accordent du crédit au concept de personnalité pour expliquer les comportements d'un individu. D'autres psychologues, estimant que le comportement est largement modifiable et dépend de l'environnement, considèrent ce concept comme inopérant et le contestent.

Définition de la personnalité

La personnalité est envisagée comme recouvrant la structure psychologique individuelle dans sa totalité. **La personnalité d'un individu est l'intégration de tous les aspects de sa vie psychologique.** Cette combinaison caractérise une personne.

D'une façon générale, la personnalité d'un individu donné se caractérise à partir de ses modes d'interaction avec les autres dans différentes situations. Aussi, nous pouvons définir plus précisément la personnalité comme une organisation dynamique de composantes multiples (d'ordre affectif, morphologique, social...) qui serait propre à une personne.

Cette organisation peut être caractérisée par deux aspects.

↗ L'identité. Un individu a des réactions qui lui sont propres. Il a une certaine manière d'agir et de réagir aux situations qu'il rencontre. Cette caractéristique permet d'anticiper sur les réactions probables d'un individu. On sait que celui-ci aura tendance à aller discuter spontanément alors qu'un autre sera plus réservé dans ses relations.

La constance. Les réactions, associées à un type particulier de personnalité, sont relativement permanentes. L'individu a tendance à réagir de la même façon à des situations identiques.

Raccourci

La personnalité est une organisation dynamique, c'est-à-dire qu'elle participe à l'adaptation de la personne à son milieu. Elle s'exprime sous forme de « traits de caractère » (traits de personnalité) identifiés et identifiables.

Les traits de personnalité

Un trait de personnalité est une prédisposition relativement stable. Les traits de personnalité ne sont pas directement observables mais sont inférés à partir du comportement que manifeste un individu dans une situation.

Les classifications de ces traits sont extrêmement diverses. Nous avons choisi de présenter celle de Cattell (1966) qui nous semble relativement pertinente. Cattell a identifié seize facteurs primaires constitués de deux extrêmes. Ces seize facteurs sont les suivants :

Réservé	← opposé à →	**Ouvert**
Esprit lent	← opposé à →	**Esprit brillant**
Moi faible (émotif)	← opposé à →	**Moi fort (stable émotionnellement)**
Soumis	← opposé à →	**Dominateur**
Posé	← opposé à →	**Insouciant**
Opportuniste	← opposé à →	**Consciencieux**
Timide	← opposé à →	**Audacieux**
Dur	← opposé à →	**Tendre**
Confiant	← opposé à →	**Soupçonneux**
Pratique	← opposé à →	**Imaginatif**
Conservateur	← opposé à →	**Innovateur**
Dépendant	← opposé à →	**Se suffisant à lui-même**
Incontrôlé	← opposé à →	**Contrôlé**
Détendu	← opposé à →	**Tendu**

Sans détailler tous ces traits de personnalité, nous allons néanmoins donner quelques précisions sur la signification de certains d'entre eux.

Réservé/Ouvert

Ce trait est également dénommé introversion/extraversion. Certains individus sont repliés sur eux-mêmes et entrent difficilement en contact avec le monde extérieur (« les réservés ») alors que d'autres recherchent des relations et ont une vie sociale très animée (« les ouverts »).

Moi faible/Moi fort

Ce trait traduit la stabilité émotionnelle d'un individu. Certains sont assez constants dans leurs réactions émotives et les contrôlent efficacement (« les moi forts ») alors que d'autres sont beaucoup plus sensibles aux événements et se laissent submerger rapidement par leurs émotions (« les moi faibles »).

Soumis/Dominant

Certains individus ont confiance en leur capacité et font preuve d'initiative et de combativité dans leurs projets et dans leurs actions (« les dominants ») alors que d'autres ont plus de problèmes pour s'affirmer et se défendre (« les dominés »).

Un trait de personnalité traduit donc **la propension d'un individu à réagir d'une façon particulière** en face d'une situation. Un individu timide n'osera pas prendre la parole en public et s'effacera dans un groupe. Ces traits, cependant, ne semblent pas toujours généralisables et cohérents d'une situation à une autre. Un enfant timide en classe peut être le leader sur un terrain de football. Un handballeur agressif sur le terrain est quelquefois très calme dans la vie quotidienne. Ce constat a amené certains psychologues à contester la validité du concept de personnalité.

Études sur la personnalité des sportifs de haut niveau

Le concept de personnalité a été utilisé en psychologie du sport pour tenter d'expliquer certains comportements des sportifs.

Les méthodes d'étude

Les études tentent d'identifier les traits de personnalité qui correspondraient à l'obtention des meilleurs résultats sportifs. Elles comparent les sportifs et les non-sportifs pour isoler les traits de personnalité qui seraient plus développés chez les sportifs de haut niveau que chez une population de sédentaires.

La personnalité est évaluée à l'aide de questionnaires de personnalité ou de tests projectifs.

Les questionnaires de personnalité

Ces tests sont constitués d'une série de questions, correspondant à des traits de personnalité, auxquelles l'individu doit répondre. La réponse apportée permet d'évaluer le degré de possession de ce trait. Ces questionnaires peuvent être généraux ou spécifiques au domaine sportif. Le plus utilisé en France, dans le domaine sportif, est le Questionnaire de Personnalité pour Sportif construit par E. Thill (« le QPS de Thill »). Ce questionnaire fait référence à seize traits de personnalité que l'on peut regrouper en quatre domaines qui sont : la motivation (désir de réussite, ambition...), l'activité (endurance psychologique, vivacité...), le contrôle (prise de risque, résistance émotionnelle, impulsivité…) et la relation (extraversion, domination, coopération..).

Voir tableau page suivante.

Les tests projectifs

Ces tests consistent à proposer aux sujets soit des tâches d'encre (test de Rorschach), soit des scènes de la vie courante figurées de manière imprécise. L'individu réagit à ces images et doit verbaliser ses sensations et ce qu'il voit à travers ces dessins. Le psychologue interprète ces réponses pour identifier les traits de personnalité marquants de l'individu qui s'est, en quelque sorte, projeté dans ces images. Ces tests, s'ils permettent une investigation plus poussée de la personnalité que les questionnaires, sont réservés à l'usage de psychologues avertis.

Les différences entre sportifs et non-sportifs

Les résultats, en fonction des expérimentations, sont contradictoires. Certains trouvent des différences significatives entre les sportifs de haut niveau et les non sportifs alors que d'autres n'en relèvent pas. Ces divergences sont essentiellement le fait de méthodologies diverses et d'une diversité des niveaux de pratique et des types de sports étudiés.

Aldermann (1983) effectue une synthèse de diverses expérimentations mettant en évidence des caractéristiques psychologiques chez les sportifs de haut niveau.

Notes basses	Étalonnage en 11 degrés										Notes élevées
	0	1	2	3	4	5	6	7	8	10	
Peu ambitieux, irrésolu, intérêts limités, passif											Motivé, désir de réussite, d'exceller, d'acquérir un statut
Faible estime de soi, insatisfait, dépendant											Se valorise, consistant, intégré, influant
Peu endurant, dispersion des intérêts, se décourage											Endurant, persévérant, déterminé, obstiné
Lent, modéré, fatigable											Vif, spontané, allure rapide, énergique
Manque d'affirmation de soi, concède											Capacité de surpassement affirmée
Contrôle délibéré, réfléchi, pondéré											Impulsif, insouciant, imprévoyant
Préfère la sécurité, réservé, rigide											Audacieux, prend des risques, spontané, téméraire
Changeant d'humeur, d'énergie, sensible, pessimiste											Stable émotionnellement, égalité d'humeur, euphorique
Peu résistant aux pressions fortes et subies du milieu											Résistant aux malchances, critiques et stress
Introverti, méditatif, observation de soi											Extraverti, porté à l'activité manifestée, expressif
Soumission, tendance à suivre, manque de confiance											Dominant, persuasif, aptitudes au commandement
Tolérant, bienveillant, passif, inhibé											Agressif, combatif, défend sa place
Socialement timide, se suffit à lui-même, réservé											Sociable, entreprend des contacts et des activités sociales
Individualiste, méfiant, critique, égocentrique											Coopératif, abnégation de soi au profit du groupe
Sincère, attentif, peu conformiste, autoritaire											Acquiesçant, conformiste, inattentif, dépendant
Distant, sur la réserve											Tient à faire bonne impression, besoin d'appprendre

Le questionnaire de personnalité pour sportif (Edgar Thill)

Les traits de personnalité les plus fréquemment observés chez les athlètes.

- La sociabilité. Les sportifs de haut niveau entretiennent des relations avec un grand nombre de personnes, ils sont sensibles au jugement d'autrui et au prestige social.
- La domination. Celle-ci est liée à un désir de puissance. Elle se manifeste chez les sportifs par la confiance en soi, la vantardise, la vigueur, l'assurance.
- L'extraversion (liée à la sociabilité et la domination).
- Le conservatisme. Ce trait traduit le sens de la responsabilité et du sérieux chez les sportifs.
- La dureté. La réussite sportive ne suppose pas seulement d'accepter des contraintes physiques mais aussi psychologiques. Il faut être résistant sur le plan mental.
- La stabilité. Les sportifs de haut niveau sont capables de contrôler leurs émotions.

La diversité des résultats obtenus, en fonction des études, rend cependant l'interprétation des différences observées difficile.

Les différences en fonction des sports

Cette diversité tient certainement aux différences méthodologiques des expérimentations et aux divers cadres théoriques utilisés mais aussi au type de sport pratiqué par les athlètes participant aux études. Si quelques exigences psychologiques de la haute compétition sont communes à toutes les disciplines sportives (la persévérance, l'assurance, un fort désir de réussite), celles-ci possèdent des spécificités. L'atteinte du haut niveau en football américain, en patinage artistique, en saut en hauteur, en boxe ne demande pas, à l'évidence, les mêmes caractéristiques psychologiques.

L'influence de la pratique sportive sur la personnalité

Pour étudier l'influence de la pratique sportive sur la personnalité, il est nécessaire de conduire des expérimentations sur plusieurs années. Une des rares études longitudinales est celle de Gabler (1976) qui a été effectuée sur un groupe de 154 jeunes nageurs dont la personnalité a été évaluée à cinq ans d'intervalle. Les traits de personnalité mesurés cinq ans plus tard ont peu changé. Bien sûr, il est difficile de généraliser ces résultats à d'autres sports et à d'autres groupes d'athlètes.

Les liens entre la personnalité et la pratique sportive

Il n'a pas été défini un type de personnalité correspondant à l'activité sportive. Les différences psychologiques entre les athlètes de haut niveau et les non-athlètes semblent beaucoup plus faibles que l'idée que l'on s'en fait communément. La diversité des caractéristiques de chaque sport rend improbable l'existence d'un type unique de personnalité des sportifs de haut niveau.

Il semble que l'on assiste à un processus double. Certains traits de personnalité faciliteraient et prédisposeraient à un type de sport et, en retour, la pratique intensive d'une activité sportive et de la compétition pourrait, dans une faible mesure, renforcer certains traits et en minimiser d'autres.

Un grand nombre de facteurs déterminent la réussite sportive. Les facteurs liés à la personnalité ne représentent qu'une des influences possibles et, de ce fait, il n'est pas réaliste de s'attendre à une influence démesurée de la personnalité.

Le concept de « personnalité sportive » n'est donc pas opérationnel pour expliquer les comportements des sportifs de haut niveau. Les tests visant à l'évaluer sont empreints d'idéologie dans la mesure où ce concept accorde une place prépondérante aux facteurs internes et non contrôlables. Certains psychologues contestent ainsi la validité de ces tests et du concept de personnalité. Pour ces psychologues le comportement d'un individu n'est pas déterminé par une structure psychique interne (la personnalité) mais par les liens significatifs qui unissent un individu à la situation. Dans ce cas, nos comportements ne résulteraient pas de prédispositions (des traits de personnalité) mais de la signification que nous accordons à la situation. Ce qui rend un individu confiant ou timide, ce n'est pas une disposition ancrée en lui mais sa perception de la situation et des autres. On peut avoir confiance dans une personne et être soupçonneux vis-à-vis d'une autre selon les circonstances.

Résumé

Certaines études, dans le domaine sportif, se sont attachées à identifier la personnalité des sportifs de haut niveau. Cependant, bien que certains traits soient plus fréquemment rencontrés chez les sportifs, les résultats contradictoires de ces études ne permettent pas d'affirmer l'existence d'une « personnalité sportive » qui serait nécessaire à l'atteinte de la haute performance. La personnalité semble ne pas être un facteur déterminant de la performance sportive. De plus ce concept est actuellement remis en question par de nouvelles théories de l'activité humaine, accordant plus d'importance aux liens significatifs qui unissent un individu à son environnement qu'à une structure psychologique interne.

Vérifiez vos connaissances

1. Comment caractériser la notion de personnalité ?

2. Comment évaluer la personnalité d'un individu ?

3. Peut-on parler de « personnalité sportive » ?

4. La personnalité vous semble-t-elle un facteur déterminant pour l'atteinte du haut niveau en sport ?

5. Tous les psychologues accordent-ils du crédit à la notion de personnalité ? Pourquoi ?

Pour en savoir plus

- Alderman (Richard B.), *Manuel de psychologie du sport*, Vigot, 1983, p. 133-p. 208. (Présentation très complète de la notion de la personnalité et de la « personnalité sportive ».)
- Bakker (F.C.), Whitting (H.T.A.) et Van der Brug (H.), *Psychologie et pratiques sportives*, Vigot, 1992, p. 55-p. 76. (Présentation des rapports entre le sport et la personnalité.)
- Le Scanff (Christine) et Legrand (Fabien), *Psychologie*, Ellipses, 2004, p. 9 - p. 33 (Présentation de la notion de personnalité.)

Chapitre 8

la préparation psychologique

L'entraînement sportif a intégré, depuis peu, une nouvelle forme de préparation : la préparation psychologique. Un certain nombre de sportifs et d'entraîneurs font appel à cette préparation pour résoudre des problèmes rencontrés lors de la compétition ou pour optimiser les actions d'entraînement. La diversité de ces méthodes a amené une différenciation de la notion de préparation mentale et de préparation psychologique. La préparation mentale recouvre l'utilisation par l'athlète, à l'approche de la compétition, de techniques de contrôle de l'anxiété et de renforcement de l'attention. La préparation psychologique recouvre un éventail plus large de procédures, elle inclut des techniques de préparation mentale mais ne se limite pas à celles-ci. Elle a pour but d'améliorer le potentiel psychique de l'athlète.

Les méthodes de préparation psychologique sont multiples. Dans ce chapitre nous présenterons celles les plus couramment utilisées dans le monde sportif :

- la répétition mentale qui a pour but d'améliorer les processus d'apprentissage des habiletés sportives ;
- la préparation mentale qui a pour but de supprimer les facteurs psychologiques de perturbation de la performance sportive ;
- les méthodes de préparation psychologique qui ont pour but de faciliter la récupération.

Les buts de la préparation psychologique

Améliorer les apprentissages : • répétition mentale ; • entraînement par observation.	Supprimer les facteurs de perturbation de la performance sportive : • la sophrologie ; • la visualisation mentale ; • la musicothérapie.	Augmenter la récupération et accroître la capacité physique : • le training autogène ; • le relâchement musculaire profond.

Les buts et les méthodes de la préparation psychologique

La répétition mentale

But de la répétition mentale

La répétition mentale a pour but de faciliter l'apprentissage des habiletés sportives.

Définition

L'entraînement mental fait appel au processus de répétition mentale qui est l'évocation mentale d'un mouvement ou d'un patron moteur sans la production concomitante de l'activité musculaire normalement requise pour l'exécution de celui-ci.

L'entraînement mental désigne donc l'apprentissage ou l'amélioration d'un déroulement gestuel par sa représentation psychique et imagée sans exercice effectif simultané. L'entraînement mental (quand il est utilisé) est employé en complément de la pratique effective des mouvements à apprendre. Les sportifs alternent des mises en situation pratique et des visualisations du mouvement à effectuer.

Raccourci

La répétition mentale consiste à évoquer mentalement un geste (en essayant de retrouver les sensations associées au mouvement) et à répéter cette évocation. Cette répétition accélère l'apprentissage du geste.

Effets de l'entraînement mental

Les études relatives aux effets de la répétition mentale sur l'apprentissage d'une habileté motrice montrent des effets facilitateurs de cette répétition : apprentissage plus rapide, nombre de répétitions motrices moins important pour le même résultat, geste plus juste techniquement…

Cet effet facilitateur est fonction de différentes variables telles que : les caractéristiques individuelles des sujets, le type d'habileté à acquérir, le stade d'apprentissage, l'âge des sportifs.

Les caractéristiques individuelles

Les individus se différencient, sur le plan psychologique, par leur style cognitif. Un aspect important de ce style cognitif réside dans la capacité à utiliser et à produire des images visuelles. Les individus sont plus ou moins « imageants », utilisent de manière préférentielle des images statiques ou dynamiques, fonctionnent plus sur des registres visuel, auditif, kinesthésique, olfactif. Les capacités d'imagerie des individus sont appréciées à l'aide :

- ↗ de questionnaires évaluant les capacités d'imagerie d'une manière globale. Le sportif doit évoquer différentes scènes statiques telles que l'image du soleil se couchant à l'horizon, le sifflet d'une locomotive, la piqûre d'une épingle, la saveur de l'orange, la sensation de faim… Ces scènes se réfèrent à différentes modalités sensorielles (visuelle, auditive, kinesthésique, olfactive…). Pour chacune de ces scènes, l'individu doit indiquer sur une échelle allant de 1 à 7 sa capacité à s'imaginer la scène (1 = aucune image, 7 = parfaitement nette, aussi précise et vivace qu'une véritable perception) ;
- ↗ de questionnaires évaluant les capacités à contrôler les images. Dans ce cas, les individus sont invités à évoquer une scène dynamique puis à modifier certaines caractéristiques de la scène. Par exemple l'individu est invité à se représenter une voiture roulant sur une route, on lui demande ensuite de modifier la couleur de la voiture, d'imaginer un environnement urbain… Pour chaque modification, l'individu évalue sa capacité à imaginer la scène ;
- ↗ de tests comparant les capacités d'imagerie visuelle et kinesthésique. L'individu est invité à réaliser une séquence de mouvements, puis à se représenter la scène soit à l'aide d'images visuelles ou kinesthésiques. Il évalue la difficulté de l'imagerie dans ces deux conditions ;
- ↗ de tests de rotation mentale ou de reconnaissance de forme. L'individu doit former une image mentale d'un objet puis le « faire tourner », reconnaître des formes identiques parmi un pattern de forme…

De manière générale, plus les sportifs ont des capacités d'imagerie (visuelle et/ou kinesthésique) et plus ils tirent bénéfice de la répétition mentale.

Le type d'habiletés à acquérir

La répétition mentale ne produit pas les mêmes effets en fonction des caractéristiques des habiletés motrices à acquérir. La répétition mentale est plus performante pour les habiletés fermées (c'est-à-dire réalisées dans un environnement sans incertitude) et nécessitant des ajustements visuomoteurs fins (lancers de précision, tir, golf). Par contre les habiletés sollicitant de manière préférentielle des capacités physiologiques semblent peu bénéficier d'effets positifs de la répétition mentale.

Le stade d'apprentissage

Dans la première étape de l'apprentissage (étape cognitive), l'entraînement mental aide les sportifs à se construire une image du but à atteindre et des moyens à mettre en œuvre pour y parvenir. Néanmoins, il semble qu'une certaine familiarité avec la situation facilite l'imagerie. En fait, en fonction de leur niveau d'expertise, les athlètes ne retirent pas les mêmes types de bénéfices de la répétition mentale. Au stade initial de l'apprentissage, elle consolide la représentation de la tâche à effectuer et fournit des images d'action alors que dans les stades plus avancés de l'apprentissage, elle favorise la stabilisation, la sensation et le contrôle du mouvement par le biais d'images kinesthésiques (c'est-à-dire des « images des sensations » liées au mouvement).

L'âge des sujets

La répétition mentale ne produit pas les mêmes effets en fonction de l'âge. Le développement de l'aptitude à imaginer et à se représenter les plans d'action est nécessaire pour que les sportifs puissent tirer un réel bénéfice de l'entraînement mental. Cette aptitude se développe vers l'âge de 11-12 ans.

Les formes de répétition mentale

Il existe quatre formes principales d'imagerie et de répétition mentale. Ces formes de répétition produisent des bénéfices de différents types pour les sportifs.

Cognitive spécifique

Cette forme d'imagerie mentale concerne la visualisation et la répétition d'une habileté sportive spécifique comme un lancer franc en basket-ball ou le putting en golf. Cette forme de répétition est particulièrement adaptée pour l'apprentissage de mouvements discrets avec de faibles contraintes temporelles (un swing en golf par exemple).

Cognitive générale

Cette forme d'imagerie mentale concerne la visualisation d'une séquence de mouvements telle qu'un système de défense dans un sport collectif ou un enchaînement de gymnastique. Cette forme de répétition est particulièrement adaptée pour l'apprentissage de stratégies de jeu et d'enchaînements complexes de mouvements.

Motivationnelle spécifique

Cette forme d'imagerie mentale concerne la visualisation de la maîtrise d'une situation spécifique telle que s'imaginer concentré, solide, confiant lors d'une compétition sportive. Cette forme d'imagerie augmente la confiance en soi des sportifs.

Motivationnelle générale

Cette forme d'imagerie mentale concerne la visualisation de l'atteinte de buts spécifiques tels que gagner une compétition, s'imaginer sur un podium. Cette forme d'imagerie soutient la motivation des sportifs.

Les formes de représentation mentale

Les sportifs ont recours à trois formes de représentation pour favoriser l'acquisition d'une habileté : la représentation visuelle, la représentation kinesthésique et la représentation auditive.

La représentation visuelle

La représentation visuelle est une représentation figurative du mouvement. Les sportifs visualisent le but à atteindre et le mouvement à effectuer pour y parvenir. Ce type de représentation est extrêmement utile lors de l'étape cognitive de l'apprentissage afin de se construire un plan d'action et dans les habiletés sportives possédant une forte composante visuomotrice (lancer d'adresse par exemple).

La représentation kinesthésique

La représentation kinesthésique est issue des sensations proprioceptives du mouvement. Les sportifs « se remémorent » les sensations générées par l'exécution d'un mouvement. Ce type de représentation est utile lors des étapes motrice et associative de l'apprentissage. Les sportifs ont construit une « image proprioceptive » du mouvement qu'ils peuvent rappeler et activer. Ces images contribuent à l'apprentissage des habiletés à dominante motrice dans lesquelles les sportifs régulent et contrôlent le mouvement grâce à des informations d'origine proprioceptive (la gymnastique sportive par exemple).

La représentation auditive

La représentation mentale est facilitée par des images auditives. Ces images sont utiles dans certaines activités dans lesquelles les sportifs utilisent le bruit comme support de leurs actions. En ski, par exemple, le slalomeur se représente le rythme du slalom en sons, mélopées et onomatopées.

Comment expliquer la contribution de l'imagerie et de la répétition mentale au processus d'acquisition des habiletés sportives ?

Trois grandes familles d'hypothèses expliquent la contribution de la répétition mentale à l'acquisition d'habiletés motrices.

Les théories neuromusculaires

Lorsque l'on effectue un mouvement, des phénomènes électriques se produisent au niveau des muscles afin de permettre leur contraction. Chaque mouvement est caractérisé par cette activité électromyographique. Si l'on se représente mentalement ce même mouvement, on observe une activité électromyographique au niveau des groupes musculaires concernés par l'exécution de ce mouvement. Cette activité électromyographique est de plus faible intensité que lors de la réalisation effective du mouvement mais présente les mêmes caractéristiques spatiotemporelles. Aussi, nous pouvons penser que l'évocation mentale d'un geste laisse une trace, une image du mouvement, qui serait conservée et réutilisée lors de l'exécution effective de celui-ci.

Les théories symboliques

Ces théories mettent l'accent sur la composante cognitive de la répétition mentale et sur le traitement cognitif qui accompagne celle-ci. La répétition mentale permet aux sportifs de se construire une représentation de la tâche, des contraintes inhérentes à celle-ci et du mouvement à effectuer. Les sportifs grâce à ces représentions seraient en mesure d'organiser plus efficacement leur plan d'action, ce qui faciliterait leur apprentissage.

Les théories intégrant les facteurs de concentration

La répétition mentale entraîne une élévation de l'attention accordée à la situation. Elle favorise la concentration cognitive et apprend aux sportifs à ne pas laisser détourner leur attention par des éléments extérieurs. Cette amélioration de la capacité attentionnelle pourrait être transférée lors des mises en situations pratiques, et permettrait ainsi un investissement plus soutenu dans la tâche et donc des progrès plus rapides.

Ces tentatives d'explication ne constituent que des hypothèses dans la mesure où il est difficile d'accéder aux phénomènes d'imagerie. Il est possible que les trois processus (activité électromyographique, activité cognitive, attention plus soutenue) coexistent dans certaines situations.

Quelques règles de mise en œuvre de la répétition mentale

La répétition mentale aide l'acquisition des habiletés sportives. Il est cependant nécessaire de respecter certains principes pour permettre son efficacité :

- un niveau minimal de familiarisation avec la tâche à effectuer est nécessaire ;
- l'entraînement mental ne convient pas aux enfants de moins de 11 ans ;

- il est nécessaire de faire adhérer les sportifs à cette forme d'entraînement. Seule leur participation active peut amener les effets bénéfiques de la répétition mentale ;
- la représentation imagée de l'habileté à acquérir doit refléter avec le plus d'exactitude possible la tâche à accomplir sous peine d'entraîner des perturbations du mouvement ;
- pour l'affinement des perceptions kinesthésiques et visuelles associées à l'exécution du mouvement, la représentation mentale doit être strictement identique aux structures dynamique, spatiale, temporelle et rythmique des actions motrices réelles. Les sportifs doivent concentrer leur attention vers les véritables composantes clés du geste. Celles-ci varient en fonction des étapes du perfectionnement sportif ;
- il est nécessaire d'alterner représentation mentale et exécution réelle du mouvement, afin de vérifier la concordance des perceptions entre la réalisation effective et la représentation mentale du mouvement et éviter, ainsi, la fixation de représentations incorrectes ;
- il est indispensable de se mettre dans un état mental propice à la représentation mentale. Les athlètes doivent se concentrer et « faire le vide » pour pouvoir se représenter intensément et avec exactitude les mouvements ou les sensations.

Quelques exercices spécifiques

- Visualiser mentalement un geste simple, percevoir et associer les sensations qui en découlent.
- Visualiser mentalement un geste plus complexe, percevoir et associer les sensations qui en découlent.
- S'imaginer dans une situation sportive, se mettre en action.
- Modifier et corriger mentalement ses erreurs en visualisant le geste juste.
- Imaginer la compétition avec ses différentes caractéristiques (adversaire, public, terrain...).

Raccourci

L'utilisation de la répétition mentale est bénéfique pour l'apprentissage des habiletés mais doit être limitée à certains domaines et exige des conditions de mise en œuvre spécifiques. Elle nécessite un savoir-faire spécifique de l'entraîneur, la participation active des athlètes, et une étroite collaboration entre l'athlète et l'entraîneur.

INTÉRÊTS	LIMITES
• Abrège les temps d'apprentissage dans l'assimilation des techniques sportives et augmente leur stabilité. • Permet une haute fréquence de répétition par unité de temps et entraîne donc une économie d'énergie. • Permet d'affiner les perceptions kinesthésiques, visuelles et auditives associées à l'exécution du mouvement. • Lors de blessures, permet de réduire les phénomènes de déperdition du mouvement. • Dans les disciplines à hauts risques de blessures, réduit l'anxiété car les éléments gestuels, dont la réalisation est appréhendée, sont identifiés et répétés. • Favorise la correction de mauvaises techniques en « assouplissant » les vieux schémas gestuels et en en programmant d'autres. • Augmente les facultés de concentration de l'athlète. • Peut être utilisé juste avant le début d'une compétition pour mettre l'athlète dans un état de préparation optimum.	• Ne convient pas à tous les sports. Il semble qu'il soit, en début d'apprentissage, profitable pour l'acquisition d'habiletés à forte composante cognitive. Dans un deuxième temps, il peut favoriser le perfectionnement de gestes hautement techniques. • Ne sollicite pas le mouvement des muscles et des membres, il exclut donc le contrôle de l'exécution. Aussi, si l'entraînement mental est employé exclusivement ou trop longtemps, le contrôle cognitif et moteur, en conditions réelles, devient moins performant et entraîne le développement et la fixation de déroulements gestuels défectueux. • Les effets de la répétition mentale sont différents en fonction des sportifs. « Les sportifs imageants » semblent tirer plus de profit de l'entraînement mental. • L'entraîneur ne peut avoir accès à ce qui se passe dans la tête de l'athlète et ne peut donc pas vérifier la qualité du travail effectué.

Intérêts et limites de l'entraînement mental (d'après Weineck, 1983)

→ La préparation mentale

Il est fréquent d'entendre des entraîneurs ou des athlètes expliquer une contre-performance en compétition, par le recours à des facteurs d'ordre psychique : « Il était trop stressé » ; « Ils n'étaient pas assez motivés » ; « J'ai eu peur » ; « Je me suis déconcentré » ; « Je n'y ai pas cru ». Ces commentaires suggèrent la présence de facteurs de perturbation d'ordre psychologique. La préparation mentale a pour but de supprimer ces facteurs.

Les facteurs de perturbation, d'origine psychologique, intervenant au cours de la performance sportive

Ces facteurs sont multiples et sont souvent regroupés en trois catégories qui sont la motivation, la concentration et les émotions.

La concentration

La concentration est définie comme l'application de tout l'effort intellectuel sur un objet précis. Elle permet aux athlètes de se centrer sur les éléments informatifs de la situation. L'analyse est ainsi plus pertinente et rapide. Le rôle de la concentration augmente avec la composante perceptive et décisionnelle de l'habileté à effectuer et avec la précision de la réponse motrice à apporter. Certaines situations sportives imposent aux athlètes de réagir vite, juste et précis. Un pongiste, en position de relanceur, doit identifier très rapidement la trajectoire du service adverse, décider immédiatement de la réponse à produire et programmer finement son geste. Un retard dû à un manque de concentration et de préparation entraîne une faute immédiate.

La motivation

Le degré de motivation influe sur le niveau d'activation du système nerveux central. La réalisation d'une performance nécessite un niveau d'activation particulier. Aussi, des athlètes peu ou trop motivés se trouvent dans un état qui va perturber leurs actions. Ce niveau optimum d'activation, et donc de motivation, diffère en fonction des exigences de chaque sport et en fonction de la difficulté de la tâche. Par exemple, lors d'une compétition estimée comme facile, les athlètes doivent augmenter leur niveau de motivation pour ne pas se désintéresser de la situation. Mais ce niveau doit également être adapté aux spécificités de la performance. Un sport sollicitant fortement les aspects informationnels et des conduites motrices fines et précises (le golf, le tennis de table, un lancer franc au basket-ball, le tir à l'arc) nécessite une activation nerveuse moins importante que les activités à dominante énergétique et sollicitant de grands groupes musculaires (le sprint, le marathon, l'haltérophilie). (Cf. p. 130.)

Les émotions

Les émotions agissent non seulement sur le niveau d'activation du système nerveux central mais également sur les fonctions corporelles et psychiques. Des émotions intenses augmentent la fréquence cardiaque, le rythme respiratoire, la production hormonale et diminuent les facultés d'analyse des sportifs. Un athlète qui se laisse submerger par ses émotions n'est donc plus dans un état physiologique et psychologique adapté à la performance. Ces émotions sont de diverses natures et sont souvent dues à une incertitude quant à l'atteinte du résultat qui se traduit par de la peur, de l'anxiété et/ou de l'agressivité. L'enjeu du résultat, une opposition adverse non maîtrisée, une situation difficile ou dangereuse sont les principales sources de ces émotions.

La concentration, la motivation et les émotions sont trois facteurs psychologiques qui interagissent. Des émotions fortes baissent la faculté de concentration, une motivation trop importante engendre des phénomènes émotionnels, une motivation peu importante entraîne un faible niveau de concentration...

Raccourci

La concentration, la motivation et les émotions sont les principaux facteurs psychologiques intervenant sur la qualité de la performance sportive.

Les causes de l'apparition des facteurs de perturbation

Il est fréquent de voir des athlètes brillants à l'entraînement perdre tous leurs moyens en compétition. Les facteurs de perturbation proviennent donc essentiellement de la situation de compétition. Si celle-ci, sur le plan purement biomécanique et bioénergétique, semble quelquefois comparable à l'entraînement, elle s'en distingue radicalement par la signification que lui accordent les athlètes. La compétition constitue une situation d'enjeu et de danger pour les athlètes. Elle représente bien souvent l'aboutissement d'un travail épuisant et contraignant dont les sportifs veulent récolter les fruits. Ils acceptent, dans cette situation, de se confronter au risque de perdre et de se dévaloriser. De plus bien souvent les sportifs engagent, dans leurs succès ou dans leurs échecs, les personnes qui les entourent : l'entraîneur, les dirigeants, la famille. Ainsi ils sont quelquefois pris dans un système de contraintes dont ils ne peuvent se dégager. La seule alternative des sportifs de haut niveau est la victoire. Ils doivent gagner, être les meilleurs. Leur valeur n'est jamais acquise mais toujours remise en question. Cette incertitude permanente est un réel agent stressant.

Les perturbations psychiques interviennent, dès lors, autant avant que pendant la compétition. L'enjeu du résultat et la mise en échec du projet des athlètes sont souvent très mal vécus.

Ces perturbations psychologiques sont également provoquées par les caractéristiques d'une situation d'entraînement. Une mise en danger physique, un exercice trop contraignant, une difficulté non surmontée constituent des situations à risque. Nous nous attacherons aux perturbations engendrées par la compétition, dans la mesure où c'est au cours de celle-ci que les effets de ces perturbations sont les plus visibles et les plus nuisibles.

Principes des méthodes de préparation mentale visant à supprimer les facteurs psychiques de perturbation de la performance

L'interaction des facteurs de concentration, de motivation et émotionnels impose de travailler simultanément sur ces trois aspects. Les athlètes, pour optimiser leur performance lors des compétitions, apprennent à augmenter et à maintenir leur concentration, gérer leur niveau de motivation et maîtriser leurs émotions.

Le but de la préparation mentale est donc de rendre les athlètes capables de contrôler et de modifier leurs niveaux d'activation nerveuse et de résister émotionnellement aux événements qu'ils rencontrent afin de maintenir leur équilibre psychologique.

Les méthodes de préparation mentale

Ces méthodes sont multiples mais sont dérivées, pour la plupart, de la sophrologie fondée en 1958 par A. Caycedo qui la définit comme « une science qui étudie la conscience, ses modifications et les moyens physiques, chimiques ou psychologiques pouvant la modifier, dans un but thérapeutique ou pédagogique ». Elle intègre des techniques de relaxation, de respiration, d'hypnose, de training autogène, des situations de yoga...

La sophrologie, d'après son concepteur Caycedo, est susceptible d'aider l'individu à résoudre de nombreux problèmes. Elle se fixe, entre autre, les buts suivants : l'amélioration du pouvoir de concentration pendant les compétitions, la stimulation de l'imagination et de la mémoire, la stimulation des pensées positives, le contrôle de la peur et du trac, l'augmentation de l'énergie psychique, l'augmentation de la motivation, la suppression partielle des complexes, l'augmentation de la confiance en soi, l'amélioration de la connaissance de soi, la lutte contre la lassitude de la compétition, le maintien du moral en cas de défaite, le contrôle de la douleur...

Il est très difficile de caractériser précisément les procédés de la sophrologie dans la mesure où elle connaît de multiples adaptations. Beaucoup de psychologues sportifs « réaménagent » la sophrologie afin de répondre à des besoins spécifiques. Aussi, pour présenter la sophrologie nous exposerons quelques-unes des techniques qu'elle intègre.

La gestion des buts

Les sportifs apprennent à identifier les buts qu'ils se proposent d'atteindre. Ils se définissent des objectifs clairs et structurés. Les sportifs apprennent à bien se connaître et à évaluer leurs possibilités pour vouloir et pouvoir atteindre les objectifs fixés.

Les techniques de relaxation

Leur but est de permettre aux athlètes d'apprendre à provoquer une détente corporelle grâce à une action sur la tonicité du corps, la tension et la respiration. Cette détente corporelle favorise l'adaptation de l'état physique et psychologique des athlètes aux exigences de la situation de compétition. La relaxation aide les athlètes à lutter contre des états de surexcitation.

La visualisation mentale

La visualisation mentale fait appel aux techniques d'imagerie mentale. Elle a un point de départ cognitif, les athlètes apprennent à contrôler leurs comportements grâce au contrôle de leurs pensées. L'imagerie mentale aide les athlètes pour la mémorisation d'un geste, d'un parcours mais elle facilite également la détente des athlètes par la visualisation de pensées positives.

La musicothérapie

Un grand nombre de sportifs utilisent un walkman pour s'isoler et se concentrer avant une compétition. Ils font, sans le savoir, de la musicothérapie. En effet, les psychologues sportifs utilisent cette technique en associant une musique à des images et à des sensations positives. Quelques minutes avant la compétition, l'athlète écoute le morceau de musique qui a été associé à un état de confiance et de relaxation. Le sportif peut ainsi éliminer des facteurs psychiques de perturbation.

La sophronisation

La sophronisation est une technique de base de la sophrologie. C'est un processus de relaxation qui amène les sportifs à un niveau de vigilance particulière (entre la veille et le sommeil), appelé niveau sophroliminal. Cet état de conscience favorise un travail sur le « mental » des athlètes.

Le yoga

Le yoga possède une dimension spirituelle du fait de son origine hindouiste. C'est une technique très complexe qui demande un long apprentissage. Le yoga permet, grâce à des exercices spécifiques, d'apprendre à maîtriser et à dominer son corps et son esprit. Les sportifs améliorent la gestion de leurs réactions corporelles et émotionnelles.

La sophrologie fait également appel à d'autres techniques qu'il est impossible de détailler dans le cadre de cet ouvrage. L'apprentissage de ces différentes techniques exige un temps plus ou moins important et peut quelquefois être conduit par l'entraîneur lui-même (dans la mesure où il s'est approprié ces méthodes) ou nécessite l'intervention d'un spécialiste.

Raccourci
La sophrologie a pour but d'apprendre à l'athlète à maîtriser ses états émotionnels et à augmenter sa faculté de concentration. Il s'agit d'apprendre au sportif à « positiver » et à ne pas se laisser envahir par le doute et l'angoisse. Le sportif doit parvenir à un réel contrôle mental de son corps et de son psychisme afin de retrouver le naturel de l'entraînement en situation de compétition.

Les techniques de la sophrologie

La gestion des buts	La technique de relaxation	La visualisation mentale	La musicothérapie	La sophronisation	Le yoga

Les techniques de la sophrologie

INTÉRÊTS	LIMITES
• Permet de diminuer le stress. • Augmente la faculté de concentration. • Apprend le contrôle des émotions. • Apprend à l'athlète à positiver et à ne pas se focaliser sur ses échecs. • Apprend à l'athlète à gérer ses niveaux d'activation nerveuse. • Augmente le potentiel psychique de l'athlète.	• Techniques difficiles à apprendre qui nécessitent du temps et une compétence spécifique. • Difficulté de contrôle du travail. • Difficulté de maîtrise des états de vigilance qui peut amener l'athlète dans des états psychologiques incompatibles avec les exigences de la performance. • Ne convient pas à tous les athlètes et peut même en perturber certains. • Nécessite une demande et un besoin de l'athlète.

Intérêts et limites de la sophrologie (d'après Weineck, 1983)

Les routines préperformance

Définition

Certains sportifs, afin de réguler leur niveau d'activation nerveuse et être dans des conditions optimales lors de la réalisation de la performance, utilisent des routines préperformances (ou des routines précompétitives). Les routines préperformances sont un ensemble de répétitions en forme de pensées, actions, ou images qui sont exécutées avant la réalisation d'une performance sportive. Ces routines ont une structure stable qui reprend les éléments essentiels du geste à réaliser.

Impacts sur la performance

Ces routines ont un impact bénéfique sur la performance. Celui-ci est le fait de différents processus.

↗ **Focalisation de l'attention.** La répétition d'une routine préperformance évite au sportif de détourner son attention, d'être distrait par des éléments extérieurs. Elle l'aide à être focalisé et concentré sur la tâche à réaliser.

↗ **Diminution de l'anxiété.** En réalisant une routine préperformance, le sportif diminue l'incertitude, augmente sa maîtrise des événements. Ceci a pour conséquence une augmentation de la confiance en soi et une baisse du niveau de l'anxiété.

↗ Recherche d'un **état d'activation optimal.** La réalisation de la routine permet au sportif de réguler son état d'activation, de se préparer à l'action à venir, de se mettre dans un état physiologique et mental optimal pour la réalisation de la performance.

Les différences en fonction des sports

Les routines précompétitives sont utilisées par les sportifs essentiellement :

↗ dans des disciplines sportives où les habiletés ne sont pas soumises à des contraintes temporelles fortes (golf, gymnastique, sauts en athlétisme). Ce laps de temps disponible permet la répétition de la routine avant la réalisation de la performance ;

↗ pour la réalisation d'habiletés fermées (service en tennis ou en volley-ball, lancer franc en basket-ball, plongeon, enchaînement de gymnastique, golf) et quelquefois, mais plus rarement, d'habiletés ouvertes (lutte).

Comment apprendre des routines ?

Les routines peuvent être apprises de manière spontanée par les sportifs ou faire l'objet d'un enseignement formalisé par l'entraîneur ou un préparateur mental.

Dans certains sports, les athlètes, d'eux-mêmes, prennent rapidement conscience de l'importance de ces routines et déploient des stratégies d'apprentissage pour se construire de telles routines. Par exemple en golf, les athlètes visualisent le geste qu'ils vont produire, font des répétitions à blanc.

Dans d'autres sports, l'apprentissage de ces routines est plus du ressort des entraîneurs qui, du fait de l'importance qu'ils accordent à ces routines, les intègrent dans leur enseignement. Par exemple en gymnastique, les entraîneurs proposent des exercices spécifiques pour apprendre aux athlètes à se représenter et reproduire mentalement une acrobatie.

Dans d'autres sports, les entraîneurs et les athlètes sont peu sensibles à ces routines qui pourraient pourtant les aider à stabiliser un niveau de performance. L'intervention d'un préparateur mental est dans ce cas conseillée pour faciliter l'apprentissage de routines pertinentes.

Raccourci
Une routine préperformance consiste en une représentation mentale, avant son exécution, du mouvement à réaliser. Elle a des effets bénéfiques sur la performance grâce à une focalisation de l'attention, une diminution de l'anxiété, et une adaptation du niveau d'activation.

Conclusion

Le crédit accordé aux techniques de préparation mentale diffère en fonction des athlètes. Certains attribuent leur succès et la résolution de « problèmes psychologiques » à celles-ci, alors que d'autres affirment n'en avoir retiré aucun bénéfice. Des techniques de préparation mentale ont même déstabilisé des athlètes lors de l'entraînement et de la compétition. Aussi, ces méthodes doivent être considérées comme une aide possible à l'entraînement mais qui ne s'impose pas forcément. Un grand nombre d'athlètes de haut niveau n'ont jamais eu recours à la préparation mentale. Certains sportifs sont capables, seuls, de se préparer psychologiquement aux rendez-vous importants de la saison grâce à des stratégies individuelles. Des « comportements fétichistes » (porter toujours le même tee-shirt en compétition, rituels de l'échauffement, gestes accompagnant la réalisation de la performance, rangement du sac de sport...), des routines précompétitives, des appuis extérieurs, des discussions avec l'entraîneur constituent parfois la meilleure des préparations mentales pour éliminer le stress de la compétition.

Les méthodes de préparation psychologique visant à améliorer la récupération

La capacité de récupération est un facteur important de la performance sportive et constitue actuellement une des composantes essentielles de l'entraînement. Les sportifs, pour atteindre le haut niveau, apprennent à mieux récupérer afin d'augmenter leurs charges d'entraînement et améliorer ainsi leur marge de progression. Les exigences de la compétition de certaines activités imposent également aux athlètes d'optimiser leur récupération entre deux épreuves. Dans certaines épreuves sportives, les matchs s'enchaînent sur plusieurs jours et deviennent, au fur et à mesure de l'avancement de la compétition, de plus en plus importants. La fatigue devient ainsi une ennemie à combattre.

Pour accélérer leur récupération, les sportifs recourent à divers procédés tels que le sauna, les bains chauds, les étirements, les massages. Certaines méthodes psychologiques, dérivées de méthodes de relaxation, sont également susceptibles d'améliorer les processus de récupération grâce à des phénomènes de décontraction musculaire. Les plus utilisées sont le training autogène et le relâchement musculaire profond.

Le training autogène

Définition

J.H. Schultz, au début du siècle, développe le training autogène à partir de l'hypnose. À l'inverse de l'hypnose, le training autogène ne consiste pas en un relâchement provoqué par une tierce personne mais en un auto-relâchement concentratif grâce à des phénomènes d'auto-suggestion. Le training autogène entraîne une décontraction musculaire maximale et une baisse du niveau de conscience. Il améliore ainsi la récupération en favorisant l'élimination des états d'épuisement physique et de surexcitation psychique.

L'apprentissage du training autogène

Les athlètes doivent arriver à faire entièrement abstraction du milieu environnant et de la performance grâce à un autorelâchement concentratif qui amène un état de relaxation complète. Des formules autosuggestives du style : « Je suis tout à fait calme » et des exercices appropriés permettent d'accéder à cet état.

Exemples d'exercices utilisés par le training autogène

→ L'exercice de pesanteur

• Les formules autosuggestives associées à cet exercice sont, par exemple : « Mon bras droit est très lourd » ; « Je m'enfonce dans le sol »... Une diminution du tonus musculaire, attestée par des enregistrements électromyographiques, provoque cette sensation de pesanteur.

→ L'exercice de chaleur

• Les formules autosuggestives associées à cet exercice sont, par exemple : « Mon bras droit est très chaud » ; « La chaleur m'envahit »... L'abaissement du tonus musculaire provoque une diminution du tonus vasculaire. Il se produit ainsi une dilatation des vaisseaux et une élévation de la température corporelle qui entraîne une sensation de chaleur.

→ L'exercice du pouls

• Les formules autosuggestives associées à cet exercice sont, par exemple : « Mon cœur bat fermement et calmement » ; « Je suis calme, détendu »... Cette autosuggestion de calme intérieur provoque une diminution de la fréquence cardiaque.

→ L'exercice de respiration

• Les formules autosuggestives associées à cet exercice sont, par exemple : « Ma respiration est calme et régulière » ; « Je sens le trajet de l'air dans mon corps jusqu'aux poumons »... La diminution de la fréquence cardiaque provoque un relâchement supplémentaire.

Principes de mise en œuvre du training autogène

Les séances ne doivent pas, dans un premier temps, durer plus de dix minutes sous peine de dépasser les capacités de concentration des athlètes. Celle-ci s'améliore progressivement jusqu'à permettre aux athlètes d'accéder à un état profond de relâchement qui, en abaissant le tonus musculaire, facilite la récupération. Le « réveil » (retour à un état de veille attentive) doit être progressif dans le temps et dans l'espace. Il est nécessaire de restimuler tous les muscles grâce à des formules du style : « Le bras est ferme » et des actions limitées : « Je remue les pieds, les doigts »...

L'apprentissage du training autogène nécessite du temps (trois à quatre mois) et un savoir-faire spécifique de l'entraîneur. Il doit être conduit dans des moments de calme des athlètes et en l'absence de conflits psychiques afin de créer un réel relâchement. Un training autogène mal mené entraîne des effets inverses à ceux recherchés. Par exemple, si le relâchement induit par l'autosuggestion est trop important, les athlètes présentent des difficultés à retrouver un éveil cortical compatible avec la réalisation de performances de haut niveau. L'autosuggestion peut également entraîner une surexcitation nuisible à la performance (des athlètes qui s'énervent parce qu'ils n'arrivent pas à se relâcher). Aussi avant d'être employée lors de situations compétitives, cette méthode doit avoir fait l'objet d'un apprentissage au cours de l'entraînement.

Raccourci

La maîtrise du training autogène permet aux athlètes d'améliorer considérablement leur faculté de récupération psychique et physiologique. Cinq minutes de training autogène sont suffisantes pour provoquer une normalisation des diverses fonctions corporelles (abaissement de la pression sanguine et de la fréquence respiratoire, tranquilisation nerveuse...).

Le relâchement musculaire profond (RMP)

Le RMP est une forme dérivée du training autogène. Les effets sont de même nature que ceux du training autogène mais de moindre intensité.

Principes de mise en œuvre du RMP

Une succession d'inspirations et d'expirations profondes provoque « une mise en condition » des athlètes en abaissant le rythme de la fréquence respiratoire et cardiaque. Ceux-ci mettent ensuite en tension, successivement et consciemment, leurs différents groupes musculaires pour immédiatement les relâcher. Cette alternance de contractions et de décontractions entraîne un effet de relâchement sur le plan psychique et physiologique. Le couplage fréquemment répété du relâchement physiologique et de l'excitation psychique provoque une réduction des réactions indésirables des athlètes. Ceux-ci se détachent du monde ambiant.

La mise sous tension des différents groupes musculaires est lente mais intense. Elle respecte un ordre prédéfini (nuque, main, bras, jambe, abdominaux, dos, visage).

Avantages du RMP

Le RMP est beaucoup plus facilement appris que le training autogène et exige moins de compétences spécifiques. Les tensions musculaires, consciemment exécutées, absorbent les excédents d'énergie et entraînent, à la suite, une tranquillisation psychique. Le RMP se fonde sur des mécanismes physiologiques qui sont plus facilement maîtrisables que les formules autosuggestives.

INTÉRÊTS	LIMITES
• Améliore la factulté de récupération psychique et physiologique après les entraînements et compétitions. • Apprend à maîtriser ses niveaux d'activation nerveuse. • Peut être utilisé pour la préparation à une compétition.	• L'apprentissage du training autogène nécessite du temps et des compétences spécifiques. • Un training autogène mal conduit peut amener des effets inverses à ceux recherchés. • Nécessité d'un environnement calme.

Intérêts et limites des méthodes permettant d'augmenter la récupération (d'après Weineck, 1983)

Regard critique sur ces méthodes de préparation psychologique

Les méthodes de préparation psychologique prennent une place de plus en plus importante dans les discours sur la performance sportive. Certains athlètes et entraîneurs évoquent, avec bonheur, les effets bénéfiques et la résolution de leurs problèmes grâce au recours à ces techniques. Cependant, les résultats sont encore très disparates et les associations psychologue/sportif ne durent pas toujours très longtemps. Les méthodes de préparation psychologique ne sont pas des méthodes miracle pour résoudre instantanément tous les problèmes des sportifs. Leur utilisation est limitée à des cas particuliers et dépend des caractéristiques des athlètes et des exigences de la spécialité sportive. Cette adaptation exige une analyse préalable de la situation et une maîtrise parfaite des techniques employées. Il ne s'agit pas, pour l'entraîneur, de jouer les apprentis sorciers au risque de déstabiliser les athlètes. Il est nécessaire de se documenter très précisément sur les méthodes et de faire appel, quelquefois, à des spécialistes de la préparation psychologique. Cependant, s'il est incontestable que les facteurs d'ordre psychologique jouent un rôle dans le processus de production de la performance sportive, ils ne suffisent pas à tout expliquer. Il est parfois plus facile de ne pas rechercher les causes des échecs dans les défauts d'une programmation et/ou des erreurs de mises en œuvre et de se réfugier derrière des « discours psychologisants ».

Résumé

La préparation psychologique permet aux athlètes d'améliorer leurs apprentissages, de supprimer des facteurs psychologiques de perturbation et d'augmenter leur récupération. L'objectif de cette forme de préparation est d'améliorer le potentiel psychique des athlètes en leur apprenant à gérer au mieux leur concentration, leur motivation et leurs émotions. Il s'agit, pour les sportifs, d'être capables de réguler volontairement et rapidement leur niveau d'activation nerveuse pour éviter l'apparition du doute et de l'angoisse. L'apprentissage et la maîtrise des différentes techniques associées à la préparation psychologique et à la préparation mentale sont quelquefois complexes et nécessitent l'intervention d'un spécialiste. Leur utilisation doit être limitée à des cas particuliers et ne pas devenir une contrainte pour les athlètes.

Vérifiez vos connaissances

1. Quels sont les buts de la préparation psychologique ?
2. Qu'est-ce que la répétition mentale ? Quels sont ses effets sur l'apprentissage d'un mouvement ?
3. Quels processus psychophysiologiques expliquent les effets de la concentration, de la motivation et des émotions sur la performance sportive ?
4. Citez trois techniques auxquelles peut avoir recours l'athlète pour maîtriser sa concentration, sa motivation et ses émotions.
5. Qu'appelle-t-on une routine préperformance (ou précompétitive) ? Pour quels types d'habiletés sont-elles les plus bénéfiques ? Illustrez avec un exemple.
6. Qu'est-ce que le training autogène ? Quel est son but ?
7. L'entraîneur doit-il nécessairement faire appel à la préparation psychologique ?

Pour en savoir plus

- Thomas (Raymond), *Préparation psychologique du sportif*, Paris, Vigot, 1991. (Présentation de certaines des techniques de la préparation psychologique.)
- Levèque (Marc), « Sport et psychologie ». *L'apport du psychologue aux acteurs*, Paris, *Les cahiers de l'INSEP*, n° 4, 1993. (Présentation du « suivi psychologique » d'une équipe sportive.)
- Chevalier (Nicole), « Apprentissage, imagerie et répétition mentale » in *Apprentissages moteurs et conditions d'apprentissages,* Bertsch (J.) et Le Scanff (C.) (Dir.), Paris, PUF, 1995. (Présentation de la contribution de la répétition mentale à l'apprentissage moteur.)
- Abrezol (R.), *Sophrologie et sports*, Paris, Coll A.P.S, 1992. (Présentation très complète des buts et des techniques de la sophrologie.)
- Fernandez (L.), *La sophrologie expliquée aux sportifs... et aux autres*, Paris, Amphora, 1993. (Présentation d'applications possibles de la sophrologie sur le terrain, principes de mise en œuvre.)

section 3

pédagogie sportive

La fonction essentielle d'un éducateur sportif est d'organiser et d'encadrer la pratique sportive. Pour ceci, il doit posséder des compétences de pédagogue. Cette notion de pédagogie est définie de manière différente selon les auteurs. Pour certains la pédagogie renvoie exclusivement à la composante socio-affective de l'enseignement ou de l'entraînement, c'est-à-dire à la capacité à gérer un groupe, créer une ambiance de travail conviviale, gérer les conflits. Les compétences d'un pédagogue s'expriment sur le terrain, lors de l'intervention avec les pratiquants. Pour d'autres, la pédagogie recouvre un domaine plus large, elle ne concerne pas seulement les compétences d'animateur de l'éducateur mais aussi des compétences de concepteur. Être un bon pédagogue nécessite non seulement des savoir-être mais aussi des connaissances théoriques diverses pour concevoir et proposer des contenus pertinents.

Dans cette section nous nous attachons à quatre éléments clefs de la pédagogie sportive : les procédés d'intervention de l'éducateur sportif, la capacité à prendre en compte la dynamique socio-affective d'un groupe, l'adaptation des contenus et des formes d'intervention aux caractéristiques des publics et la mise en projet des objectifs.

Cette partie est organisée en quatre chapitres :

- le premier présente les principes généraux de l'intervention en sport ;
- le deuxième s'attache à la dimension collective de la pratique sportive ;
- le troisième décrit les caractéristiques de différents publics sportifs et les conséquences en termes d'intervention pour l'éducateur ;
- le quatrième s'attache à la notion de projet.

Chapitre 9

l'intervention en sport : éléments généraux

L'intervention en sport est une notion qui renvoie aux stratégies et procédés d'enseignement mis en place par l'éducateur, l'entraîneur, l'enseignant, l'animateur pour faire apprendre et pratiquer les sportifs. Ces procédés sont multiples : l'éducateur les adapte aux caractéristiques des publics. Dans ce chapitre nous présentons les principes généraux de l'intervention en sport. Après avoir énuméré les fonctions et compétences d'un éducateur, nous décrivons des procédures d'enseignement pour faciliter l'apprentissage des sportifs.

Le métier d'éducateur sportif

Le rôle d'un éducateur sportif

Le rôle principal d'un éducateur sportif est d'organiser la pratique et l'enseignement des activités physiques et sportives. Ce rôle intègre des fonctions d'éducateur, d'enseignant, d'entraîneur et d'animateur.

Éduquer

L'éducation a une visée très large. Elle a pour but de **transmettre des valeurs sociales** fondamentales. Elle se réfère à un idéal de société. Il s'agit de former les individus en fonction de cet idéal afin de les adapter à cette société. Lorsqu'un éducateur se propose de transmettre aux athlètes le goût de l'effort, le sens du fair-play, le respect de l'autre, il se situe sur un pôle éducatif.

Enseigner

L'enseignement concerne la **transmission de contenus spécifiques**. On enseigne la grammaire, la géométrie, l'anglais, des techniques particulières. Une des fonctions essentielles de l'éducateur est d'enseigner des techniques, des tactiques et des règlements sportifs.

Entraîner

L'entraînement a pour but d'**optimiser la performance** grâce à l'acquisition de techniques spécifiques, à l'amélioration des aptitudes, au développement du sens tactique… Entraîner consiste à faire progresser les athlètes afin d'augmenter leur efficacité en compétition.

Animer

L'animation concerne la gestion du groupe. Un bon animateur est capable de mettre les athlètes en activité et de maintenir leur attention, il gère des conflits et des tensions, il crée une ambiance de travail... Animer un groupe consiste plus à le faire fonctionner qu'à lui apprendre des savoirs et des techniques spécifiques. Cette animation est cependant fondamentale pour mettre en place les conditions nécessaires à l'enseignement et à l'entraînement.

Nous pouvons considérer ces fonctions comme les fonctions principales d'un éducateur sportif. Cependant les fonctions d'un éducateur débordent fréquemment le cadre de celles-ci : il organise les déplacements des joueurs et des manifestations sportives, il entretient des relations avec les parents et les différents partenaires du club, on lui demande parfois de gérer un budget. Dans ce chapitre nous nous centrons sur la fonction d'enseignant de l'éducateur sportif.

Les compétences d'enseignant d'un éducateur

Définir des objectifs

L'éducateur définit les buts (en termes de développement ou de performance) à atteindre. L'objectif est-il de gagner le championnat régional, de construire des bases techniques et tactiques, de développer les qualités physiques de base, d'aguerrir les jeunes pour la prochaine saison ? La détermination de ces objectifs est essentielle : ce sont ceux-ci qui guident le travail de l'éducateur en lui fournissant un axe directeur.

Concevoir et construire un programme

L'éducateur conçoit et construit un programme, c'est-à-dire qu'il détermine des contenus et des formes de travail, de façon à atteindre les objectifs définis. Il scinde les objectifs généraux de l'année en plusieurs sous-objectifs, qui vont organiser des séquences plus courtes de travail (de une à quatre semaines). Ces objectifs intermédiaires jalonnent les progrès à accomplir pour parvenir aux objectifs terminaux.

Construire des séances et des exercices

La construction d'une séance et d'un exercice nécessite, là encore, la définition d'un objectif (qui est décliné à partir d'un objectif intermédiaire). L'éducateur réfléchit aux effets attendus de ses actions. Il ne met pas en place des exercices seulement « parce que ça marche », mais les programme et les organise en fonction des acquisitions attendues.

Conduire des séances et des exercices

La conduite des séances et des exercices nécessite un accompagnement de l'éducateur. Celui-ci n'est pas un simple distributeur d'exercices mais il apporte des consignes adaptées, des corrections techniques, des indications tactiques, pour renseigner les athlètes et faciliter leurs progrès.

Réguler

L'éducateur régule en permanence la séance et les exercices en intervenant sur l'engagement des athlètes, sur la difficulté des exercices, sur les relations au sein du groupe, sur la sécurité.

Évaluer

L'évaluation constitue un des aspects essentiels de l'enseignement et de l'entraînement. Il s'agit de savoir si les objectifs (de séance et intermédiaires) ont été atteints afin de réajuster les exercices et le programme général.

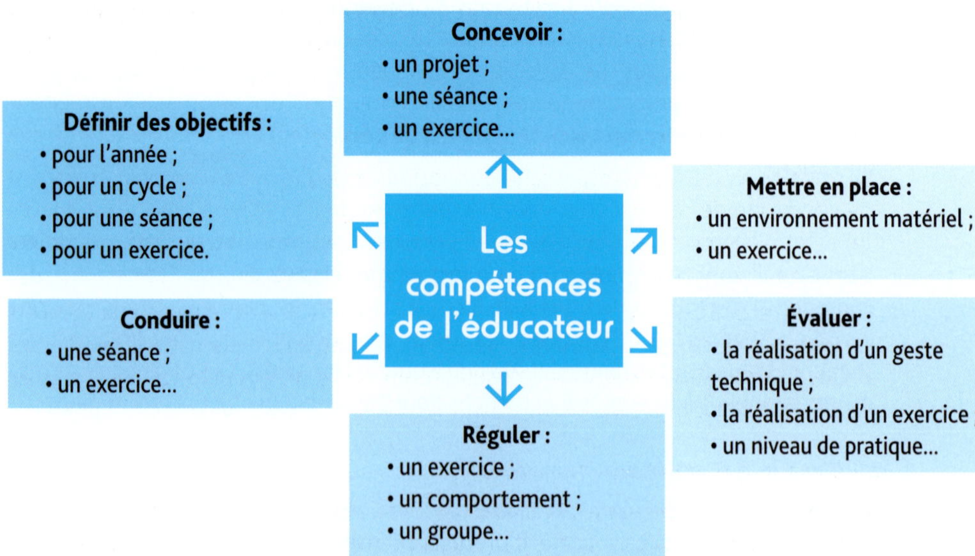

Les compétences de l'éducateur sportif

Ces compétences opérationnelles ne sont pas sollicitées de façon successive en fonction d'une logique temporelle mais l'éducateur les mobilise en permanence pour enseigner les habiletés sportives.

Les principaux moyens d'intervention de l'éducateur

L'éducateur dispose de différents moyens d'intervention pour faciliter l'apprentissage des habiletés sportives qui sont :

- les exercices ;
- les consignes ;
- les démonstrations ;
- le guidage ;
- la connaissance des résultats ;
- l'observation/l'évaluation.

Les exercices

L'éducateur conçoit et met en place des exercices afin de permettre l'apprentissage de techniques et de tactiques spécifiques. La construction de ces exercices respecte certaines règles.

L'adaptation des exercices aux objectifs à atteindre

La première condition à respecter, pour optimiser les procédés d'enseignement, est de construire des exercices qui permettent d'atteindre l'objectif fixé. Il est encore fréquent d'observer des éducateurs qui proposent des exercices de façon routinière sans s'attacher aux effets attendus de la pratique de ceux-ci.

Exemple : si au cours d'une reprise en équitation, l'éducateur demande aux cavaliers de trotter, il le fait pour atteindre des objectifs spécifiques (l'amélioration de l'assiette, la dissociation des aides, l'équilibre du corps) et apporte les consignes en fonction de ceux-ci.

L'adaptation des exercices aux athlètes

Les exercices doivent être réalisables par les athlètes et les solliciter de façon optimum. Un exercice trop dur ne peut être réalisé et entraîne une baisse de la motivation et/ou des « déviations techniques ». Un exercice trop facile n'apprend rien aux athlètes qui, très vite, se désintéressent de la situation. L'éducateur évalue les possibilités des athlètes pour les solliciter de façon optimum. Il est nécessaire de construire des exercices dont la difficulté se situe juste au-dessus des possibilités de l'athlète.

Exemple : il est inapproprié, pour améliorer les déplacements en tennis de table, de mettre en place un exercice de grand déplacement latéral en lift coup droit si le pongiste ne maîtrise pas le lift coup droit. Il est préférable de construire cet exercice à base d'un coup technique déjà acquis par le joueur.

L'éducateur propose cependant, dans certaines situations et en fonction d'intentions spécifiques, des exercices plus faciles aux sportifs (afin de réviser des acquis, de rassurer les athlètes avant une compétition, d'éviter une trop grande fatigue) ou plus difficiles (afin d'apprendre aux athlètes à se battre, pour leur montrer les difficultés réelles de la pratique, pour diversifier leurs sensations).

La complexification et la simplification des exercices

Les sources de simplification et de complexification d'un exercice proviennent des facteurs technique, énergétique, informationnel et émotionnel. L'éducateur joue sur ces différentes sources de simplification et de complexification pour adapter, de façon pertinente, le niveau et le type de difficulté aux possibilités des athlètes.

Exemple : en sports collectifs la difficulté de l'exercice peut provenir de la complexité des éléments et des liaisons techniques (difficulté technique), du nombre et de la vitesse des répétitions à effectuer (difficulté énergétique), de la nécessité de prendre en compte les actions d'autres joueurs (difficulté informationnelle) ou d'un surnombre défensif (difficulté émotionnelle).

L'adaptation des exercices aux caractéristiques de la situation

Dans certaines habiletés ouvertes, les caractéristiques de la situation dans laquelle l'exercice est réalisé sont extrêmement changeantes. L'éducateur s'adapte à ces spécificités.

Exemple : en voile un entraîneur a prévu des exercices pour apprendre aux athlètes à optimiser leur réglage de voile dans le « petit temps ». L'augmentation de la force du vent en cours de séance impose à l'entraîneur de réajuster ses objectifs et ses exercices.

De même, les exercices prévus ne sont pas toujours réalisables du fait de l'état de disponibilité physique ou émotionnelle des athlètes.

Exemple : un entraîneur de tennis a prévu des exercices pour améliorer techniquement les joueurs. Ceux-ci, du fait d'événements extérieurs (un contrôle de mathématiques par exemple) sont peu concentrés et inattentifs. L'entraîneur réadapte sa séance et organise des situations jouées.

Le caractère évolutif des exercices

Les exercices ne sont pas rigides mais au contraire évolutifs. Ils intègrent, progressivement et en fonction des progrès des athlètes, les caractéristiques de la compétition. Un exercice appris par les athlètes doit être complexifié pour à nouveau les solliciter de façon optimum.

Exemple : en basket-ball, après des exercices simples pour apprendre le tir en course, l'éducateur complexifie les exercices (en prenant en compte, bien sûr, les progrès et les possibilités des athlètes) en augmentant la vitesse de réalisation, en mettant en place une opposition adverse, en variant les angles de tir...

L'évaluation de la réalisation des exercices

L'éducateur évalue le degré de réalisation des exercices par les athlètes. Cette évaluation s'effectue en fonction de critères spécifiques à la discipline enseignée. L'essentiel est de savoir à quel niveau d'exigence on veut parvenir et à partir de quand l'éducateur estime l'exercice comme bien réalisé.

Exemple : l'entraîneur de gymnastique considère l'appui tendu renversé comme appris lorsque le gymnaste monte seul son équilibre sur les mains et le maintient correctement (jambes et pointes de pieds tendues) durant plusieurs secondes.

Cette évaluation est nécessaire non seulement pour renseigner les athlètes mais également pour permettre à l'éducateur d'organiser son enseignement. Cette évaluation est indispensable pour le réajustement et la complexification des exercices proposés.

Les exercices constituent un outil de travail pour l'éducateur. Un « bon exercice » confronte les athlètes à une situation à laquelle ils doivent s'adapter en construisant une réponse motrice souhaitée. Un « mauvais exercice » peut au contraire engendrer l'apparition et la fixation de défauts. Les exercices ne sont pas « bons » ou « mauvais » dans l'absolu mais leur pertinence dépend de leur adaptation aux caractéristiques des athlètes et du sport enseigné.

Cependant, les exercices seuls ne suffisent pas à assurer l'acquisition des habiletés sportives. Les éducateurs ne se contentent pas de mettre en place des exercices et de les laisser fonctionner mais interviennent par le jeu de consignes, de démonstrations, de guidages et de retours d'informations (les feed-back) sur la performance et sur le résultat des actions entreprises par les athlètes.

Raccourci
Un « bon exercice » est un exercice adapté aux possibilités des athlètes et qui les mobilise de façon optimum. Il est construit en fonction des objectifs à atteindre et évolue en fonction des progrès des athlètes.

Les consignes

Les consignes constituent un moyen important d'intervention de l'éducateur. Celles-ci prennent plusieurs formes. Elles portent sur l'organisation de l'exercice et informent sur le but à atteindre et sur les moyens à mettre en œuvre pour y parvenir. Les consignes pour être efficaces doivent respecter plusieurs principes.

La concision et la brièveté des consignes

L'éducateur présente le but de l'exercice très brièvement, des discours trop longs engendrent une baisse de l'attention des sportifs et une difficulté de compréhension.

Exemple de consigne trop longue : « Vous allez chercher les ballons, vous installez les plots sur les repères qu'on a défini, vous n'oubliez pas de commencer au niveau de la zone. Vous partez par deux pour aller tirer dans le but adverse. Vous dribblez entre les plots jaunes, quand vous arrivez au plot vert vous passez et au plot bleu vous tirez. Le gardien récupère les ballons et les range dans le caddie, les attaquants reviennent sur le côté gauche pour ne pas gêner les autres. Vous commencerez dans l'ordre que je vais vous indiquer et surtout vous le respectez pour que je n'aie pas à chercher mes fiches ».

Il est préférable d'insister sur les aspects essentiels de l'exercice et de scinder les consignes en deux temps (par exemple s'occuper dans un premier temps de l'organisation matérielle et une fois celle-ci mise en place insister sur le but et les moyens).

La clarté et la précision des consignes

Les consignes confuses et peu précises nuisent à la compréhension.

Exemple de consignes imprécises : « Tu sers sur le coup droit de l'adversaire ou plutôt sur son revers si tu vois qu'il a commencé un déplacement. Si tu vois qu'il reste immobile tu sers sur le ventre mais seulement s'il est près de la table sinon il est préférable de servir à l'opposé ».

La simplicité et la compréhension

Les consignes ne doivent pas faire appel à un vocabulaire que les athlètes ne maîtrisent pas. La sophistication n'est jamais efficace en matière de communication.

Exemple de consignes (tennis de table) faisant appel à un vocabulaire spécifique : « Tu sers deux rebonds rentrant milieu de table, l'adversaire renvoie en flip sur le ventre, tu topspines plein coup droit et l'adversaire boque actif sur le petit côté coup droit ».

Le nombre de consignes

Les consignes doivent être peu nombreuses. En effet, si l'on donne trop d'informations les athlètes risquent de n'en retenir aucune.

Raccourci

Les consignes aident à la réalisation de l'action des athlètes. Elles doivent être claires, concises, simples et porter sur les éléments essentiels.

Les démonstrations

L'éducateur utilise souvent la démonstration pour faciliter la compréhension des athlètes et leur donner une image du but à atteindre. Celle-ci a souvent été décriée car elle diminuerait l'activité cognitive des sportifs en les rendant spectateurs et passifs dans leur apprentissage. Cette conception de la démonstration est un peu simpliste dans la mesure où les athlètes, pour reproduire le mouvement démontré, déploient une forte activité cognitive afin d'identifier les caractéristiques de l'action observée.

Intérêts de la démonstration

Le recours à la démonstration s'avère utile dans certaines situations. En début d'apprentissage, elle facilite, chez les sportifs, la formation d'une image du but à atteindre et des moyens pour y parvenir et oriente ainsi les actions initiales.

La démonstration favorise également la compréhension de certains athlètes qui fonctionnent plus sur un registre visuel que verbal. En fonction des styles cognitifs et de l'âge, les individus présentent plus ou moins de facilité à intégrer des consignes verbales. Le recours à la démonstration permet de s'adapter à ces différences de fonctionnement.

Limites de la démonstration

Une démonstration, pour être efficace, doit être juste et insister sur les composantes essentielles du mouvement à apprendre. Une démonstration de piètre qualité entraîne une image fausse du but à atteindre et oriente l'action dans une mauvaise direction.

De même, l'utilisation de la démonstration prend en compte les ressources des athlètes. Par exemple, il est inutile de démontrer le saut de lune à un jeune gymnaste, en insistant sur l'importance du gainage au niveau du bassin, si celui-ci n'a pas encore acquis une tonicité et un maintien musculaire suffisant.

Le geste démontré n'est pas une image du geste idéal et parfait mais constitue simplement une aide dans la compréhension de la tâche à effectuer. L'utilisation de la démonstration est adaptée aux types de problèmes rencontrés par les athlètes. Elle facilite la construction d'une image d'action. Par exemple, si un pongiste parvient à réaliser un lift dans un exercice sans incertitude et qu'il n'y arrive plus en match lorsque la nature des balles varie, le problème rencontré par cet athlète n'est certainement pas d'ordre moteur mais plus perceptif. Il évalue mal la vitesse, le placement, l'effet des balles que lui envoie l'adversaire. Démontrer l'exécution du lift ne présente, en ce cas, aucun intérêt.

Raccourci
En fonction des caractéristiques de la situation rencontrée, l'éducateur peut avoir recours à la démonstration. Une bonne démonstration est souvent plus opérante que des consignes trop complexes et mal formulées.

Le guidage

Ce moyen d'intervention consiste à guider l'action des athlètes. Ce guidage se distingue des consignes dans la mesure où l'éducateur sportif ne se contente pas de fournir des indications sur le but à atteindre et sur les moyens à mettre en œuvre mais il oriente l'activité des sportifs vers une forme d'action très précise durant le déroulement même du mouvement. Certaines formes de guidage sont relativement souples (guidage verbal) mais d'autres peuvent être beaucoup plus contraignantes (guidage physique). L'éducateur espère, par ce guidage, augmenter l'efficacité de son enseignement.

Le guidage physique

L'éducateur guide physiquement l'action des athlètes.

Exemple : un entraîneur « prend » le bras du tennisman afin de lui faire sentir et acquérir le bon geste.

Cette forme de guidage est extrêmement contraignante dans la mesure où l'athlète n'est plus maître de l'exécution et du contrôle de son action.

Le guidage par aménagement du milieu

L'éducateur peut mettre en place des exercices qui orientent l'activité des athlètes de façon importante. Ce guidage est le fait d'un aménagement matériel particulier qui limite les possibilités d'action du sportif.

Exemple : un entraîneur de saut en hauteur trace au sol les trois derniers appuis. L'athlète doit placer ses appuis dans ces marques.

Cette forme de guidage oriente les mouvements des athlètes sans les contraindre totalement.

Le guidage verbal

L'éducateur guide verbalement l'athlète au cours de son action.

Exemple : pendant la réalisation et l'enchaînement des coups, l'entraîneur de tennis de table demande au joueur de fléchir sur les jambes, d'accélérer au moment du contact balle-raquette.

Ce guidage est plus « souple » que le guidage physique dans la mesure où l'athlète est entièrement maître de l'exécution de ses actions. Le guidage verbal oriente l'activité des athlètes sans la contraindre.

Intérêts et limites du guidage

Le guidage augmente l'efficacité de l'enseignement. Les sportifs reproduisent plus rapidement le geste à apprendre. Cependant, le guidage peut nuire à la rétention de ce geste : lorsque le guidage est supprimé, on constate une baisse de la performance. Le gain observé n'est donc que temporaire.

Aussi, il semble qu'un guidage excessif nuise à la mise en place de certains processus. Le guidage modifie les exigences de la tâche : les athlètes n'ont plus la possibilité de faire l'expérience de leurs erreurs, leurs prises de décisions sont réduites, leurs sources d'informations modifiées... Lorsque le guidage est supprimé, les athlètes ne peuvent faire face aux nouvelles caractéristiques de la situation.

Il convient donc d'utiliser le guidage dans des situations spécifiques et temporairement.

Conditions d'efficacité du guidage

En début d'apprentissage, le guidage facilite la compréhension du mouvement à réaliser. En voile, un entraîneur agit sur la main du barreur pour lui faire sentir la finesse et la progressivité des actions à effectuer pour éviter des réactions trop brusques du bateau. De même, le guidage physique du lift revers chez un pongiste facilite la perception de l'accélération du mouvement au moment du contact balle-raquette. Ce guidage ne doit cependant pas persister trop longtemps sinon il rend l'athlète passif. Après une procédure de guidage, le sportif doit se confronter immédiatement et seul à la réalisation de l'action.

Les procédures de guidage sont également beaucoup employées dans les situations dangereuses. En gymnastique, l'apprentissage d'une nouvelle acrobatie s'effectue avec des guidages extérieurs. L'entraîneur « pare » un gymnaste lors de la réalisation d'un salto arrière non seulement pour faciliter la réalisation du geste juste mais également pour prévenir les chutes. Cette aide physique diminue l'appréhension du sportif qui mobilise ainsi toute son attention pour la réalisation du geste.

Raccourci

Le guidage (physique, par aménagement du milieu ou verbal) facilite la compréhension et la perception du mouvement à réaliser pour les débutants. Le guidage ne doit cependant pas être employé trop longtemps sous peine de rendre les sportifs passifs et dépendants de ce guidage. Il est judicieux d'alterner des réalisations avec guidage et des réalisations sans guidage.

La connaissance des résultats (les feed-back d'informations)

La connaissance des résultats (également dénommée feed-back) constitue un élément important dans l'apprentissage. Sans cette connaissance des résultats, les sportifs ne peuvent apprendre un geste dans la mesure où l'acquisition d'une habileté motrice nécessite une comparaison entre un résultat désiré et un résultat obtenu. L'efficacité des processus d'apprentissage et des procédures d'enseignement dépend donc, dans une large mesure, de la qualité et de la pertinence de cette connaissance des résultats.

La forme de cette connaissance des résultats est extrêmement diverse. Deux types de connaissances du résultat sont distingués : la connaissance intrinsèque et la connaissance extrinsèque.

La connaissance intrinsèque du résultat

La connaissance est dite intrinsèque lorsqu'elle est le produit même de l'activité du sujet. Les sportifs disposent d'un certain nombre de procédures d'auto-évaluation pour apprécier l'efficacité de leur réalisation motrice. Cette connaissance provient des changements d'états produits par le mouvement et du mouvement lui-même. Lors d'un tir, l'archer connaît l'efficacité de son tir par la position de la flèche dans la cible. Cette indication lui permet de réajuster son tir suivant. Il faut viser plus haut, plus à droite. L'archer expérimenté dispose aussi d'autres informations d'origine proprioceptive. Avant d'avoir vu la position de la flèche dans la cible, il est déjà capable de savoir comment s'est déroulé son tir du fait de sensations provenant du mouvement effectué (perception de la tension de la corde, bruit, sensation au niveau des doigts).

Les athlètes utilisent en permanence ces rétroactions (externes ou internes) pour réajuster leur comportement.

La connaissance extrinsèque du résultat

La connaissance est dite extrinsèque lorsqu'elle provient d'une personne (l'éducateur) ou d'un outil (un capteur de pression par exemple) extérieur à l'action. Cette connaissance est transmise à l'athlète de multiples façons. La connaissance des résultats peut :

- être concomitante ou terminale selon qu'elle intervient en cours ou en fin d'exécution ;
- être verbale ou non verbale selon le code ou le mode de transmission utilisée ;
- porter sur le résultat brut du geste (« C'est bien ») ou sur les caractéristiques mêmes du mouvement (« Tu ne t'es pas aidé des bras lors de l'impulsion »).

L'impact de la connaissance extrinsèque du résultat sur l'apprentissage

Dans les premiers instants de l'apprentissage, les informations relatives à la connaissance extrinsèque du résultat doivent être fréquentes. L'éducateur renseigne les sportifs sur la qualité du geste effectué en apportant des informations sur l'amplitude du mouvement, sa vitesse, son timing, les articulations mobilisées, l'intensité des contractions musculaires... Les sportifs utilisent ces informations pour identifier les combinaisons correctes des actions à effectuer. La suppression de ces informations amène très rapidement une détérioration de la performance. La répétition d'un exercice couplée à des interventions de l'éducateur est plus efficace que la répétition seule de l'exercice. L'éducateur n'est pas seulement un organisateur d'exercices mais aussi un régulateur des conduites des sportifs.

La détérioration des gestes est beaucoup plus faible dans le cas de gestes déjà acquis dans la mesure où pour évaluer l'efficacité de ceux-ci, les sportifs ont recours à des sources d'informations intrinsèques.

Il existe un optimum dans la fréquence de cette connaissance extrinsèque des résultats. L'éducateur donne juste les informations nécessaires sous peine de dépasser les capacités de traitement de l'information des sportifs et de produire ainsi une altération de la performance.

L'impact de la connaissance extrinsèque du résultat sur la motivation

La connaissance extrinsèque du résultat (si elle est positive) possède un effet motivant. Le feed-back n'a pas pour seule fonction d'aider les athlètes à réajuster leurs actions mais il les stimule et les soutient dans leurs efforts. Les sportifs se démotivent si l'éducateur ne leur fournit aucun retour. Ce désintérêt dépend de l'âge des sportifs mais aussi des caractéristiques de l'exercice (caractère répétitif, ennuyeux, forte sollicitation des ressources énergétiques).

Raccourci
L'éducateur sportif doit être attentif aux types de feed-back qu'il apporte aux athlètes. Des remarques négatives trop fréquentes amènent une diminution de l'investissement. Il est essentiel d'insérer, de temps à autre, des jugements positifs dans les feed-back même si le geste effectué n'est pas celui attendu.

L'utilisation de la vidéo comme connaissance du résultat

Diverses expérimentations, visant à évaluer l'impact de l'utilisation de la vidéo sur l'apprentissage des habiletés motrices, mettent en évidence l'importance des variables liées :

- au sportif (âge, niveau d'expertise, caractéristiques psychologiques...) ;
- aux procédures utilisées pour communiquer l'information (délai entre la performance et son visionnement, précision des images, guidage verbal...) ;
- aux caractéristiques de la tâche (habileté ouverte ou fermée).

Les caractéristiques du sportif

L'utilisation de la vidéo est très efficace pour des sportifs de niveau débrouillé. Les débutants ne tirent pas réellement bénéfice de la vidéo dans la mesure où leur préoccupation essentielle porte sur la connaissance du but. Les experts peuvent, eux, du fait de l'existence de programmes moteurs performants, recourir à des modes d'informations différents.

Les jeunes, du fait de capacités de représentation moins élaborées, présentent plus de difficultés pour la compréhension et l'utilisation des images vidéo que leurs aînés.

Les caractéristiques psychologiques des sportifs interfèrent également avec la possibilité d'utiliser efficacement la vidéo. Certains acceptent difficilement de se trouver confrontés à leur propre image.

Les procédures utilisées pour communiquer l'information

Des indications verbales accompagnent le visionnement des images afin d'orienter l'attention des sportifs sur les éléments d'informations à retenir. Sans ce guidage, les sportifs fonctionnent plus sur le pôle spectacle que sur les pôles observation et analyse. Un premier visionnement sans guidage est quelquefois nécessaire pour répondre aux attentes des sportifs. Ceux-ci, avant d'observer leur performance ont, d'abord, simplement envie de se voir.

Le visionnement ne doit pas intervenir trop tardivement, après la production de la performance, sinon les athlètes présentent plus de difficultés pour établir le lien entre les images et les actions produites.

Les caractéristiques de la tâche

Les procédures de guidage et le type d'images filmées doivent être adaptés au type d'habileté à acquérir. Une habileté ouverte et une habileté fermée ne nécessitent pas le même retour d'informations. La vidéo peut être utilisée pour un retour d'informations sur un apprentissage moteur mais aussi pour un retour sur l'évaluation de la pertinence des stratégies mises en place au cours d'une compétition.

Ces quelques principes d'utilisation de la vidéo sont très généraux et ne prennent pas en compte les caractéristiques de la diversité des situations rencontrées. L'expérience de l'éducateur reste un facteur déterminant dans l'efficacité de l'utilisation de cet outil.

Le recours à des outils pour affiner la connaissance des résultats

Diverses tentatives d'utilisations des caractéristiques cinématiques et cinétiques du mouvement peuvent être recensées dans le domaine sportif afin d'affiner la connaissance des résultats. L'utilisation d'appareillages complexes permet de renseigner les sportifs sur les pressions exercées au cours des mouvements et sur l'intensité des contractions musculaires.

À titre d'illustration, dès 1956, Howell a utilisé des retours d'informations de nature cinétique dans l'enseignement du départ de sprint. Il a comparé une modalité conventionnelle d'entraînement à une procédure consistant à présenter, après chaque essai, une représentation graphique de l'impulsion à l'instant de la sortie des starting-blocks. L'enregistrement des forces appliquées au niveau du starting-block était réalisé à partir d'une jauge de contrainte placée sur la surface d'appui du pied du sportif. Le groupe expérimental bénéficiant de cette information supplémentaire sur la force et le temps, a réduit de façon plus importante son nombre d'erreurs.

Gauthier (1980) a également étudié la contribution à l'apprentissage et au contrôle du mouvement, dans le domaine de l'aviron, d'une modalité d'information cinétique. Des informations sous forme de signaux visuels et acoustiques, renseignant en permanence les athlètes sur les caractéristiques dynamiques du mouvement et de l'activité musculaire déployée, étaient transmises durant l'action. Les athlètes bénéficiant d'un tel feed-back d'information ont progressé plus vite que les athlètes n'y ayant pas accès.

Dans le cadre de la préparation de l'équipe nationale de ski des États-Unis de telles modalités de retour d'informations ont aussi été employées. Des capteurs de pression dans les chaussures des skieurs renseignent, par des signaux acoustiques, sur les variations de posture par rapport aux skis. Ces informations facilitent l'apprentissage des positions les plus adaptées à la « glisse ».

Ces nouvelles formes de transmission de l'information semblent très prometteuses pour le domaine sportif. Les problèmes de coût et de complexité concernant l'utilisation de telles techniques restent cependant importants.

Raccourci

- La connaissance du résultat est essentielle lors de l'apprentissage d'un mouvement.
- La connaissance du résultat augmente la motivation des athlètes.
- La suppression de la connaissance du résultat entraîne une dégradation de la performance.
- Il est important de communiquer des informations précises centrées sur les éléments importants de la tâche.
- L'alternance d'essais avec et sans connaissance du résultat est nécessaire pour ne pas rendre les athlètes dépendants de celle-ci et pour solliciter une démarche active d'apprentissage chez les sportifs.
- La traduction de certains aspects du mouvement en signaux visuels ou acoustiques, concomitants de la performance, permet d'accélérer le processus d'apprentissage.

L'observation et l'évaluation

Une des compétences essentielles de l'éducateur réside dans l'observation et l'évaluation. Un bon éducateur est quelqu'un qui a un « bon œil ». Il apprécie en permanence la qualité des prestations des sportifs pour adapter ses interventions. L'observation et l'évaluation sont liées : pour évaluer de manière juste, il faut savoir quoi et comment observer.

Les supports de l'observation

L'observation peut être instrumentée ou non. Elle est instrumentée lorsque l'éducateur utilise des supports pour observer. Ces supports sont souvent des fiches d'observation. Ces fiches d'observation prennent différentes formes et permettent de focaliser l'attention sur un élément particulier. Elles objectivent des éléments précis de la prestation qui :

- peuvent être retransmis à l'athlète ;
- permettent de confirmer/infirmer des perceptions de l'éducateur.

Par exemple, en tennis de table, l'éducateur conçoit des fiches pour comptabiliser le nombre de smashs perdants et gagnants, le nombre de lifts réalisés au cours d'un set, le nombre de points gagnés en jeu court. Ces fiches constituent un retour d'information pour le joueur, et permettent à l'entraîneur une évaluation quantifiée de l'efficacité de certains coups techniques.

Les critères de l'observation

L'observation peut porter sur :

- **des aspects quantitatifs** (le nombre de smashs gagnants lors d'un match de tennis de table, le nombre de montées à la volée lors d'un match de tennis, le nombre de tirs au but lors d'un match de football). Ces informations renseignent précisément l'éducateur et les athlètes sur le nombre et l'efficacité des actions réalisées ;
- **des aspects qualitatifs.** Dans ce cas, l'éducateur précise des critères qualitatifs de la prestation. Il s'agit d'identifier et d'observer les éléments du geste qui déterminent son efficacité. Par exemple, en saut en hauteur, il ne s'agit plus seulement de prendre en compte la hauteur franchie mais la forme du saut. La forme de la course d'élan est-elle appropriée ? La vitesse lors des derniers appuis est-elle optimale ? L'abaissement du centre de gravité lors du dernier appui est-il suffisant ? Quelle est la position du centre de gravité lors du franchissement de la barre ? Bref il s'agit de savoir si l'athlète exploite de manière optimale son potentiel et quels sont les aspects perfectibles du geste.

Les critères d'observation sont spécifiques aux disciplines sportives. Il s'agit, dans chaque sport et pour chaque habileté sportive, de déterminer les éléments à observer pour apprécier de manière pertinente la prestation. Ce travail d'analyse nécessite une bonne connaissance de l'activité sportive enseignée. En gymnastique sportive, les critères d'observation sont définis en relation avec les éléments évalués par le code de pointage. Il s'agit de porter son attention sur les « fautes » qui sont sanctionnées par les juges et d'informer les athlètes sur ces fautes. Dans un sport collectif, les critères concernent l'efficacité individuelle (réalisation des gestes techniques) et collective (enchaînement des actions des différents joueurs, occupation de l'espace, exploitation des opportunités offertes par l'équipe adverse, mise en place des systèmes de jeu et des schémas tactiques).

Les critères d'observation dépendent également des niveaux de pratique. Dans un même sport et pour une même habileté, l'éducateur ne porte pas son attention sur les mêmes éléments selon le niveau de pratique des sportifs. En effet les sources de difficulté et les points à améliorer diffèrent selon les niveaux de maîtrise. Par exemple, pour apprécier la qualité de réalisation d'un lift d'un pongiste débutant, l'éducateur observera en priorité le type de contact balle-raquette (un frotté de balle et non un frappé), l'orientation générale du mouvement (le geste se termine-t-il vers le haut ?), la fluidité générale du geste... Avec un joueur expérimenté, l'éducateur prendra comme critère d'observation la quantité de rotation de balle produite, la capacité à varier la quantité de rotation de la balle, le relâchement du poignet et l'accélération de la raquette au moment du contact balle-raquette...

La co-observation

La co-observation consiste en une observation des athlètes par d'autres athlètes. La co-observation est très riche. Elle développe les compétences d'analyse des athlètes. Les co-observateurs apprennent à identifier les éléments du geste ou du jeu conduisant à une bonne ou mauvaise performance. En observant les autres, ils comprennent mieux leur propre prestation.

L'éducateur met en place des formes de co-observation en relation avec des objectifs de travail précis. Lorsqu'il fait travailler un élément particulier d'un geste ou du jeu, il peut organiser des groupes de travail dans lesquels les sportifs alternent entre le statut d'observateur et de pratiquant. Lorsqu'ils sont observateurs, les sportifs remplissent une fiche d'observation relative aux éléments travaillés.

Exemple en badminton. L'éducateur veut améliorer la variété des trajectoires de volant. Il aménage le milieu en divisant chaque demi-terrain en neuf zones. Les joueurs sont par groupe de quatre. Deux joueurs effectuent un match. Chaque joueur est observé par un autre. L'observateur doit renseigner une fiche comportant un schéma du terrain, en notant les endroits où sont envoyés, par le joueur observé, le volant chez l'adversaire. Cette fiche permet de visualiser la variété des trajectoires de volant réalisées. Le joueur observé a ainsi accès à une représentation objective de ses trajectoires. L'observateur, lorsqu'il est en situation d'observé, est plus attentif à ses placements de volants.

Exemple en tennis de table. L'éducateur veut améliorer la qualité des déplacements. Il propose un exercice de déplacement latéral. Les joueurs sont par groupe de trois. Un distributeur (qui fait déplacer l'autre), un joueur (observé) qui se déplace, un observateur. L'observateur renseigne une fiche comportant des critères qualitatifs : les talons sont-ils décollés du sol ? Les jambes sont-elles fléchies ? Les jambes se croisent-elles ? Les jambes sont-elles décalées ? Cette fiche porte l'attention des joueurs sur les éléments déterminant l'efficacité du déplacement.

L'évaluation

L'observation permet de porter un jugement sur les prestations réalisées et ainsi de les évaluer. Cette évaluation prend deux formes essentielles.

↗ **L'évaluation normative.** Dans ce cas, il s'agit de comparer la prestation des athlètes par rapport à une norme. Cette norme peut être un classement au sein du groupe (terminer premier d'un tournoi, avoir sauté le plus haut du groupe), un standard collectif (avoir réussi un pourcentage de smashs gagnants supérieur à 60 %, avoir franchi 1 m 60 en hauteur), ou un standard individuel (avoir amélioré son pourcentage de smashs gagnants, avoir amélioré son record en saut en hauteur).

Le classement et les standards collectifs privilégient la comparaison sociale au sein du groupe et les buts compétitifs (cf. chapitre 5 ; p. 126-127).

L'évaluation critériée. Dans ce cas, l'évaluation n'est pas référée à une norme externe mais au pratiquant lui-même. Il s'agit d'informer le sportif sur la qualité de sa prestation en s'appuyant sur des critères précis : « Ton smash est bien mais tu as tendance à vouloir smasher trop tôt dans l'échange » ; « Ta course d'élan est bonne mais tu ne fléchis pas assez ta jambe d'impulsion, et tu n'utilises pas les bras pour élever ton centre de gravité »... Cette forme d'évaluation est formative : elle permet aux athlètes de savoir sur quels aspects du mouvement porter leur attention pour progresser.

Raccourci

L'observation et l'évaluation prennent différentes formes selon les sports et les niveaux de pratique. Elles permettent à l'éducateur de réguler ses interventions et d'apporter des consignes individuelles adaptées.

Les logiciels d'analyse vidéo

Des progrès technologiques nombreux en matière de vidéo

Les progrès technologiques en matière de vidéo ont été nombreux lors des dernières années : miniaturisation des caméras, simplicité d'usage, meilleure qualité d'image et de son, plus grande autonomie énergétique, format numérique, caméras à haute vitesse, gain de vitesse concernant l'enregistrement et le traitement des images vidéo sur ordinateur, meilleure compression informatique des images vidéo... Une évolution majeure réside en la possibilité d'articuler des technologies vidéo et informatiques. Ceci a favorisé le développement d'outils offrant de nouveaux horizons dans le domaine de l'entraînement et la compétition.

Dans de nombreux sports (le golf, la gymnastique, l'athlétisme, la natation), la performance dépend essentiellement de la qualité de la réalisation de mouvements techniques. Un des buts essentiels de l'entraînement est d'aider les athlètes à stabiliser et reproduire les mouvements les plus efficaces possibles. Dans certains de ces sports, les entraîneurs utilisent des logiciels d'analyse vidéo comme outils de compréhension (analyse technique des gestes réalisés afin d'identifier les éléments du mouvement déterminant son rendement) et d'intervention (porter l'attention des athlètes sur des éléments particuliers du mouvement pour faciliter sa modification). Classiquement deux types de mouvement sont analysés : (a) les mouvements au cours desquels les athlètes effectuent une faute typique qu'il s'agit de corriger, et (b) des mouvements un peu inattendus au cours desquels les athlètes font preuve d'une expertise importante. Dans le premier cas, le commentaire vise à « faire prendre conscience » à l'athlète des éléments défectueux du geste (en référence à une norme externe) afin d'y apporter une remédiation. Dans le deuxième cas, l'entraîneur et l'athlète s'engagent dans une « enquête » visant à identifier les « clefs » de la réussite du mouvement afin de pouvoir le reproduire.

Un exemple : le golf

Les entraîneurs de golf ont développé plusieurs formes d'utilisation d'un logiciel d'analyse vidéo afin d'optimiser l'efficacité de l'entraînement. Ce logiciel a différentes fonctions : « superposition » (possibilité de synchroniser et superposer deux séquences vidéo) ; « banques de données » (indexation et recherche de clips vidéo à l'aide de mots clefs) ; « dessin » (permet de dessiner des traits, de matérialiser des angles, d'incorporer des schémas sur les images vidéo). Ces fonctions sont très utiles pour l'entraîneur. Par exemple la fonction dessin facilite l'analyse technique en donnant des repères sur les éléments fondamentaux des gestes techniques : les entraîneurs représentent les différentes angulations de la posture de départ de swing (angle jambes-tronc, angle bras-tronc). Ces dessins facilitent l'identification des déformations de la posture lors de la réalisation du swing non visibles à l'œil nu ou lors d'un visionnement classique de films vidéo. Ce travail d'analyse est effectué de manière individuelle par les entraîneurs. Ils s'appuient sur ces observations pour améliorer leur compréhension de la dynamique du geste et augmenter ainsi la pertinence de leurs interactions avec les athlètes.

Lors des séances d'entraînement, les entraîneurs de golf utilisent fréquemment le logiciel vidéo pour aider les athlètes à identifier les progrès déjà réalisés et les éléments encore perfectibles. Par exemple, ils superposent des séquences vidéo correspondant au swing du même athlète mais à des moments de l'année différents. L'athlète visualise ainsi les transformations de son mouvement. Pour aider l'athlète à repérer les éléments perfectibles du mouvement, les entraîneurs superposent des séquences vidéo du swing réalisé par l'athlète et un modèle. Pour se rapprocher des contraintes réelles de réalisation, ce modèle n'est pas un modèle abstrait mais un swing plus performant réalisé par un joueur de même gabarit, de même type de swing... D'autres fonctionnalités du logiciel vidéo, notamment la possibilité de filmer a posteriori facilitent également l'action des entraîneurs. Après avoir choisi un plan de cadrage, l'entraîneur branche la caméra, qui tourne en permanence, sur l'ordinateur portable. Les images ne sont pas enregistrées sur cassette ou sur le disque dur mais seules les dix dernières secondes sont disponibles grâce à la mémoire vive de l'ordinateur. Autrement dit lorsque l'entraîneur observe un mouvement intéressant à commenter, il peut, à l'aide d'une télécommande, l'enregistrer après coup sur le disque dur de l'ordinateur et visionner le mouvement avec l'athlète. L'entraîneur est ainsi libéré d'une partie des tâches liées à l'enregistrement et peut se concentrer sur ses interventions auprès des athlètes.

Une répétition intelligente

Ces formes d'utilisation de la vidéo améliorent l'efficacité de la répétition. Elle favorise une « répétition intelligente » en sollicitant les compétences d'analyse des athlètes. Du point de vue des entraîneurs, cette aide est extrêmement performante. Les athlètes ne sont plus considérés comme de simples exécutants modifiant mécaniquement leurs mouvements en fonction des indications de l'entraîneur mais participent à la détermination des axes de remédiation. Le guidage de l'entraîneur est cependant plus ou moins directif. Dans certains cas, l'initiative et les propositions de changements sont du seul fait de l'entraîneur : les images visent à appuyer et justifier son discours. Dans d'autres cas, l'entraîneur sollicite le point de vue des athlètes : les images servent de support pour un dialogue et une coopération entre l'entraîneur et les athlètes afin de « trouver » les solutions les plus appropriées.

Raccourci

Les logiciels d'analyse vidéo constituent un support efficace pour améliorer les prestations des sportifs. Leur usage est cependant encore limité et concerne essentiellement le sport de haut niveau.

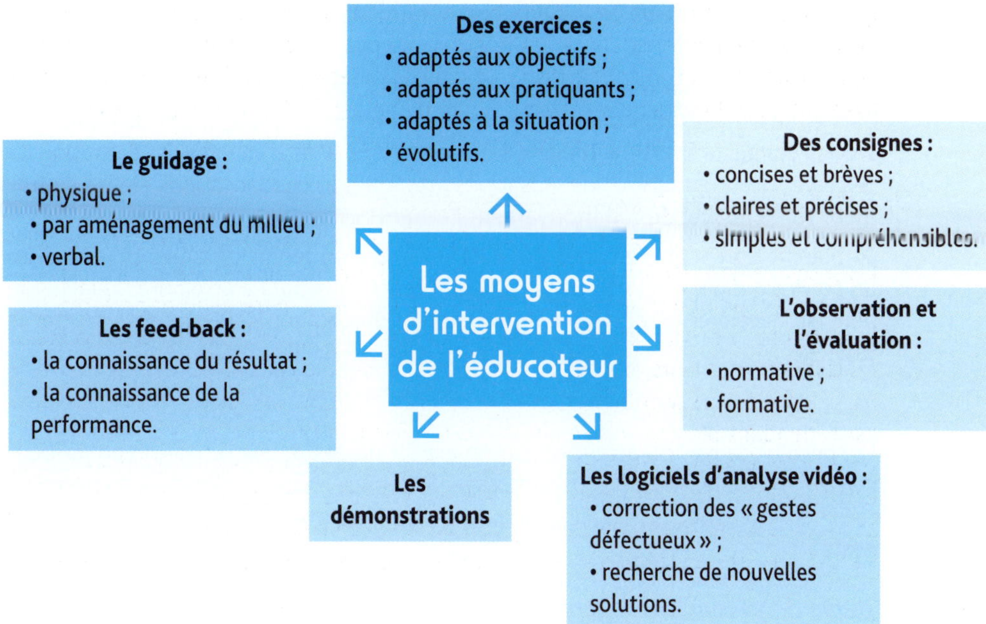

Les moyens d'intervention de l'éducateur sportif

Les stratégies d'apprentissage des sportifs

Si le rôle de l'éducateur est essentiel pour concevoir des programmes d'enseignement cohérents, des exercices adaptés, des formes d'intervention pertinentes, il est essentiel de s'attacher à l'activité déployée par les sportifs lors des exercices. Ils déploient différentes stratégies pour faciliter l'apprentissage de nouvelles habiletés sportives. Ces stratégies d'apprentissage peuvent se combiner entre elles. Il existe cinq stratégies essentielles d'apprentissage chez les sportifs.

Stratégie de répétition et de mémorisation

Le sportif répète le mouvement à apprendre en dehors des conditions réelles de l'exercice. Par exemple, en tennis de table, le joueur après avoir effectué un smash perdant, reproduit, sans la balle, le mouvement en s'appliquant pour être juste techniquement. Cette répétition l'aide à « fixer » le geste juste et à « corriger ses défauts ».

Stratégie de contrôle de l'action

Le sportif :

- utilise l'imagerie mentale pour associer des intentions et des sensations, des buts et des images mentales. Par exemple, en tennis de table, avant de réaliser un service coupé, le sportif « imagine » les sensations liées à une bonne réalisation de ce geste. La comparaison des sensations attendues et des sensations réelles l'informent sur la qualité de son mouvement ;
- planifie son action en sous-buts. Par exemple en tennis de table, pour réaliser un service coupé, le sportif pense aux différents sous-buts à atteindre : relâcher le poignet, accélérer le mouvement au moment du contact balle-raquette, frotter la balle…

Stratégie d'organisation

Le sportif focalise son attention sur un aspect du geste, une sensation en particulier. Par exemple, lors de l'apprentissage du service coupé, le pongiste s'efforce de relâcher le poignet car il sait qu'il a tendance à se crisper lors de la réalisation du geste.

Stratégie de gestion du contrôle externe

Le sportif :

- demande de l'aide à l'éducateur ou à d'autres athlètes. Par exemple un pongiste demande à un autre comment il s'y prend pour faire un service coupé ;
- adapte la difficulté de l'exercice en se donnant des buts supplémentaires ou en adaptant ces buts. Par exemple, le pongiste sert coupé en essayant d'alterner des trajectoires courtes et des trajectoires longues.

Stratégie de gestion du contrôle interne

Le sportif utilise un langage interne pour maintenir un niveau de concentration élevé (« Vas-y » ; « Allez encore ») et s'auto-encourager (« Tu vas y arriver » ; « C'est possible »).

Raccourci

Les sportifs déploient différentes stratégies d'apprentissage pour apprendre plus facilement. La connaissance, par l'éducateur, de ces stratégies, lui permet d'adapter ses interventions et d'aider plus efficacement les sportifs.

Résumé

L'éducateur sportif a pour rôle essentiel d'organiser la pratique afin de faciliter l'apprentissage des habiletés sportives par les athlètes. Pour ce faire, il dispose de moyens d'intervention variés qui sont : la mise en place d'exercices, la formulation de consignes adaptées, le recours à des démonstrations, le guidage et les feed-back d'informations. Il adapte ses formes d'intervention aux stratégies d'apprentissage déployées par les sportifs.

Vérifiez vos connaissances

1. Quels sont les principaux moyens d'intervention de l'éducateur ?
2. Comment caractériser un « bon exercice » ? Illustrez avec un exemple d'exercice dans votre spécialité sportive.
3. Quelles sont les principales formes de guidage ? Quels en sont les intérêts et les limites ?
4. Quelle est l'importance de la connaissance du résultat ? Illustrez avec un exemple.
5. Après avoir choisi un geste sportif, vous détaillerez les critères d'observation permettant d'évaluer le niveau de réalisation et l'efficacité de ce geste.
6. Quelles sont les différentes stratégies d'apprentissage des sportifs ? Illustrez avec des exemples.

Pour en savoir plus

- Spaeth Arnold (Ree K.), *Le développement des habiletés sportives*, Paris, Dossier EPS n° 3, 1985, p. 43-52. (Sur les contributions de l'enseignant au développement de l'habileté motrice.)
- Simonet (Pierre), *Apprentissages moteurs*, Paris, Vigot, 1985, p. 151-207. (Présentation très complète de la connaissance du résultat.)

Chapitre 10

les dimensions collectives de la pratique sportive

La pratique sportive comporte une dimension collective importante. Bien souvent les sportifs s'entraînent en groupe et avec un entraîneur. La nature des relations entre les entraîneurs et les athlètes, et entre les athlètes, influe sur différents aspects de leur activité : intensité de leur engagement dans l'entraînement, efforts consentis, confiance en soi, performance collective... Aussi il importe de caractériser les différentes formes d'interactions entraîneurs-athlètes et athlètes-athlètes et d'envisager leur impact dans le processus d'entraînement et la performance.

Les relations entre athlètes

Bien souvent les athlètes s'entraînent au sein d'un groupe. Les relations qui s'établissent au sein de ce groupe influent sur le processus d'entraînement et la performance collective. Trois éléments apparaissent comme essentiels dans le fonctionnement d'un groupe : la cohésion, le leardership et le « référentiel commun » (ou culture partagée). L'impact de ces éléments varie selon le type de groupe sportif.

Les différents types d'équipes sportives

Les sports individuels

Dans ces sports, la performance de l'athlète dépend de son seul résultat (tournoi de simple en tennis ou escrime par exemple). La dimension collective de la performance est dans ce cas minime. L'athlète peut être assisté par un coach (dont les possibilités d'interaction avec l'athlète au cours de la réalisation de sa performance dépend du règlement de la discipline sportive) et soutenu par un public, mais son résultat dépend de sa seule prestation.

Les sports coactifs

Les sports coactifs sont des sports dans lesquels sont additionnés les résultats individuels des athlètes de la même équipe (coupe Davis en tennis, interclubs en athlétisme, match par équipe en gymnastique sportive...). Les athlètes réalisent des performances de manière individuelle et ces performances sont totalisées pour obtenir un score d'équipe. Dans ce cas, même si la prestation d'un athlète ne dépend pas directement des autres membres de son équipe, la performance finale est celle d'une équipe.

Les sports interactifs

Les sports interactifs sont des sports dans lesquels les membres d'une même équipe concourant dans le même temps et le même espace, doivent atteindre un but commun en réalisant une performance collective (les sports collectifs, les sports de raquette en double…). Chaque action individuelle s'inscrit et participe à une séquence d'actions collectives. La dimension collective est extrêmement importante dans la mesure où les actions des joueurs sont interdépendantes. Ce degré d'interdépendance dépend du nombre de joueurs, de la grandeur de l'espace de jeu, et des possibilités d'interactions avec le ballon. Il est communément admis que plus le nombre de joueurs est faible, plus l'espace de jeu est petit et plus les possibilités d'intervention sur la balle réduites (difficulté à faire progresser seul le ballon vers l'avant) et plus est important le degré d'interdépendance entre les joueurs. Par exemple, le basket-ball entraînerait plus d'interdépendance entre les joueurs que le rugby.

Le groupe de pratique

Au-delà des formes d'équipes identifiées ci-dessus et qui correspondent à des « équipes compétitives » (une dyade entraîneur-athlète en sports individuels, un regroupement d'athlètes en sports coactifs, un collectif en sports interactifs), d'autres groupes existent dans les activités physiques : le groupe au sein duquel on pratique. Ces groupes peuvent être divers : ils peuvent être plus ou moins stables, comporter un nombre plus ou moins élevé de membres, rassembler des individus poursuivant des intérêts personnels ou collectifs.

La cohésion entre les membres d'un groupe sportif

Définition

La cohésion est un processus dynamique qui se caractérise par la tendance d'un groupe à se « serrer les coudes », à demeurer uni dans la poursuite de ses objectifs et/ou de la satisfaction des besoins affectifs de ses membres. Il existe deux formes de cohésion : la **cohésion opératoire** et la **cohésion sociale**.

La cohésion opératoire et la cohésion sociale

La cohésion opératoire renvoie à l'attraction d'un athlète pour le groupe du fait des objectifs qu'il permet d'atteindre. L'athlète choisit d'intégrer un groupe car celui-ci lui permet de poursuivre des objectifs, en termes de performance, ambitieux. Par exemple, un jeune sportif choisit de changer de club pour intégrer une équipe qui lui permet de concourir à un niveau supérieur.

La cohésion opératoire renvoie à l'attraction pour le groupe du fait des relations sociales qui existent dans le groupe. L'athlète choisit d'intégrer un groupe dans lequel il développe des relations amicales. Par exemple, un jeune choisit de ne pas changer de club (alors que ses performances lui permettraient d'intégrer une équipe engagée dans une division plus élevée) pour rester avec ses amis et parce qu'il se sent lié, sur le plan affectif, aux membres de ce club.

Certains membres de l'équipe jouent un rôle essentiel dans la cohésion opératoire (« les leaders opératoires ») et dans la cohésion sociale (« les leaders sociaux »).

L'évaluation de la cohésion au sein d'un groupe

Les deux composantes (opératoire et sociale) de la cohésion sont évaluées à l'aide de questionnaires. Un des questionnaires les plus utilisés en sport est le Questionnaire d'Ambiance du Groupe conçu par Jean-Philippe Heuzé et Paul Fontayne.

Exemples de questions pour évaluer la cohésion opératoire (à évaluer de 1 (pas du tout d'accord) à 7 (tout à fait d'accord)) :

- « Les membres de mon équipe unissent leurs efforts pour atteindre les objectifs de performance. »
- « Les membres de mon équipe se sentent tous responsables des défaites ou des mauvaises performances de l'équipe. »
- « Je n'aime pas le style de jeu de mon équipe. »

Exemple de questions pour évaluer la cohésion opératoire :

- « Les membres de mon équipe préfèrent sortir chacun de leur côté plutôt qu'ensemble. »
- « Les membres de mon équipe ne restent pas ensemble en dehors des entraînements et des compétitions. »
- « Quelques-uns de mes meilleurs amis sont dans mon équipe. »

Ces deux composantes de la cohésion sont indépendantes. Un groupe peut présenter :

- à la fois un haut niveau de cohésion sociale et opératoire. Les membres de l'équipe cherchent à atteindre leurs objectifs tout en maintenant une certaine convivialité ;
- ne tenir que sur une cohésion opératoire. Les membres de l'équipe, bien que n'entretenant pas de relations amicales, reconnaissent des compétences techni-

ques ou tactiques aux autres athlètes et estiment que leur équipe est performante. Les objectifs de performance sont privilégiés par rapport à l'ambiance du groupe ;

- se fonder sur une cohésion opératoire. Dans ce cas les relations au sein du groupe sont privilégiées par rapport à la performance de l'équipe. Il ne s'agit pas de réaliser coûte que coûte les meilleures performances possibles mais ce qui prime est le plaisir d'être ensemble.

Impacts de la cohésion sur le fonctionnement et la performance du groupe

La cohésion est un facteur essentiel dans la vie d'un groupe. Sans cohésion, un groupe est instable et sa durée de vie réduite. Cette cohésion constitue le ciment d'un groupe : elle facilite la communication, la coopération et l'intégration au sein du groupe. Il a souvent été démontré que plus la cohésion est importante dans un groupe et plus les membres sont satisfaits et attachés à ce groupe

Les effets sont cependant différents selon le type de cohésion envisagé. La cohésion sociale améliore l'estime et la confiance en soi, limite les émotions négatives et stabilise le groupe. En cas de difficulté ou d'échec le groupe reste uni et se serre les coudes. De même, dans le cas où un membre du groupe a des problèmes, les autres le soutiennent. Si la cohésion opératoire, elle, facilite la participation des membres aux tâches collectives, elle ne permet pas au groupe de rester uni face à des échecs. En cas de contre-performances répétées, si le groupe ne se fonde que sur une cohésion opératoire, il peut se désintégrer car celui-ci ne permet plus à ses membres d'atteindre leurs objectifs personnels. Dans les sports collectifs ces phénomènes sont relativement courants : une équipe qui commence à se désunir face à des échecs successifs est souvent une équipe dont la cohésion sociale est faible au regard de sa cohésion opératoire.

Les effets de la cohésion opératoire et sociale diffèrent également selon le type d'équipe sportive. Dans les sports collectifs, une augmentation de la cohésion opératoire s'accompagne fréquemment d'une amélioration des performances collectives alors que cet effet est moins net pour les sports coactifs (dans ces sports lorsque la cohésion opératoire est très importante les athlètes peuvent se sentir plus concurrents que partenaires). Dans les sports collectifs, une cohésion sociale plus importante que la cohésion opératoire peut être néfaste. En effet dans ce cas, le plaisir prime sur la performance et certains choix sont faits en relation avec des facteurs affectifs et non de performance. Par exemple, même si un membre de l'équipe n'est pas performant, ses autres coéquipiers (ou l'entraîneur) n'insistent pas pour qu'il laisse sa place sur le terrain. Dans les sports coactifs la cohésion sociale a plus d'effet positif sur la performance. Les membres de l'équipe ne se sentent pas jugés mais soutenus par les autres. Dans les groupes sportifs ne recherchant pas une performance collective, la cohésion sociale est le ciment essentiel du groupe.

Les effets de la cohésion opératoire et sociale sont cependant extrêmement divers et il est impossible d'anticiper avec exactitude leur impact sur la vie et la performance d'un groupe. Certaines équipes de sports collectifs arrivent à maintenir un haut niveau de performance tout en privilégiant des relations amicales au sein du groupe. L'entraîneur fait appel à sa capacité à apprécier les relations au sein du groupe pour établir un compromis entre cohésion opératoire et sociale (recentrer le groupe sur ses objectifs lorsqu'il perçoit que le plaisir prime sur l'efficacité ou ressouder le groupe quand les objectifs de performance sont trop pesants et génèrent de l'anxiété chez certains sportifs).

Raccourci
La cohésion désigne l'attraction d'une personne pour un groupe. Dans les équipes sportives cette cohésion est essentielle pour permettre aux athlètes de supporter les efforts et les échecs.

La cohésion au sein d'un groupe

La cohésion opératoire	La cohésion sociale
Soutient :	**Améliore :**
• les efforts ;	• l'estime de soi ;
• l'investissement sur la tâche ;	• la confiance en soi ;
• des objectifs ambitieux ;	• la satisfaction ;
• la participation aux tâches collectives.	• les relations amicales.

Les effets de la cohésion sociale et opératoire au sein d'un groupe

Leardership

Le concept de leadership

Le concept de leadership désigne une capacité à mener des personnes ou des organisations vers l'atteinte d'objectifs. Le leadership peut être appréhendé comme :

- une propriété rendant compte des traits et caractéristiques attribués aux membres qui exercent avec succès une influence et une capacité de mobilisation du groupe. Dans ce cas il s'agit d'identifier les caractéristiques des personnes assurant une fonction de leadership ;
- un processus qui consiste à utiliser une influence non coercitive pour diriger et coordonner les activités des membres d'un groupe. Dans ce cas il s'agit d'identifier les mécanismes grâce auxquels ce processus d'influence positive s'exerce.

Les leaders

Les membres du groupe qui assurent une fonction de leadership, occupent une place privilégiée dans le groupe et sont appelés des leaders. Ces leaders influent sur l'organisation du groupe, l'activité et la motivation des membres du groupe. Il est fréquent de distinguer deux types de leaders :

- les **« leaders opératoires »**. Ces leaders possèdent des compétences sur le plan sportif importantes et en font profiter le groupe pour l'atteinte de ses objectifs sportifs ;
- les **« leaders sociaux »**. Ces athlètes possèdent des qualités humaines leur permettant de gérer les conflits au sein du groupe et de préserver une bonne ambiance de travail.

L'idéal, pour un leader, est de combiner ces deux dimensions du leadership.

Dans le cas de l'entraînement sportif, l'entraîneur occupe fréquemment une fonction de leader du fait de son statut. D'autres membres du groupe peuvent également avoir une fonction de leader.

Les théories du leadership

Deux théories principales tendent à expliquer pourquoi certains membres du groupes assurent une fonction de leader.

La première théorie met l'accent sur les traits de personnalité. Les leaders seraient des individus possédant des traits de personnalité leur permettant d'exercer une influence positive sur un groupe dans n'importe quelle situation. Des qualités d'empathie (comprendre les autres), de respect, de communication seraient des caractéristiques universelles des leaders. La fonction de leader serait ainsi plus dépendante des caractéristiques même de l'individu que de la situation. Cependant la pratique montre qu'un individu peut être leader dans un groupe et pas dans un autre. Par exemple, un groupe de sportifs adultes et expérimentés privilégient des leaders qui gèrent les aspects relationnels, alors que des groupes de sportifs débutants optent pour des leaders qui ont un rôle organisationnel.

Une deuxième théorie met l'accent sur les comportements situationnels pour expliquer la fonction de leader. La théorie des comportements situationnels ne conçoit pas la fonction de leader comme une propriété inhérente à un individu mais comme résultant d'une interaction entre les membres du groupe. Le leader est celui dont les comportements affichés sont congruents avec les comportements requis par la situation et les comportements préférés des membres du groupe. Aussi un individu peut être leader dans un groupe et pas dans un autre. Par exemple un jeune sportif peut être leader dans son équipe de handball sans être leader dans un autre groupe auquel il appartient.

Raccourci

Au sein d'un groupe, certains individus occupent une fonction particulière et influent de manière positive sur le fonctionnement du groupe. Ces individus sont appelés des leaders. Ces leaders peuvent être l'entraîneur ou d'autres membres du groupe.

Une équipe experte et non une équipe d'experts

La dimension collective est fondamentale dans les sports collectifs dans lesquels les relations d'interdépendance entre les athlètes sont importantes. Ces relations d'interdépendance font qu'une équipe experte ne peut être confondue avec une équipe d'experts. En effet le regroupement au sein d'une équipe de sports collectifs de joueurs performants sur le plan individuel ne s'accompagne pas forcément d'une expertise collective. Les études s'attachant à expliquer l'expertise collective mettent en avant la notion de partage. Pour être efficace collectivement les athlètes doivent avoir en commun certaines connaissances, autrement dit partager un « référentiel commun ».

La notion de référentiel commun

Le référentiel commun désigne les connaissances communes des athlètes : elles constituent, en quelque sorte, la culture de jeu commune des athlètes. Ces connaissances sont relatives aux tâches à réaliser (plans de jeu, routines collectives…) et au fonctionnement de l'équipe (rôle des différents membres de l'équipe, relations entre ces membres, forces et faiblesses de l'équipe, habitudes de jeu de ses partenaires…). La quantité de connaissances partagées est liée à l'histoire de l'équipe : plus les membres d'une équipe ont d'expériences partagées et plus ils ont de connaissances en commun. Certaines connaissances sont communes à l'ensemble des membres de l'équipe (connaissances générales partagées) et d'autres spécifiques à certains membres de l'équipe interagissant entre eux de manière privilégiée (connaissances spécifiques partagées). Ces connaissances peuvent être des connaissances stabilisées dans la mémoire à long terme (connaissance des systèmes de jeu de l'équipe par exemple) ou des connaissances construites au cours même de la compétition (identification des caractéristiques des adversaires).

La fonction du référentiel commun

Selon les caractéristiques des sports collectifs, la part de connaissances générales partagées et de connaissances spécifiques générales diffère. Pour des équipes de sports collectifs dans lesquelles les tâches sont différenciées et spécialisées pour les athlètes (équipes hétérogènes), la part de connaissances spécifiques partagées augmente (en rugby, les « avants » ont des connaissances spécifiques par rapport aux « arrières »). Dans les sports collectifs dans lesquels les tâches sont peu différenciées (équipes homogènes), les connaissances générales partagées sont prépondérantes. Par exemple en volley-ball, pour pouvoir fonctionner efficacement, les mêmes règles de fonctionnement collectif doivent être respectées par tous les joueurs pour ne pas se gêner sur le terrain.

Ces connaissances (générales ou spécifiques) partagées sont essentielles pour la coordination des membres de l'équipe. Elles permettent :

- sur la base des mêmes éléments de l'environnement, d'avoir une compréhension partagée, c'est-à-dire d'interpréter de la même manière les événements rencontrés. Cette compréhension partagée permet une cohérence dans les actions des membres de l'équipe (les membres de l'équipe agissent avec la même intention) ;
- de reconnaître collectivement une situation favorable à exploiter. Les membres de l'équipe reconnaissent simultanément une situation favorable pour réaliser une routine de jeu donnée ;
- d'améliorer l'anticipation des actions de ses partenaires (connaissance des habitudes de son partenaire, routines de jeu collectives) et donc d'augmenter la fluidité et la vitesse des enchaînements d'actions individuelles ;
- d'interpréter et de comprendre les communications non verbales des partenaires (signes tactiques).

Cette capacité à reconnaître les intentions de ses partenaires et à anticiper leurs actions, est une des caractéristiques des équipes expertes. Cette fluidité dans l'enchaînement des actions individuelles est une des clefs de l'efficacité collective : elle fait que la performance collective ne peut être réduite à une sommation de performances individuelles. D'excellents joueurs sur le plan individuel mais n'ayant pas une « culture de jeu » commune n'arrivent pas à coordonner leurs actions et leur performance collective s'en ressent.

Raccourci
Pour pouvoir fonctionner collectivement d'une manière performante, les membres d'une équipe doivent partager certaines connaissances et valeurs.

La vie d'un groupe

↙ ↓ ↘

La cohésion	Les leaders	Une culture partagée
• Opératoire	• Opératoires	• Connaissances communes
• Sociale	• Sociaux	• Valeurs partagées

Les éléments du fonctionnement d'un groupe

La flânerie sociale

Définition

Si les individus participant à un groupe tendent à augmenter les efforts consentis et leur efficacité individuelle, un phénomène inverse, nommé la flânerie sociale, a également été mis en évidence. La flânerie sociale se définie comme une diminution de la performance d'un individu réalisée en contexte groupal par rapport à sa performance réalisée en contexte individuel. Par exemple, dans une tâche de traction de corde il a été constaté que les individus déployaient une plus grande force lorsqu'ils travaillaient seuls que lorsqu'ils travaillaient avec un ou plusieurs partenaires.

Comment expliquer ce phénomène de flânerie sociale ?

Différents facteurs influent sur ce phénomène :

↗ le sentiment de responsabilité de l'individu. Ce sentiment influe directement sur les efforts consentis pour un groupe. Moins un individu se sent responsable de la performance du groupe et plus il développe des comportements de flânerie sociale ;

- la cohésion du groupe. Plus le niveau de cohésion est faible et plus les comportements de flânerie sociale au sein du groupe augmentent ;
- l'attractivité de la tâche. Plus elle est faible pour l'individu, et plus il développe des comportements de flânerie sociale ;
- l'orientation motivationnel de l'individu. Les individus fortement orientés vers l'ego (vers la comparaison sociale) ont tendance à diminuer les efforts pour un groupe s'ils estiment que ceux-ci ne seront pas identifiables.

Les relations entraîneur-athlète

Dans un premier temps la nature des relations entre les éducateurs et les sportifs a été envisagée du point de vue des caractéristiques de l'attitude pédagogique des éducateurs. Récemment des travaux se sont développés, dans le domaine de l'entraînement sportif, pour préciser les modes d'interaction entre les entraîneurs et les athlètes. Après avoir présenté les attitudes pédagogiques d'un éducateur, nous détaillons les formes d'interaction entraîneur-athlète. Ces formes d'interaction ont été identifiées dans le contexte de l'entraînement sportif de haut niveau mais ont également une pertinence dans d'autres contextes de pratique physique (loisir, loisir-compétitif).

Les attitudes pédagogiques

L'attitude pédagogique désigne le style de l'éducateur et ses modalités d'interaction avec les athlètes. Il existe trois attitudes pédagogiques caractéristiques :

- l'attitude autocratique ;
- l'attitude démocratique ;
- l'attitude laxiste.

L'attitude autocratique

L'éducateur prend seul les décisions : il définit les objectifs et les exercices sans demander l'avis des athlètes. Il dirige seul les séances et ne partage pas le pouvoir avec les sportifs. Ceux-ci attendent les directives pour agir. Ce style d'intervention rend les athlètes passifs, tend à diminuer leur motivation et provoque souvent des conflits entre l'entraîneur et les athlètes.

Cette attitude peut être adaptée dans certaines situations (nécessité de reprendre en main le groupe, jeunes sportifs peu autonomes) mais présente des limites dans la mesure où elle ne favorise pas l'autonomie des athlètes.

L'attitude démocratique

L'éducateur partage le pouvoir avec les athlètes : il les consulte pour la détermination des objectifs, prend en compte leur avis. Certaines séquences de la séance (l'échauffement, les étirements) peuvent être dirigées par un athlète. Ce style d'intervention augmente l'autonomie et le sens des responsabilités des athlètes. Elle accroît leur niveau de motivation.

Cette attitude est la plus adaptée mais demande un sens pédagogique important de la part de l'éducateur. Celui-ci est conciliant tout en étant ferme.

L'attitude laxiste

L'éducateur ne s'investit pas dans la séance. Il est un spectateur passif et laisse les athlètes se débrouiller seuls sans donner de directives précises. Ce style d'intervention conduit rapidement à des séances désorganisées : les athlètes se démotivent très rapidement et ne s'intéressent plus à la pratique sportive.

Chaque éducateur possède un style d'intervention qui lui est propre. Il doit cependant adapter son attitude pédagogique aux caractéristiques de la situation. Il affirme sa présence lorsque les événements l'imposent (baisse de l'engagement des athlètes, conflits au sein du groupe) ou laisse une marge de liberté plus importante pour développer l'autonomie des athlètes.

Les éléments pouvant expliquer qu'un éducateur n'a pas d'autorité sur les athlètes :

- il est peu motivé et le montre ;
- il ne justifie jamais ses choix et ses interventions ;
- il ne sait pas répondre aux questions que lui posent les athlètes ;
- il n'est pas compétent dans la discipline sportive enseignée ;
- il est injuste envers les athlètes ;
- il est ironique à l'égard des athlètes ;
- il arrive souvent en retard ;
- il est lunatique.

Les éléments pouvant expliquer qu'un éducateur a de l'autorité sur les athlètes :

- il est motivé par la pratique et l'enseignement ;
- il est compétent dans la discipline sportive enseignée ;
- il justifie ses choix et explique l'intérêt des exercices travaillés ;
- il s'intéresse aux athlètes et participe à leur pratique ;
- il est sévère mais juste dans ses décisions ;
- il est constant dans ses attitudes.

Le versant instructif et relationnel de l'entraînement

Dans l'entraînement, il est possible de distinguer deux versants : le versant instructif et le versant relationnel. **Le versant instructif fait référence à la composante technique de l'entraînement.** L'entraîneur possède des compétences de planification, des connaissances sur la méthodologie de l'entraînement et sur les techniques et tactiques de la discipline sportive enseignée qui l'aide à concevoir un programme d'entraînement permettant aux athlètes de progresser. **Le versant relationnel fait référence à la composante socioaffective de l'entraînement.** L'entraîneur possède des compétences de leardership qui lui permet de créer une dynamique de travail et de soutenir les efforts des athlètes. En effet s'entraîner nécessite un engagement physique, psychique et émotionnel important de la part des athlètes et un des rôles de l'entraîneur est d'aider les athlètes à fournir ces efforts.

Selon leur style, les entraîneurs sont plus orientés vers le versant instructif de l'entraînement (« les techniciens ») ou vers le versant relationnel (« les meneurs d'homme »). Cependant dans tous les cas, la nature des relations qui s'établissent entre les entraîneurs et les athlètes joue un rôle primordial dans l'efficacité du processus d'entraînement.

De la notion de « relation entraîneur-entraîné » à celle de « relation entraîneur-athlète »

L'entraînement : une activité de l'entraîneur et de l'athlète

La réalisation de performances sportives impose un entraînement. Il s'agit de répéter des exercices visant à améliorer les compétences physiques, techniques, tactiques, affectives nécessaires pour répondre aux exigences de la réalisation d'une performance. Cette notion d'entraînement est une notion à double sens : elle désigne à la fois l'activité de l'entraîneur et l'activité de l'athlète. L'activité de l'entraîneur consiste à organiser la pratique des athlètes (concevoir un programme d'entraînement, construire et conduire des exercices, donner des consignes et des feed-back aux athlètes, soutenir l'engagement et la motivation des athlètes...). L'activité de l'athlète consiste à réaliser ses exercices. L'entraîneur et l'athlète sont ainsi unis par un projet commun et travaillent ensemble pour atteindre ce projet.

Un entraîné ou un athlète ?

Traditionnellement la nature des relations qui unissent un entraîneur et un athlète a été appréhendée sous l'angle de la prescription/exécution. L'entraîneur est envisagé comme un concepteur de l'entraînement et l'athlète comme un exécutant. D'où l'expression

« relation entraîneur-entraîné » qui insiste sur cette distinction des rôles : d'un côté un entraîneur qui entraîne, de l'autre un entraîné qui s'entraîne en appliquant les consignes de l'entraîneur. Cette conception des relations entre entraîneur et athlètes a été remise en question par des études récentes centrées sur l'analyse des interactions entraîneur-athlète ayant mis en évidence la dynamique et la diversité des modes d'interactions, et la part active des athlètes dans le processus d'entraînement. **Ceci amène à envisager l'entraînement comme un travail collectif** (D'arripe-Longueville, 1998 ; Saury et Sève, 2004). À titre d'illustration, des travaux réalisés sur les interactions entraîneurs-athlètes en voile par Jacques Saury ou sur les interactions entraîneurs-athlètes en tir à l'arc par Fabienne d'Arripe-Longueville ont mis en évidence que les tâches d'entraînement émergeaient in situ d'une « régulation conjointe » entre l'entraîneur et les athlètes, fondée sur une négociation tacite des contraintes de ces tâches, une distribution des décisions au sein de l'équipe, et la mise en œuvre de connaissances, de règles de fonctionnement explicites ou implicites, et de routines d'organisation partagées. Le fait de prendre en compte cette autonomie des athlètes amène à préférer l'expression « relation entraîneur-athlète » à celle de « relation entraîneur-entraîné ». Elle souligne le fait que les athlètes ne sont pas de simples exécutants (des entraînés) appliquant les prescriptions des entraîneurs mais qu'ils ont un rôle actif dans leur entraînement.

Raccourci

Le passage de l'expression de « relation entraîneur-entraîné » à celle de « relation entraîneur-athlète » marque la prise en compte de la part active des athlètes dans le processus d'entraînement.

Les formes d'interactions entraîneur-athlète

Une forme d'interaction entraîneur-athlète désigne les modes de relations privilégiés entre un entraîneur et des athlètes. Sur la base des travaux réalisés à l'INSEP par Fabienne d'Arripe-Longueville, il est possible de caractériser trois formes principales d'interactions entraîneur-athlète.

Forme d'interaction fondée sur l'autorité de l'entraîneur vis-à-vis des athlètes

Cette forme d'interaction est caractérisée par les éléments suivants :

↗ **Maintien d'une distance entre l'entraîneur et les athlètes.** L'entraîneur reste dans un rôle d'entraîneur et de « patron » vis-à-vis des athlètes, il ne se considère pas comme un ami ou un « grand frère » des athlètes, il opte pour une position et un statut qui le place en marge du groupe des athlètes.

↗ **Rejet de l'affectivité des athlètes.** L'entraîneur ne prend pas en compte les problèmes d'ordre affectif que peuvent rencontrer les athlètes. Pour lui, son rôle est d'entraîner les athlètes et de les faire progresser. Ceux-ci doivent « oublier » leurs soucis personnels lorsqu'ils arrivent à l'entraînement.

↗ **Climat de concurrence.** L'entraîneur maintient un climat de concurrence au sein du groupe d'athlètes pour les inciter à se comparer les uns aux autres. Il s'agit de faire mieux que les autres pour obtenir des sélections.

↗ **Valorisation des feed-back négatifs.** Lors de ses interventions, l'entraîneur privilégie les feed-back négatifs. Il donne peu d'encouragements et de félicitations aux sportifs : il insiste plus sur leurs défauts pour les inciter à travailler.

Forme d'interaction fondée sur la coopération entre l'entraîneur et les athlètes

Cette forme d'interaction est caractérisée par les éléments suivants :

↗ **Définition des objectifs en commun.** Les objectifs de performance et d'entraînement sont déterminés en concertation par l'entraîneur et les athlètes.

↗ **Partage des responsabilités entre l'entraîneur et les athlètes.** L'entraîneur ne décide pas seul de l'ensemble des composantes de l'entraînement. Il associe les athlètes à certaines de ses décisions, leur demande leur avis, leur laisse une marge d'autonomie dans le choix et la réalisation des exercices.

↗ **Climat de convivialité.** L'entraîneur instaure une ambiance de travail conviviale lors des entraînements. Il peut plaisanter avec les athlètes, mettre en place des formes ludiques d'exercices, valoriser l'entraide entre les athlètes…

Forme d'interaction fondée sur l'autonomie des athlètes

Cette forme d'interaction est caractérisée par les éléments suivants :

↗ **Individualisation du processus d'entraînement.** L'entraîneur laisse une grande liberté aux athlètes dans leurs choix d'entraînement.

↗ **Primat de l'écoute.** L'entraîneur sollicite les athlètes, les questionne et s'appuie sur leurs avis, leurs perceptions pour intervenir. Il leur reconnaît une compétence dans la discipline sportive et s'appuie sur celle-ci pour adapter ses interventions.

↗ **Une ressource et non une contrainte.** L'entraîneur estime que c'est avant tout l'athlète qui est responsable de son entraînement. Il se positionne comme une ressource pour l'athlète et n'intervient qu'à sa demande ou s'il sent que l'athlète a besoin de ses interventions.

Éléments influant sur le choix d'une forme d'interaction

L'adoption d'une forme d'interaction par l'entraîneur dépend de quatre éléments principaux.

↗ **Les caractéristiques personnelles de l'entraîneur.** Ces caractéristiques sont, par exemple : le style de l'entraîneur (plus orienté vers le versant instructif ou relationnel de l'entraînement), sa philosophie de l'entraînement (c'est-à-dire la conception de son rôle d'entraîneur), sa conception des athlètes de haut niveau (« Il faut contraindre les athlètes à toujours donner le maximum d'eux-mêmes à l'entraînement pour des progrès optimum » ou « Les athlètes de haut niveau doivent être autonomes et responsables »), sa conception de l'atteinte du haut niveau (importance relative donnée au travail, au « talent », à la coopération)...

↗ **Les caractéristiques personnelles des athlètes :** âge, sexe, niveau de pratique, motivation, expériences antérieures... Par exemple, lorsque les entraîneurs travaillent avec des athlètes expérimentés et de haut niveau, ils tendent à s'appuyer sur les compétences des athlètes et à leur laisser une marge d'autonomie.

↗ **Les caractéristiques de la discipline sportive.** Ces caractéristiques sont relatives à la logique interne de la discipline sportive (sport de combat nécessitant un engagement physique important et une acceptation de la souffrance, sport plus à dominante informationnelle) et à sa culture (les valeurs du haut niveau dans le sport considéré, les traditions d'entraînement...).

↗ **Le contexte de préparation sportive :** période de préparation (loin ou proche d'une compétition), interactions passées avec les athlètes, événements passés.

Aussi s'il est possible de repérer des formes d'interactions typiques entre les entraîneurs et les athlètes, ces formes d'interactions ne résultent pas que des caractéristiques des entraîneurs et des athlètes. Celles-ci dépendent de multiples facteurs et notamment des cultures spécifiques à chaque sport. À titre d'illustration, entraîner dans un sport tel que le judo ne requiert pas les mêmes exigences que dans un sport tel que le tir à l'arc. Dans le premier cas il s'agit d'apprendre aux athlètes à s'engager physiquement dans un combat, dans le second à être à l'écoute de ses sensations. Par ailleurs chaque sport véhicule des valeurs propres (par exemple le respect de la hiérarchie et de la discipline sont primordiales pour le judo) qui influent sur les traditions d'entraînement et les formes d'interactions entre les entraîneurs et les athlètes.

Les stratégies d'interaction

Les stratégies d'interaction sont des adaptations contextualisées d'une forme d'interaction. Si les formes d'interaction caractérisent un mode privilégié de relation entre l'entraîneur et les athlètes, les stratégies d'interaction correspondent à des formes d'interactions ponctuelles en fonction de la perception, par les entraîneurs, de la situation.

Sur la base des travaux réalisés à l'INSEP par Fabienne d'Arripe-Longueville, il est possible de caractériser cinq stratégies d'interaction principales.

Dynamique de groupe. Dans ce cas il s'agit de relancer la motivation, l'engagement, l'entraide des athlètes car l'entraîneur perçoit une baisse dans leur investissement et une perte de cohésion dans le groupe d'entraînement. Cette relance se fait par l'intermédiaire de différents comportements : soutien, encouragements, feed-back positifs…

Provocation à l'égard des athlètes. Dans ce cas l'entraîneur cherche à provoquer les athlètes, en leur envoyant des « pics » (« Tu n'es pas capable de faire ça ??? »), pour les stimuler et les relancer dans leur effort.

Indifférence à l'égard des athlètes. Dans ce cas, l'entraîneur cherche à faire réagir les athlètes (dont l'entraîneur trouve l'attitude inadaptée) en les ignorant.

« Cocooning ». Dans ce cas, l'entraîneur cherche à mettre en confiance les athlètes (en étant proche d'eux, en les réconfortant) car il juge qu'ils sont trop anxieux.

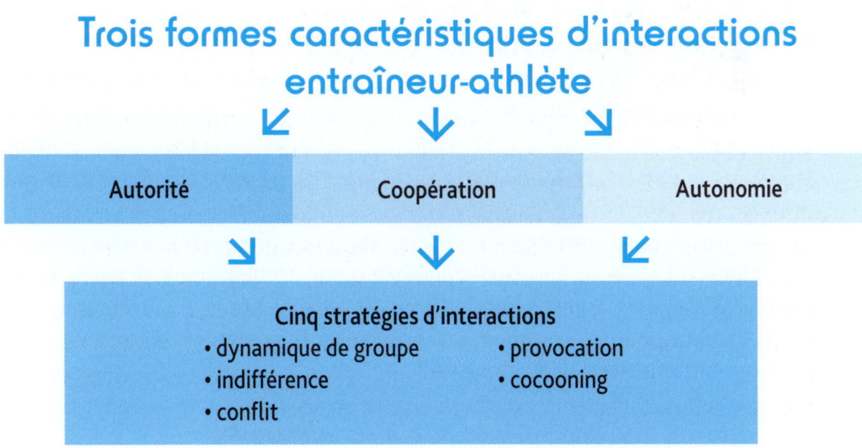

Les interactions entraîneur-athlète

Conflit. Dans ce cas, l'entraîneur entre en conflit ouvert avec les athlètes car il estime que ceux-ci ne jouent pas le jeu et ne respectent pas les normes du groupe.

Ces stratégies d'interactions ne seraient pas forcément viables sur le long terme (un « cocooning », s'il peut sécuriser temporairement l'athlète, ne lui permet pas de progresser ; des provocations trop fréquentes nuisent à la qualité de la relation entre l'entraîneur et l'athlète) et correspondent à des adaptations ponctuelles des entraîneurs en relation avec certaines intentions.

Raccourci
Les modes d'interactions entre un entraîneur et les athlètes sont divers. Ils dépendent de multiples facteurs et évoluent au cours de la saison sportive.

La gestion des relations de coopération/concurrence au sein d'un groupe d'entraînement

Des relations coopératives ou compétitives au sein du groupe d'entraînement

Les relations entre les athlètes qui s'entraînent au sein d'un même groupe peuvent être de nature coopérative (les athlètes se considèrent comme partenaires et s'entraident lors des entraînements pour progresser) ou compétitive (les athlètes se considèrent comme adversaires et privilégient leurs propres intérêts sur ceux du groupe). Ce réseau de relations est complexe dans la mesure où, au sein d'un même groupe, un athlète peut entretenir des relations coopératives avec certains et compétitives avec d'autres.

Bien souvent, lorsque l'on évoque ces relations de coopération/concurrence, on pense spontanément aux sports collectifs. Dans ces sports plusieurs sous-groupes (fondés sur des relations d'amitié ou d'intérêt) peuvent s'affronter et plusieurs athlètes peuvent être en concurrence sur le même poste. Ces relations de coopération/concurrence sont également extrêmement prégnantes dans certains sports individuels tels que les sports de raquette ou de combat, dans lesquels les sportifs sont adversaires lors des compétitions et « partenaires d'entraînement » (pour pouvoir s'entraîner et progresser un certain nombre de sports exigent de s'entraîner avec des athlètes de niveau similaire).

Quelles attitudes de l'entraîneur face à ces relations ?

L'entraîneur doit prendre en compte ces relations de coopération et de concurrence au sein du groupe. Il peut opter pour deux attitudes caractéristiques.

↗ **Privilégier les relations coopératives au sein du groupe.** L'intérêt de cette attitude est de favoriser l'entraide entre les athlètes et de préserver une bonne ambiance de travail. Le risque est de perdre en émulation au sein du groupe et de voir s'installer une certaine hiérarchie entre les athlètes qu'ils ne cherchent plus à bousculer.

- **Privilégier les relations de concurrence au sein du groupe.** L'intérêt est de maintenir une émulation au sein du groupe et une intensité de travail élevée, chaque athlète cherchant à faire mieux que les autres. Le risque est de favoriser certaines attitudes individualistes chez certains athlètes qui ne « jouent plus le jeu de l'équipe » et de voir ainsi l'ambiance de travail se dégrader.

Pour maintenir à la fois une bonne intensité et ambiance de travail, les entraîneurs sont donc confrontés à la nécessité de faire coopérer les athlètes tout en maintenant une certaine concurrence dans le groupe. Ce compromis entre coopération et concurrence n'est pas facile à réaliser. Il peut être obtenu grâce à différentes stratégies :

- distinction de moments, au cours de la séance d'entraînement, dans lesquels les athlètes coopèrent et s'affrontent (exemple en tennis de table : alternance de jeu en partenariat et de jeu en opposition) ;
- évolution, au cours de la saison, du mode de gestion du groupe (par exemple : au début de la saison tous les athlètes sont sur le même « pied d'égalité », puis au fur et à mesure des résultats obtenus, certains athlètes sont privilégiés dans le groupe) ;
- mettre l'accent soit sur les efforts et progrès réalisés lors de l'entraînement, soit sur les résultats obtenus en compétition ;
- s'appuyer de manière préférentielle sur les « leaders opératoires » du groupe (c'est-à-dire ceux qui aident le groupe à atteindre ses objectifs sportifs) ou les « leaders sociaux » du groupe (c'est-à-dire ceux qui aident le groupe à maintenir sa cohésion sociale) ;
- instaurer un climat motivationnel centré sur la performance ou la maîtrise (cf. p. 127).

Ces relations de coopération/concurrence existent essentiellement dans des équipes sportives dans lesquels priment les objectifs de performance. Dans les groupes sportifs plus orientés vers des objectifs de développement et liés par une cohésion sociale, les relations de concurrence sont moindres.

Les interactions entraîneurs-athlètes lors des compétitions

Les athlètes sont souvent assistés par un coach lors des compétitions. Ce coach (qui peut être l'entraîneur des athlètes ou un autre entraîneur) aide les athlètes de différentes manières. Il constitue une aide sur les plans :

- **tactique.** Le coach participe à la définition des stratégies et tactiques à mettre en œuvre au cours de la compétition ;
- **affectif.** Le coach sécurise les athlètes, les stimule, les encourage… ;
- **technique.** Bien que la compétition constitue plus une situation dans laquelle les athlètes exploitent les habiletés techniques acquises lors des entraînements, l'entraîneur peut avoir un « rôle technique » lors des compétitions en recentrant l'athlète sur certains points techniques travaillés lors des entraînements.

Ces aides tactiques, affectives et techniques dépendent de multiples facteurs : le type de sport considéré, le règlement sportif, l'âge et l'expertise des athlètes, le type de compétitions, le style de l'entraîneur…

Différences selon les sports

Dans les sports collectifs la fonction tactique du coach est primordiale. C'est lui qui détermine les stratégies générales de l'équipe, les systèmes de jeu à privilégier. Il est, en quelque sorte, le stratège de l'équipe. Dans les sports d'opposition duelle (les sports de raquette, les sports de combat), les plans tactiques sont le plus souvent déterminés par une concertation entre l'athlète et l'entraîneur.

Le règlement détermine les possibilités d'interaction entre le coach et les athlètes. Par exemple lors d'un tournoi de simple de tennis un coach n'a pas le droit d'interagir avec le joueur ; en tennis de table il peut interagir avec le joueur seulement entre les sets ; en badminton il peut interagir avec le joueur entre les points. Les possibilités d'aide du coach sont ainsi plus ou moins importantes. En tennis l'athlète est seul pour réviser des plans de jeu qui ne sont plus efficaces, alors qu'en badminton le coach peut orienter beaucoup plus facilement le jeu. En sports collectifs, les possibilités de temps morts, la place du coach vis-à-vis des athlètes (possibilités ou non d'être entendus par ceux-ci lors du déroulement du jeu) influent également sur l'aide apportée par le coach. Dans un match de basket-ball le coach peut communiquer plus facilement avec les athlètes lors du déroulement du jeu que dans un match de rugby.

Différences selon les athlètes

Les formes d'interaction varient selon l'âge et le niveau d'expertise des athlètes. Avec de jeunes sportifs débutants, les coachs optent pour des interventions assez directives. Ils donnent des consignes relativement précises aux athlètes. Lorsqu'ils coachent des athlètes expérimentés, les entraîneurs s'appuient plus sur les compétences tactiques des athlètes et leur donnent plus d'autonomie dans les choix.

Différences selon les formats de compétition

Il est classique de distinguer deux types de compétition : les **« compétitions d'entraînement »** et les **« compétitions de performance »**. Lors des compétitions d'entraînement, la performance n'est pas le seul objectif. Ces compétitions ont également pour but d'intégrer des acquis de l'entraînement, de tester des habiletés technico-tactiques en compétition, de faire progresser les athlètes. Dans ce cas, le coach laisse une plus grande part d'autonomie aux athlètes et intervient essentiellement sur les aspects de l'entraînement qu'il veut tester en compétition. Par exemple, en tennis de table un coach peut inciter le joueur à utiliser un coup technique, quelquefois au détriment de l'efficacité immédiate, parce qu'il estime qu'intégrer ce coup technique en compétition est essentiel pour les progrès futurs de l'athlète. Lors des compétitions de performance, le résultat prime. Dans ce cas le coach agit de manière à aider le plus efficacement les athlètes pour réaliser la meilleure prestation possible.

Différences selon les styles d'entraîneurs

Le style des entraîneurs influe également sur les modes d'interaction lors des compétitions. Certains coachs sont plus sur le versant affectif (ils encouragent, stimulent les athlètes), d'autres vers sur le versant instructif (ils privilégient des informations tactiques, techniques). De même certains coachs sont assez directifs et donnent des consignes aux athlètes qu'ils doivent appliquer. D'autres agissent sur un mode de la concertation : ils associent les athlètes au choix de l'équipe, s'appuient sur leurs compétences, leur donnent des conseils (et non des consignes) qui déterminent des lignes directrices de jeu dans lesquelles les athlètes ont une marge d'autonomie.

Raccourci

Les athlètes sont souvent assistés par un coach, lors des compétitions, qui leur apporte une aide sur les plans tactique, affectif et technique. La performance que ce soit dans les sports individuels ou collectifs est une performance collective.

Résumé

La plupart des travaux en psychologie du sport s'intéressent à la performance individuelle. Cependant les performances sportives, que ce soit dans les sports individuels ou collectifs, comportent une dimension collective. Pour appréhender et comprendre le processus de production d'une performance sportive, il est essentiel d'appréhender cette dimension collective. Cette dimension collective comporte deux aspects essentiels : les relations entre athlètes et les relations entraîneur-athlète. Ces relations sont complexes et varient selon les types de situations sportives. L'entraîneur doit prendre en compte ces relations pour optimiser ses interventions que ce soit lors des entraînements ou de la compétition.

Vérifiez vos connaissances

1. Que recouvre la notion de cohésion ? Quelle est la différence entre la cohésion sociale et opératoire ?

2. Qu'est-ce que le leadership ? Pourquoi les leaders sont-ils essentiels pour la vie d'un groupe ?

3. Que recouvre la notion de « référentiel commun » ? Pourquoi ce référentiel commun est-il déterminant pour la réalisation d'une performance collective ? Illustrez dans un sport de votre choix.

4. Pourquoi préférer l'expression « les relations entraîneur-athlète » à celle « les relations entraîneur-entraîné » ?

5. Quelles sont les stratégies d'interactions principales entre un entraîneur et les athlètes ?

6. Tous les athlètes d'un groupe d'entraînement entretiennent-ils des relations de coopération ? Pourquoi ? Donnez un exemple tiré de votre expérience personnelle.

7. Quelle aide peut apporter un coach aux athlètes lors d'une compétition ? Illustrez avec des exemples.

Pour en savoir plus

- Rey (Jean-Pierre), *Le groupe*, Paris, EPS, 2000. (Présentation très claire avec des exemples des phénomènes de la vie d'un groupe.)
- D'Arripe-Longueville (Fabienne), « Les formes de travail collectif entre l'entraîneur et l'athlète » in *Guide pratique de la préparation psychologique du sportif*, Thill (E.) et Fleurance (P.) (Dir.), Paris, Vigot, 1998, p. 121-134. (Présentation très claire et offrant un nouveau regard sur les modes de coopération entraîneur-athlète lors des entraînements.)
- Chambon (Michel), « Développer les habiletés de leadership » in *Guide pratique de la préparation psychologique du sportif*, Thill (E.) et Fleurance (P.) (Dir.), Paris, Vigot, 1998, p. 109-120. (Présentation détaillée de la fonction de leader avec perspectives pratiques.)

Chapitre 11

les différents publics de la pratique sportive

Depuis quelques décennies, le paysage sportif s'est considérablement transformé. Dans les années 1960 la forme la plus répandue (et quasi exclusive) de la pratique sportive était la pratique institutionnelle et compétitive. Le profil type du sportif était un homme jeune, riche et urbain. Cependant les pratiquants d'hier ne sont plus ceux d'aujourd'hui et les modalités de la pratique sportive se sont diversifiées. Actuellement un éducateur sportif est amené à intervenir dans différentes structures : club sportif, école, centre de vacances, structure privée (salle de remise en forme), centre de rééducation… Selon ce contexte d'intervention, l'éducateur est en contact avec des publics différents : il adapte ses objectifs et ses formes d'intervention aux caractéristiques de ces publics.

L'évolution de la pratique sportive

L'évolution de la pratique sportive au cours des dernières décennies concerne les profils des pratiquants et les modalités de pratique.

L'évolution des pratiquants

Trois éléments marquent l'évolution des profils des pratiquants au cours des dernières décennies.

La massification et la démocratisation des pratiques sportives

Depuis 1960 la plupart des pratiques sportives ont élargi leur base de recrutement social. Le sport n'est plus réservé à une population aisée mais est investi par toutes les couches sociales.

La féminisation des pratiques sportives

Depuis 1960 la pratique des femmes n'a cessé d'augmenter. Cette féminisation toujours plus marquée de l'ensemble des activités est essentiellement le fait d'une scolarisation des filles qui découvrent le sport à l'école et d'une évolution des conditions de vie des femmes. Plus autonomes et indépendantes, elles investissent actuellement des milieux jusqu'alors réservés aux hommes.

L'allongement « des cycles de vie sportifs »

« Les cycles de vie sportifs » s'allongent. Contrairement aux années 1960 qui voyaient un effondrement du taux d'activité sportive au moment de l'entrée dans la vie active et/ou conjugale, les pratiquants maintiennent beaucoup plus longtemps une activité physique. Les « jeunes retraités » envahissent également le panorama sportif : le sport permet de rester jeune plus longtemps et il entretient la vitalité et le dynamisme.

Les nouvelles modalités de pratique physique

L'évolution la plus marquante de la pratique sportive réside dans la diversification des formes de pratique sportive. Le format « club sportif » n'est plus le seul lieu de la pratique.

Les « pratiques autonomes »

Depuis 1960 de nouvelles formes de pratique sportive, nommées par les sociologues du sport « les pratiques autonomes », se sont développées : on court le dimanche matin avec des amis, on va grimper le week-end à Fontainebleau, on organise des sorties de V.T.T.... Ces formes de pratique traduisent un nouvel imaginaire en matière de sport : rechercher une pratique physique sans contrainte, renouer avec la nature, sortir de son cadre habituel de vie... Les dimensions ludique, conviviale, aventureuse du sport sont privilégiées sur sa forme compétitive ou hygiénique.

L'investissement des espaces urbains

Depuis quelques années, on observe de nouvelles modalités de pratique exploitant des lieux qui ne sont pas, originellement, conçus pour la pratique sportive : on se retrouve avec ses copains pour faire du skate-board dans des espaces urbains, on exploite les sites architecturaux pour réaliser des techniques acrobatiques audacieuses (le parkour), on pratique l'escalade sur des édifices privés ou publics (urban-climbing)... Ces nouvelles formes de pratique nécessitent la maîtrise d'habiletés psychomotrices complexes ne faisant pas l'objet d'un apprentissage formalisé mais qui sont coapprises au sein du groupe. Ces formes de pratique témoignent de nouvelles formes de sociabilité sportive.

Les centres de mise et de remise en forme

Ces dernières années ont vu fleurir des « centres de mise en forme ». Ces centres proposent des formes variées de pratique aux noms plus exotiques les uns que les autres : step, fitness, stretching, cardio-training, bodypump, cycling, aqua-body... Ces formes de pratique répondent essentiellement à une recherche de santé et de mieux-être. Il s'agit de se sentir bien, détendu, tonique, dynamique. Ce qui est recherché c'est « la forme », physique et psychologique.

Raccourci

Au cours des dernières décennies, le paysage sportif s'est profondément transformé. Les profils des sportifs et les modalités de pratique sportive se sont diversifiés. Certaines privilégient la dimension ludique du sport et d'autre sa fonction hygiénique.

Les différents publics

Les publics sont très divers. Les catégorisations diffèrent selon les critères de différenciation pris en compte : perception de soi, milieu social, niveau de pratique, âge.

La perception de soi

Claire Perrin a établi une typologie des publics, selon leur perception de leur corps, en quatre catégories :

- les hédonistes, qui disposent d'une bonne santé et éprouvent du plaisir à pratiquer les activités physiques ;
- les hygiénistes, qui se perçoivent en mauvaise santé et en sont préoccupés ;
- les volontaristes, qui accordent une attention importante au corps ;
- les fatalistes qui négligent leur corps.

Selon leur rapport au corps, les individus ne s'engagent pas de la même manière dans la pratique physique et privilégient des objectifs différents. Les « hédonistes » acceptent peu les contraintes et recherchent des formes ludiques et flexibles de pratique. Les « hygiénistes » acceptent plus facilement les contraintes et s'astreignent à des exercices peu ludiques pour retrouver leur capital corporel.

Le milieu social

Les pratiquants sportifs viennent de tous les horizons sociaux et de tous les habitats (urbains, périurbains, campagne). Cependant, les goûts, en matière de pratique sportive, semblent marqués socialement. Les conditions de la pratique (coût financier, proximité des lieux de pratique, sports individuels/sports collectifs) facilitent l'accès de certaines catégories socioprofessionnelles. Aussi certaines activités (type de sport et forme de pratique) sont fortement marquées socialement. Par exemple le golf, la voile, la boxe, le cyclisme ne concernent pas les mêmes types de publics.

Forme et niveau de pratique

Un même sport se pratique de différentes manières et à différents niveaux. On peut pratiquer :

- en loisir (sans forme compétitive). Par exemple un club loisir de badminton dans lesquels les individus viennent pour « jouer » ;
- en loisir-compétition (les pratiquants participent à des compétitions sans que la performance soit au centre de leur pratique). Par exemple, un club loisir de volleyball dans lesquels les pratiquants font des matchs contre d'autres équipes loisir ;
- en compétition. Les pratiquants sont plus attirés par les matchs que par l'entraînement. Par exemple, un sportif qui intègre une équipe de badminton pour faire des rencontres sans participer aux entraînements ;

- pour la performance. Dans ce cas l'entraînement est finalisé par la compétition. Les sportifs s'entraînent régulièrement (de manière plus ou moins fréquente) pour atteindre des objectifs de performance (plus ou moins ambitieux).

L'âge

La pratique sportive concerne des tranches d'âge de plus en plus étendues. L'expression de « 7 à 77 ans » est trop faible pour recouvrir la diversité des tranches d'âge. De plus en plus de clubs sportifs accueillent des enfants dès l'âge de 5 ans (voire 3 ans dans certaines disciplines sportives) et la pratique sportive est de plus en plus souvent proposée dans les maisons de retraite.

> ***Raccourci***
> Type de publics sportifs et objectifs de la pratique ne se recouvrent pas. Le même type de public peut avoir des objectifs différents. Par exemple un adolescent peut pratiquer en loisir ou en compétition. La compétition concerne des milieux sociaux divers. L'éducateur adapte ses formes d'intervention aux caractéristiques des publics et à leurs objectifs.

Les caractéristiques des publics en fonction de leur âge

Il est difficile de lister les caractéristiques de l'ensemble des différents publics. Nous nous contentons ici de préciser les principales caractéristiques psychologiques et physiologiques des publics en fonction de leur âge, et d'envisager leurs conséquences en termes d'intervention pour l'éducateur sportif. En effet, il est essentiel de prendre en compte les caractéristiques des personnes avec lesquelles on intervient afin de préserver leur intégrité psychologique et physiologique.

Les jeunes enfants (3 - 6 ans)

Caractéristiques

Sur le plan physiologique, les jeunes enfants :

- sont en pleine maturation osseuse (leur cartilage se transforme en os) ;
- sont en pleine maturation du système nerveux (développement des plans de coopération neuromusculaire). Un faible niveau de maturation du système nerveux se traduit par une maladresse, un manque de coordination et d'équilibre, une difficulté à réagir vite, une incapacité à maintenir et partager son attention… Avec le développement du système nerveux, ces capacités augmentent ;

↗ n'ont pas encore développé certaines aptitudes (par exemple la vitesse de réaction, l'anticipation coïncidence) ;

↗ ont des difficultés à réguler leur température corporelle et sont très sensibles au stress thermique. Ils peuvent rapidement présenter des signes d'hypothermie ou d'hyperthermie (ils possèdent une faible capacité à évacuer la chaleur par évaporation et perdent plus rapidement de la chaleur que les adultes) ;

Sur le plan social et affectif, les jeunes enfants sont égocentrés et ont des difficultés à travailler de manière collective. Même lorsqu'ils sont en groupe, ils ont tendance à réaliser les tâches de manière individuelle.

Sur le plan intellectuel, les enfants débutent des apprentissages fondamentaux. Ils ont des capacités de compréhension, d'attention et d'abstraction limitées.

Conséquences en termes d'objectif

Les buts essentiels de l'éducateur sont :

↗ faire découvrir et aimer la pratique sportive aux enfants ;

↗ développer leur potentiel physiologique et psychomoteur (et non enseigner des techniques sportives spécifiques). Il s'agit de privilégier des objectifs de développement tout en respectant les phénomènes de croissance (ne pas forcer le développement avec des exercices trop intensifs).

Conséquences en termes d'intervention

Les principes essentiels concernant l'intervention sont :

↗ adapter les consignes aux capacités de compréhension des jeunes enfants : employer des mots simples, faire des phrases courtes, donner un nombre limité de consignes ;

↗ utiliser les démonstrations qui aident les enfants à comprendre l'exercice à réaliser ;

↗ proposer des exercices de durée peu importante pour respecter les capacités d'attention limitées des enfants ;

↗ tout en étant à l'écoute et attentif aux enfants, mettre en place des règles de fonctionnement ;

↗ établir un climat de confiance avec les enfants ;

↗ privilégier des formes de pratique ludique, pour préserver le plaisir et la motivation intrinsèque ;

↗ proposer des contenus visant à développer des compétences psychomotrices générales et non spécifiques ;

- adapter les contenus et aménager le milieu en fonction des capacités des enfants. Dans la mesure où certaines aptitudes n'ont pas encore commencé à se développer, certains exercices ne peuvent être appris par les jeunes enfants. Il s'agit aussi d'adapter les formes de pratique. Par exemple, en tennis faire pratiquer sur des terrains plus petits, avec des balles plus lentes, des raquettes plus légères ;
- attention aux conditions de pratique : éviter les lieux surchauffés ou trop froids.

Les enfants (6 - 12 ans)

Caractéristiques

La période de l'enfance est souvent considérée comme étant l'âge d'or pour les acquisitions motrices. Les enfants présentent d'importantes capacités d'adaptation et d'apprentissage.

Sur le plan social et affectif, ils sont capables d'établir des relations avec les autres, de participer à des tâches collectives, de poursuive des objectifs d'équipe. Ils sont volontaires et participent volontiers aux activités proposées. Ils sont confiants dans les adultes qui constituent des modèles pour eux.

Sur le plan intellectuel, les enfants développent leurs capacités de compréhension, d'attention et d'abstraction même si celles-ci sont encore faibles. Ils sont très curieux et ont envie d'apprendre.

Sur le plan physiologique, les enfants :

- développent leurs grandes fonctions vitales (cardiovasculaires et respiratoires) et leurs aptitudes. Ils améliorent progressivement leur vitesse de réaction, leur force musculaire, leur capacité d'endurance… Si le potentiel physiologique de l'enfant croît régulièrement, certaines aptitudes ne se développent pas encore lors de cette période (les aptitudes anaérobies lactique par exemple) ;
- continuent leur croissance osseuse et nerveuse ;
- présentent (comme les jeunes enfants) une souplesse articulaire importante ;
- augmentent leur vitesse de course (meilleure économie et gestion de course) ;
- sont encore très sensibles au stress thermique.

Conséquences en termes d'objectif

Les buts essentiels de l'éducateur sont :

- développer le potentiel physiologique et psychomoteur des enfants tout en leur enseignant des techniques et tactiques sportives. Il s'agit d'articuler des objectifs de développement et de performance ;

- développer les grandes fonctions vitales (respiratoire, cardiovasculaire) en évitant les efforts de type anaérobie lactique (les enfants n'ont pas encore développé les enzymes nécessaires pour « brûler » et resynthétiser les substrats nécessaires à un effort anaérobie lactique) et le travail de la force (qui s'il est trop intensif peut nuire à la croissance : déformation osseuse, risque d'arrachement ligamentaire) ;
- proposer un travail sur la souplesse pour que les enfants maintiennent leur capital de souplesse ;
- développer le goût de l'effort ;
- apprendre des règles de fonctionnement d'un groupe, l'entraide ;
- apprendre le respect des autres, de l'arbitre.

Conséquences en termes d'intervention

Les principes essentiels concernant l'intervention sont :

- adapter les consignes aux capacités de compréhension des enfants ;
- alterner des formes ludiques de pratique et des exercices plus répétitifs de perfectionnement ;
- proposer des formes compétitives pour finaliser les progrès dans des situations de performance ;
- privilégier la préparation physique générale sur la préparation physique spécifique ;
- proposer des formes de pratique en groupe avec une différenciation des rôles sociaux des enfants (démonstrateur, pratiquant, observateur, arbitre) ;
- établir des règles de fonctionnement au sein du groupe et les faire respecter ;
- avoir de l'autorité sur le groupe et éviter de trop négocier.

Raccourci

L'activité physique joue un rôle essentiel pour stimuler la croissance physiologique et nerveuse des enfants. De nombreuses études ont montré l'influence de la pratique physique sur le développement des os, des fonctions cardiovasculaire et respiratoire, du système nerveux central. Cependant cette période de l'enfance constitue également une période de fragilité physiologique. Il est essentiel d'organiser la pratique pour favoriser le développement des enfants mais sans le « forcer ».

Les préados et adolescents (12 - 18 ans)

Caractéristiques

L'adolescence correspond à une période de grands changements (sur les plans physiologique, affectif, social) qui peut, chez certains ados, amener un mal-être, des crises d'opposition, un rejet du monde des adultes, un repli sur soi.

Sur le plan physiologique, le corps de l'enfant se transforme pour devenir celui d'un adulte avec l'acquisition des caractères sexuels secondaires (pilosité chez les garçons, développement de la poitrine chez les jeunes filles). Les adolescents alternent des périodes où ils grandissent de façon extrêmement rapide et des périodes où ils prennent du poids. Ces changements sont plus ou moins bien vécus par les adolescents. Certains se sentent patauds dans ce nouveau corps qui se modifie de manière importante.

Sur le plan affectif et social, les adolescents se caractérisent par :

↗ une recherche de leur propre identité et le besoin d'affirmer leur propre autonomie et leurs propres valeurs ;

↗ une recherche d'affrontement. Les ados cherchent à gagner leur autonomie vis-à-vis des adultes en les affrontant ;

↗ une fragilité émotionnelle et une hypersensibilité. Les ados sont très sensibles aux remarques ;

↗ des comportements à risque dans leur alimentation (anorexie par exemple), leurs relations amoureuses (multiplicité des partenaires), dans la prise de substances (drogues, alcool...), etc. ;

↗ des changements de leurs centres d'intérêts. Les ados ont tendance à renier des activités qu'ils appréciaient auparavant : il devient « nul » d'aller se balader le week-end avec ses parents.

Sur le plan intellectuel, les adolescents présentent des capacités de compréhension, d'attention et d'abstraction qui sont proches de celles des adultes. Ils sont capables de rester concentrés sur un exercice pendant une durée importante, de se représenter des schémas de jeu, d'intégrer des tactiques complexes de jeu, de comprendre les justifications des exercices.

Conséquences en termes d'objectif

Les buts essentiels de l'éducateur sont :

↗ permettre aux adolescents de bien vivre leur corps ;

↗ répondre aux besoins d'autonomie des adolescents ;

↗ préserver le capital physiologique des adolescents (leur faire travailler la souplesse par exemple) ;

↗ éviter les surcharges de travail qui pourraient nuire au développement lorsque les adolescents font des poussées de croissance (les cartilages de croissance sont très fragiles à ce moment).

Conséquences en termes d'intervention

Les éducateurs adaptent leurs formes d'intervention pour prendre en compte la fragilité psychologique et physiologique qui caractérise la période de l'adolescence.

Les principes essentiels de l'intervention sont :

↗ être juste dans ses attitudes car les adolescents sont très sensibles à l'injustice ;

↗ responsabiliser les adolescents. Les adolescents veulent se démarquer des enfants et être autonomes. Les faire participer aux décisions, leur donner des responsabilités, expliquer les choix, répond à ces attentes de responsabilisation ;

↗ fixer les limites et rester dans un rôle d'adulte (celui qui fait respecter les limites). Les adolescents ont besoin de repères même s'ils ont tendance à contester les décisions des adultes ;

↗ savoir négocier. Tout en faisant respecter certaines règles, il faut être capable de négocier avec les adolescents qui veulent faire valoir leur point de vue ;

↗ éviter les conflits ouverts et les affrontements frontaux qui sont très mal vécus par les adolescents ;

↗ préserver l'image de soi pour les adolescents. Certains adolescents, du fait des transformations physiologiques qu'ils connaissent, acceptent mal leur corps. Ils se trouvent trop gros, trop maigres, pas assez musclés, trop ou pas assez poilus… Il importe de ne pas les mettre dans des situations où ils se sentent observés et jugés par les autres ;

↗ privilégier un climat de convivialité et de confiance dans le groupe ;

↗ les relations entre les adolescents et les adultes sont complexes : tout en s'opposant aux adultes, ils cherchent aussi à se faire reconnaître d'eux. Il est essentiel de maintenir une certaine distance affective avec les adolescents pour éviter de rentrer dans des jeux de séduction ;

↗ éviter les contacts physiques. Ceux-ci peuvent être mal interprétés par les adolescents ;

- éviter des formes de travail trop sollicitantes pour les articulations (des flexions totales du genou par exemple).

Les adultes

Caractéristiques

Sur le plan physiologique, les adultes ont terminé leur croissance osseuse (le processus de calcification de l'os est terminé) et ont développé toutes leurs aptitudes. Leur potentiel physiologique dépend de leur pratique sportive antérieure et de leur mode de vie. Pour certains il est élevé, pour d'autres il est à (re)construire.

Sur le plan affectif et social, les adultes ont besoin de contacts sociaux, d'avoir une bonne image et estime de soi, de se sentir compétents. La pratique sportive les aide à répondre à ces besoins.

Sur le plan intellectuel, les adultes ont développé des capacités de compréhension, d'attention, d'abstraction, et d'autonomie. Ils veulent comprendre les enjeux des exercices réalisées, connaître les effets de la pratique physique sur le développement du corps, améliorer leurs connaissances des activités physiques…

Conséquences en termes d'objectif

L'éducateur organise la pratique de manière à répondre aux attentes des adultes. Selon les besoins et attentes des adultes ses objectifs seront plus axés sur l'amélioration des performances sportives, le maintien de la santé, le plaisir de la pratique, la convivialité…

Conséquences en termes d'intervention

Ces principes dépendent des attentes des adultes. De manière générale l'éducateur :

- instaure un climat de convivialité au sein du groupe ;
- adopte une attitude démocratique et prend en compte les avis des adultes ;
- justifie les exercices mis en place ;
- apporte des connaissances théoriques sur la pratique physique et le corps humain ;
- met en place des formes de pratique correspondant à ses objectifs, qu'il a définis en fonction des attentes des adultes (voir ci-après « Les objectifs de la pratique physique »).

Les seniors (60 ans et au-delà)

Caractéristiques

Sur le plan physique, les qualités diminuent mais leur amoindrissement est ralenti par une pratique physique régulière. Par exmple, à partir de 65 ans se produit un processus de décalcification des os, qui peut être ralenti par une activité physique appropriée.

Sur le plan social et affectif, les seniors ont souvent du temps libre et recherchent une manière agréable de l'occuper. Ils privilégient l'aspect convivial et hygiénique du sport sur son aspect compétitif.

Conséquences en termes d'objectif

L'éducateur organise la pratique de manière à répondre aux attentes des seniors. Ces objectifs sont rarement des objectifs de performance mais plus des objectifs en termes de préservation d'un capital santé, de maintien de contacts sociaux, de bien-être psychologique.

Avec le vieillissement, les « objectifs hygiéniques » (maintien d'une certaine souplesse et capacité à mobiliser ses articulations, maintien de la capacité cardio-respiratoire, lutte contre la décalcification osseuse) deviennent prépondérants.

Conséquences en termes d'intervention

Les principes essentiels concernant l'intervention de l'éducateur sont :

- privilégier la durée des exercices sur leur intensité ;
- prévenir les chutes, les risques de fracture (cf. phénomène de décalcification des os) ;
- proposer des exercices pour entretenir la souplesse ;
- ne pas contraindre mais encourager, stimuler, soutenir les efforts, féliciter ;
- avoir une proximité affective avec les pratiquants.

Les non-valides (les handicaps physiques)

Caractéristiques

La pratique physique handisport s'est développée au cours des dernières années. Les handicaps prennent différentes formes et sont de naissance ou dus à un accident. Selon la nature de leur handicap, les individus pratiquent entre eux ou dans un groupe de valides.

Les motivations des non-valides à faire du sport sont très diverses. La pratique du sport permet non seulement de préserver/retrouver un capital physique mais aussi de répondre à des besoins psychologiques tels que la préservation de l'estime de soi, la recherche de contacts sociaux, la reconnaissance des valides. Certains s'engagent dans des pratiques compétitives de haute performance et présentent un niveau d'engagement important dans l'entraînement. Le sport est vécu comme une occasion d'éprouver ses limites, de se confronter aux autres (valides et non-valides), de montrer que l'on peut faire aussi bien et même mieux que les valides.

Conséquences en termes d'objectif

L'éducateur organise la pratique de manière à répondre aux besoins des pratiquants. Il doit avoir une bonne connaissance du handicap et de ses conséquences pour proposer des formes de pratique et d'exercice adaptées.

Conséquences en termes d'intervention

Les principes généraux d'intervention sont les mêmes qu'avec les adultes (climat de convivialité, attitude démocratique, apport de connaissances). Les non-valides attendent de l'éducateur qu'il intervienne avec eux comme il le ferait avec des valides. Les adaptations concernent le matériel utilisé, les règles du jeu, la forme des exercices afin de permettre la pratique malgré le handicap physique.

Il est souhaitable, lorsque cela est possible, d'intégrer les non-valides dans un groupe de valides. Ceci a un effet positif sur les deux publics : les valides apprennent beaucoup, sur le plan humain, au contact des non-valides.

Raccourci

Selon leur âge les publics présentent des caractéristiques, sur les plans physiologique, psychologique, affectif, social, intellectuel, spécifiques. L'éducateur adapte ses objectifs et formes d'intervention à ces spécificités. Cependant, ces points communs en fonction de l'âge ne doivent pas conduire l'éducateur à proposer des formes standards de pratique en occultant les différences interindividuelles. Par exemple les adolescents ne sont pas tous semblables (un adolescent peut être fragile ou au contraire très déterminé dans ses choix). Il importe de prendre en compte les différences interindividuelles d'un même public (par exemple, recherche de santé physique ou de contacts sociaux chez des femmes s'inscrivant dans un centre de remise en forme).

Les objectifs de la pratique sportive

L'éducateur sportif, selon les caractéristiques des publics avec lesquels il travaille, poursuit différents types d'objectifs. Ces objectifs peuvent se combiner et sont en cohérence avec les besoins et les motivations des publics.

Objectifs de performance

Des sportifs sont orientés vers des buts compétitifs. Ils s'entraînent pour apprendre et perfectionner les habiletés techniques, tactiques, physiques, psychologiques exigées par la réalisation des performances sportives. Les progrès sont finalisés par la compétition. Ces sportifs acceptent les contraintes liées à l'entraînement et intègrent des clubs sportifs orientés vers la compétition.

Conséquences en terme d'intervention

L'éducateur tient le rôle d'un entraîneur. Il s'agit pour lui de définir, concevoir et conduire des programmes permettant aux sportifs d'atteindre leurs objectifs de performance (qui peuvent être définis en concertation avec les entraîneurs).

Selon l'âge et le niveau des sportifs, il opte pour des styles d'intervention et de leadership plus démocratiques ou autocratiques. De manière générale plus les sportifs sont expérimentés, motivés et âgés et plus ils attendent une attitude démocratique de la part de l'éducateur. Plus ils sont jeunes et inexpérimentés et plus ils ont besoin d'autorité et de règles de fonctionnement.

Objectifs de bien-être

Des sportifs pratiquent dans un but de bien-être ou de mieux-être. Des femmes s'inscrivant dans un club de remise de forme recherchent un sentiment de bien-être, une activité physique qui les stimule, les change de leur quotidien. Ce qui est recherché, dans ce cas, ce sont les effets positifs sur le plan psychologique de la pratique physique. De nombreuses études montrent en effet que l'exercice physique améliore le sentiment de bien-être, d'estime de soi, de satisfaction. Un footing à la fin d'une journée dans laquelle l'individu n'a pas fait grand-chose d'intéressant, « sauve » cette journée.

Conséquences en termes d'intervention

Dans ce cas **l'éducateur insiste plus sur le versant relationnel** que sur le versant instructif de la pratique. Il cherche à développer la cohésion et la convivialité au sein du groupe. Il privilégie un climat motivationnel centré sur la tâche et les objectifs de maîtrise. Ses objectifs sont que les pratiquants augmentent leur estime de soi, développent un sentiment de compétence, se sentent en situation de confiance et de réussite. Il instaure un climat au sein du groupe dans lequel chacun se sent en sécurité et prend plaisir à pratiquer : il privilégie les feed-back positifs, les relations amicales, l'entraide...

Objectifs de santé

Des sportifs pratiquent dans un but de santé physique. Il s'agit de mettre le corps en mouvement pour reconquérir, entretenir ou développer un capital physiologique. Nombreux sont les adultes ou les jeunes retraités qui s'investissent dans une pratique physique (alors qu'ils n'ont jamais pratiqué, ou arrêté depuis longtemps le sport) pour se maintenir ou retrouver la « forme ».

Conséquences en termes d'intervention

Pour pouvoir organiser la pratique dans une recherche de santé physique, l'éducateur doit maîtriser des connaissances en physiologie et en anatomie précises. La connaissance des modifications physiologiques liées à l'exercice physique, l'aide dans la construction de programmes et d'exercices visant à **développer/restaurer certaines capacités fonctionnelles.** Il s'agit d'adapter la forme et la difficulté des exercices proposés aux ressources, aux besoins et aux attentes des pratiquants. À titre d'illustration, si l'éducateur veut améliorer le maintien de la posture, il doit savoir quels sont les muscles (abdominaux, dorsaux, fessiers, psoas) à renforcer, connaître les formes de travail appropriées (dynamique, statique) et proposer des exercices non traumatisants (qui pourraient par exemple léser les disques vertébraux).

Objectifs de plaisir

Certains sportifs, à travers la pratique sportive, cherchent essentiellement à se faire plaisir. Ce plaisir peut être lié aux sensations et émotions résultant de la pratique (planche à voile), ou aux contacts sociaux qu'elle permet de développer (sports collectifs).

Conséquences en termes d'intervention

L'éducateur privilégie des formes ludiques de pratique. Il s'agit de proposer des exercices dans lesquels les sportifs éprouvent des sensations, se fixent des défis, jouent... Il privilégie la convivialité et la cohésion sociale au sein du groupe.

Objectifs de développement

Certains contextes d'intervention conduisent l'éducateur à privilégier des objectifs de développement : il s'agit d'apprendre des habiletés techniques, tactiques, physiques, psychologiques dans le but de développer des compétences qui pourront être réinvesties dans des situations de la vie quotidienne.

Ces objectifs sont prédominants lorsque l'éducateur agit avec des scolaires. Les objectifs liés à la pratique sportive s'insèrent dans un projet de développement plus général des élèves. À travers la pratique sportive, l'enfant apprend les règles, l'autonomie, le goût de l'effort, la persévérance, la responsabilité...

Conséquences en termes d'intervention

Dans ces contextes d'intervention, **l'éducateur inscrit son intervention en cohérence avec un projet éducatif plus global.** Il décline les objectifs de la pratique sportive de manière à les inscrire dans des objectifs de développement plus généraux qui dépendent des caractéristiques des élèves. Il met en place des exercices et des formes de travail pour développer chez les enfants des compétences motrices, cognitives et affectives générales (ou transversales). Par exemple, il s'appuie sur des fiches d'observation, la différenciation de rôles sociaux (observateurs, joueurs, coachs, arbitres...) pour développer des savoir-faire sociaux (entraide, autonomie...) qui seront mobilisés dans d'autres situations scolaires.

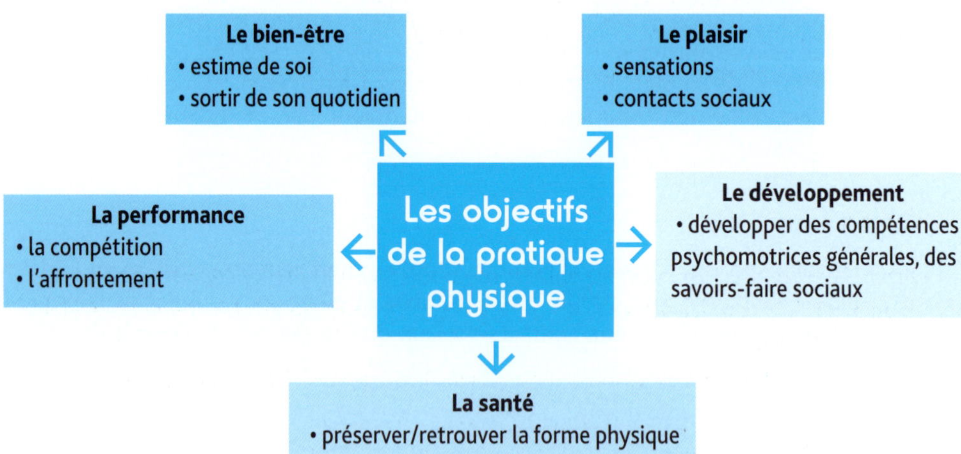

Diversité des objectifs de la pratique physique

Résumé

Depuis quelques années, les conditions de vie se sont transformées. Les modes de vie deviennent plus sédentaires, la consommation d'aliments riches et de boissons sucrées augmente, les enfants jouent plus souvent à des jeux vidéo que dehors, le temps libre s'accroît mais les gens sont de plus en plus pressés, les personnes âgées sont de plus en plus isolées… L'activité physique apparaît comme un moyen de lutter contre les effets néfastes générés par ces nouveaux modes de vie. La pratique physique intègre non seulement des objectifs de performance mais aussi de développement, de santé, de mieux-être… L'éducateur est amené à ajuster ses formes d'intervention pour s'adapter à la diversité des besoins des différents publics.

Thèmes de réflexion

1. Quels sont les évolutions marquantes, en termes de pratique physique, depuis les années 1960 ?
2. Vous avez en charge un groupe de jeunes enfants (4-6 ans). Quels objectifs et formes d'exercices allez-vous privilégier ?
3. Quelles sont les principales caractéristiques, sur les plan physiologique, intellectuel, social et affectif, des enfants ? Quelles sont les conséquences pour l'éducateur ?
4. Pourquoi considère-t-on l'adolescence comme une période sensible ?
5. Quels peuvent être les objectifs que les individus poursuivent en pratiquant un sport ?

Pour en savoir plus

- Perrin (C.), *Analyse des relations entre le rapport aux APS et les conceptions de la santé.* STAPS, 31, 1993, p. 21-30. (Sur les différentes formes de rapport à son corps et à la pratique physique.)
- Durand (M.), *L'enfant et le sport.* Paris, PUF, 1987, p. 127-185. (Sur l'évolution des habiletés chez les enfants.)
- Carlier (G.), « La santé par l'activité physique : une antinomie du plaisir. » In *La santé,* Paris, revue EPS, 2008, p. 49-68. (Sur le concept de santé.)

Chapitre 12

conception et mise en œuvre d'un projet

La conception et la réalisation de projets sont des éléments clefs dans de nombreuses situations de travail. Ils permettent de donner vie à une idée. Dans le domaine sportif, les projets peuvent être conçus par des dirigeants, les membres d'un club, les éducateurs… Ils sont plus ou moins ambitieux, mobilisent plus ou moins d'énergie et de temps, concernent un nombre plus ou moins important de personnes, poursuivent des objectifs différents… Au-delà de la multiplicité des projets, il est possible de déterminer une méthodologie de la construction d'un projet. Cette méthodologie facilite la conception d'un projet en proposant un schéma de construction général.

La notion de projet

Définition

Un projet est une articulation d'objectifs et de moyens destinés à les réaliser. Le projet fournit un axe directeur pour l'action qui s'oriente en fonction des buts à atteindre. Ce fil conducteur augmente la cohérence des différentes actions menées.

La méthodologie du projet

Les éléments clefs dans la conception d'un projet sont :

- la définition des objectifs et l'analyse de la situation ;
- la déclinaison des objectifs en actions concrètes ;
- la recherche des moyens ;
- l'évaluation de l'atteinte des objectifs.

Définir des objectifs et analyser la situation

Un projet suppose de définir des objectifs. Ces objectifs déterminent les buts à atteindre et donnent un sens aux actions. Ils sont définis en relation avec des constats et une analyse de la situation et du contexte. Cette analyse permet d'identifier des besoins et de définir des objectifs adaptés à ces besoins. Ces objectifs sont plus ou moins généraux et de diverses natures.

Exemples

Un éducateur travaillant dans un club constate une diminution du nombre d'adhérents, il décide de concevoir un projet pour « attirer » de nouveaux adhérents.

Un éducateur travaillant dans un quartier constate un désœuvrement des jeunes de ce quartier. Il décide de monter un projet pour les motiver à la pratique sportive.

La pertinence des objectifs du projet dépend de la qualité de l'analyse de la situation. Celle-ci permet de définir des objectifs adaptés à la situation. Il est inapproprié, par exemple, d'avoir comme ambition de monter une équipe en division supérieure si le club ne possède pas les moyens financiers pour supporter les dépenses inhérentes à ce niveau de pratique et si les terrains de jeu ne sont pas en accord avec les exigences fédérales.

Les objectifs du projet, lorsqu'ils sont généraux (exemple : augmenter la notoriété d'un club) sont déclinés en objectifs spécifiques (exemples : organiser des événements sportifs, améliorer la communication externe, avoir une équipe première performante).

Décliner les objectifs en actions concrètes

Une fois les objectifs définis, il importe de déterminer les actions concrètes qui vont permettre d'atteindre ceux-ci.

Exemple

Un éducateur a pour objectif « d'attirer » les jeunes d'un quartier à des animations sportives. Il doit réfléchir aux actions à mener pour motiver les jeunes à participer à ces animations : quels types de sport proposer ? Quels formats de pratique (ludique, compétitive) ? Quand et où organiser ces animations ? Comment faire de la publicité pour ces animations ?

Rechercher des moyens

Une fois que les actions concrètes sont envisagées, il s'agit de trouver les moyens nécessaires à la mise en place de ces actions. Ces moyens sont divers et dépendent du type de projet mené : ce peut être des moyens financiers, matériels et/ou humains.

Exemple

Lorsque l'éducateur a prévu les actions à mettre en place pour les jeunes d'un quartier, il doit s'assurer qu'il dispose du matériel nécessaire, qu'il aura accès aux lieux de pratique, que l'encadrement humain est suffisant…

Évaluer l'atteinte des objectifs

L'évaluation est une composante essentielle. Il s'agit de se donner les moyens de savoir si les objectifs sont atteints. Ceci nécessite de se fixer des critères de réussite du projet.

Exemple

L'éducateur ayant monté des animations sportives pour les jeunes de son quartier peut se poser les questions suivantes pour évaluer la réussite de son projet :

- Combien de jeunes participant aux animations pour considérer que l'objectif est atteint ?
- Quelle fidélisation des jeunes (participation ponctuelle ou régulière) ?
- Quelle forme de pratique attendue chez les jeunes (simple participation ou progrès) ?
- Qualité de l'investissement des jeunes (passif ou prise d'initiative) ?

La construction d'un projet

Établir des constats et analyser une situation/un contexte	Définir et hiérarchiser des objectifs	Déterminer des actions concrètes	Rechercher des moyens	Évaluer l'atteinte des objectifs

La méthodologie de projet

Questions à se poser lors de la construction d'un projet

- Que veut-on mener comme type d'action ?
- Dans quels buts ?
- Ces buts sont-ils adaptés aux caractéristiques de la situation ?
- Quel est le public visé ?
- Sur quelle durée veut-on mener ce projet ?
- Quelles sont les dates les plus appropriées ?
- Quel encadrement sera nécessaire ?
- Quel sera le budget nécessaire ?
- Quels seront les besoins matériels ?
- Faut-il des autorisations particulières ? À qui les demander ?
- Quelles sont les contraintes inhérentes à la mise en place de ce projet ?
- Quelles procédures semblent les plus adaptées pour mettre en place le projet ?

Raccourci

Les projets permettent de donner vie à des idées. Leur mise en place est facilitée par une méthodologie qui détermine les différentes étapes de la construction du projet.

Un exemple de projet : l'organisation d'une manifestation sportive

Les éducateurs, dans le cadre de leur fonction, sont amenés à organiser des manifestations sportives (tournois, raids, journée découverte...). Ces manifestations :

- permettent aux membres d'une association de se connaître et de développer des relations amicales ;
- font connaître le club ;
- génèrent des recettes financières.

L'organisation de ces manifestations nécessite la conception d'un projet. La complexité du projet dépend de l'ampleur de la manifestation. L'organisation de la coupe du Monde de football mobilise des milliers de personnes, s'effectue sur plusieurs années et nécessite un budget de plusieurs millions d'euros. Par contre mettre en place un cross pour les élèves de l'école primaire d'une commune de 5 000 habitants exige une préparation « moins lourde ». Dans ces deux cas, malgré l'importance différente des moyens à mettre en œuvre, la stratégie générale reste la même. L'organisation d'un événement sportif se déroule en plusieurs phases : la construction du projet, la mise en œuvre, l'évaluation.

La construction du projet

La conception du projet

Il s'agit de définir le but de l'événement sportif et d'identifier les moyens qui vont favoriser l'atteinte de ce but.

Par exemple un club d'athlétisme qui veut organiser une course sur route doit auparavant déterminer le but de cette course. A-t-elle pour objectif de faire connaître le club ? De valoriser la discipline ? De créer une dynamique au sein de la municipalité ? Il s'agit ensuite d'identifier les moyens nécessaires pour organiser cette manifestation (moyens financiers, à qui s'adresser pour baliser le parcours et faire fermer les routes à la circulation, couverture médiatique de l'événement, choix d'une date judicieuse c'est-à-dire une date pour laquelle n'est pas déjà prévu un autre événement...).

La mise en place d'un comité d'organisation

L'organisation d'un événement est complexe et nécessite du temps. Il est nécessaire de mettre en place un comité d'organisation, c'est-à-dire de rassembler diverses personnes qui vont se répartir les tâches. Il s'agit dans un premier temps de lister l'ensemble des tâches puis de se les répartir. Il est possible de créer des sous-commissions, avec un responsable, ayant chacune une tâche particulière. Exemples de sous-commissions possibles :

↗ « commission communication ». Cette commission a pour tâche de prendre contact avec les médias pour annoncer l'événement et le couvrir. En fonction de l'importance de l'événement, il sera annoncé plusieurs mois ou plusieurs semaines à l'avance avec ensuite quelques « piqûres de rappel » (surtout la semaine précédente). Cette commission a également en charge la mise en place des moyens d'information de l'événement (affichages, tracts...) et de lancer les invitations ;

↗ « commission budget ». Cette commission a pour tâche de construire le budget, c'est-à-dire d'évaluer les dépenses (primes aux athlètes, frais de location de salles et de matériel, paiement des arbitres, frais de secrétariat, les charges d'affranchissement postal, le paiement de taxes...) et les recettes (frais d'inscription des participants, recette guichet, buvette, tombola, subventions, sponsors...). Il est nécessaire de trouver des sources de financement. Il s'agit de démarcher des partenaires susceptibles de trouver un intérêt à l'événement (par exemple ne pas solliciter des entreprises nationales pour un événement local mais s'adresser aux entreprises de proximité) ;

↗ « commission matériel ». Cette commission a pour tâche d'assurer l'organisation matérielle de l'événement. Il s'agit essentiellement de répertorier, de trouver et de mettre en place le matériel nécessaire à la manifestation ;

↗ « commission sécurité ». Certains événements nécessitent la mise en place d'un service de sécurité. Il s'agit de se mettre en accord avec les règlements (prévoir un bateau moteur lors d'une sortie kayak en mer, équipement des voies pour une découverte de l'escalade...) et d'assurer la sécurité du public (espaces réservés aux spectateurs lors d'un rallye auto) ;

↗ « commission formalités administratives ». Il s'agit d'identifier les demandes d'autorisation nécessaires à l'organisation de la manifestation et de contacter les services délivrant ces autorisations (la préfecture, la mairie, la police...).

Chaque responsable de sous-commission s'entoure d'autres personnes pour mener à bien sa tâche.

→ ***Raccourci***

Avant d'organiser un événement sportif, il est indispensable de définir précisément le but visé par cette manifestation.

Prévoir un échéancier

Il s'agit de construire un planning avec des dates butoirs pour chacune des actions à conduire. Les responsables de chaque commission se réunissent régulièrement pour évaluer l'avancement de leurs travaux et réajuster le projet en fonction des contraintes rencontrées. Le respect de cet échéancier est essentiel pour la bonne marche du projet et pour éviter des mauvaises surprises (se rendre compte quinze jours avant l'épreuve que la municipalité n'a toujours pas donné son accord pour le déroulement de la manifestation ; s'apercevoir la veille que l'éclairage de la salle n'est pas conforme aux exigences de la compétition de tennis de table...).

La mise en œuvre de la manifestation

Un projet bien construit facilite la mise en œuvre de la manifestation mais ne suffit pas à sa réalisation. Il est nécessaire d'être présent et actif lors du déroulement de la manifestation pour en assurer les conditions et pour pallier les incidents de dernière minute.

Les tâches à conduire sur le terrain sont multiples et dépendent des caractéristiques de l'événement. Elles sont, par exemple, guider et orienter les participants, résoudre leurs problèmes, faire respecter les horaires, enregistrer les résultats, réorganiser le matériel, maintenir le public dans les espaces prévus... Il est nécessaire d'être assez nombreux pour pouvoir répondre à toutes les demandes.

Le bilan de la manifestation

Une fois la manifestation terminée, il est nécessaire d'effectuer un bilan. Celui-ci prend plusieurs formes.

L'évaluation de l'atteinte des objectifs fixés

Le premier aspect du bilan concerne l'évaluation de l'atteinte des objectifs fixés. Certains objectifs sont facilement évaluables mais d'autres beaucoup plus flous car peu chiffrables et à plus long terme.

Exemple d'un objectif facilement évaluable : faire connaître l'activité. Cet objectif est facilement évaluable lors d'une manifestation qui se déroule en salle. Il suffit d'apprécier le nombre de spectateurs.

Exemple d'objectif difficilement évaluable : améliorer son image de marque. Cet objectif est peu quantifiable.

Le bilan financier

Il s'agit de comparer les recettes et les dépenses afin de savoir si l'opération a été rentable ou non.

Le suivi postérieur du projet

Il est nécessaire de prévoir un suivi du projet. Ce suivi prend plusieurs formes : envois de remerciements aux différents partenaires, rédaction d'articles, émission des résultats, retour du matériel aux organismes prêteurs...

La prospective

Il est nécessaire d'évaluer la réalisation des différentes tâches afin d'en tirer des enseignements pour l'avenir. Les organisateurs identifient les points à améliorer et des solutions plus efficaces (ne pas seulement informer de l'événement par voie de presse mais également par l'intermédiaire de la radio, prévoir les finales après chaque tableau et ne pas les concentrer en fin d'après-midi, augmenter le droit de participation, prévoir des invitations pour les personnalités...). Au fur et à mesure des organisations, les responsables affinent leur savoir-faire et prennent en compte de plus en plus d'éléments.

Raccourci

Organiser un événement sportif ne s'improvise pas mais exige une préparation rigoureuse et un savoir-faire spécifique. Cette organisation s'effectue en plusieurs phases qui sont : la construction d'un projet, la mise en œuvre et le bilan de la manifestation. La multitude des tâches à accomplir nécessite la participation de nombreuses personnes.

Résumé

L'éducateur, dans le cadre de ses fonctions, est amené à concevoir des projets divers. Pour ce faire, il doit être capable d'établir des constats et d'analyser une situation, de définir des objectifs et des actions concrètes, de rechercher des moyens… Ces compétences s'apprennent essentiellement sur le terrain. Cependant une connaissance de la méthodologie du projet accélère le développement de ces compétences.

Thèmes de réflexion

1. À quoi sert un projet ? Donnez un exemple de projet.
2. Quels sont éléments clefs de la construction d'un projet ?
3. Après avoir défini une manifestation sportive à mettre en place, précisez les différents éléments à prendre en compte pour son organisation et les étapes de construction du projet.

section 4

l'esprit sportif

Le sport n'est pas, par essence, pur ou impur, bon ou mauvais. Il ne possède pas de valeurs intrinsèques : c'est un objet neutre qui peut être approprié de multiples façons. Vecteur d'insertion sociale pour les uns, objet mercantile pour d'autres ; le sport est un phénomène complexe à multiples visages. Pierre de Coubertin, le premier fervent défenseur du sport en France, le considérait comme une occasion privilégiée de développer le corps et l'esprit. Les valeurs de l'olympisme ont été édictées pour diffuser l'image d'un sport humaniste pouvant faciliter l'épanouissement personnel, le respect mutuel et le rapprochement entre les peuples.

Mais le sport est aujourd'hui victime de son succès. Sa dimension dramatique et émotionnelle a amené les médias à s'intéresser très tôt au phénomène sportif pour en faire un spectacle télévisuel recherché. Le spectacle sportif est devenu un objet commercial qui se vend et s'achète, dans certaines disciplines sportives, à prix fort. Cette nouvelle donne a accru l'importance de la victoire et a entraîné ainsi l'apparition de phénomènes de tricherie et de violence. L'esprit sportif est ainsi souvent bafoué.

Face aux excès que connaît aujourd'hui le sport, divers acteurs du monde sportif tentent de réagir pour lutter contre la violence, le non-respect de l'éthique sportive, la commercialisation massive du spectacle sportif et l'utilisation abusive du sport par des partenaires peu soucieux du respect de ses règles fondatrices.

Cette partie est organisée en trois chapitres :

- le premier présente la notion d'esprit sportif : il n'est pas inhérent au sport mais a été construit pour diffuser l'image d'un sport humaniste, celui de l'olympisme ;

- le deuxième présente certains débordements actuels du sport c'est-à-dire les phénomènes de violence, de tricherie et d'abus de pouvoir ;

- le troisième s'attache au rôle de l'arbitre et à sa capacité à maintenir l'éthique sportive.

Chapitre 13

les Jeux olympiques et l'esprit sportif

Lorsque Coubertin a annoncé la rénovation des Jeux olympiques, en 1894, il a insisté sur le respect des valeurs fondatrices du sport qui sont encore celles édictées par la charte olympique, c'est-à-dire : le rapprochement entre les peuples, le développement de la personne, la loyauté, le fair-play. Depuis leur rénovation, les Jeux olympiques ont connu de profondes transformations et constituent une compétition internationale de caractère exceptionnel qui promeut l'universalité et l'esprit sportif. Cependant, les phénomènes de violence et de tricherie qui « secouent » actuellement le sport n'ont pas épargné les Jeux olympiques. Aussi, face à cette nouvelle donne, nous pouvons nous demander ce que devient l'esprit sportif.

Les Jeux olympiques antiques

L'origine des Jeux antiques

L'origine des Jeux olympiques antiques est difficile à définir. Il est malaisé de faire la part entre l'histoire et la mythologie. Le point de départ des Jeux olympiques antiques semble être une fête donnée en l'honneur de Zeus à Olympie (Olympie était un sanctuaire consacré au culte de Zeus). Les premières traces du déroulement des Jeux remontent à 776 avant J.-C., date à partir de laquelle les Jeux sont organisés régulièrement à Olympie qui devenait, pendant le mois que durait la Trêve Sacrée, la véritable capitale du monde grec. Ces Jeux ont rassemblé les athlètes de cités et de colonies grecques, dans un premier temps, puis les Macédoniens et les Romains.

Les épreuves

Lors des premiers Jeux antiques en 776 avant J.-C., une seule épreuve fut organisée : la course autour d'un stade. Les épreuves se sont ensuite diversifiées pour intégrer différentes longueurs de course, les épreuves pugilistiques, le pentathlon et la course de chars.

Les épreuves pugilistiques pouvaient être très violentes. Si la lutte interdisait les prises douloureuses, les coups et les torsions, dans le pancrace tous les coups étaient permis et les athlètes n'hésitaient pas à étrangler leur adversaire, à lui donner des coups bas, à lui mordre les oreilles, à lui casser les doigts et même à lui crever, quelquefois, les yeux. Ce combat pouvait aller jusqu'à la mort.

Le pentathlon regroupait cinq disciplines : le lancer du disque, le lancer du javelot, la course, le saut et la lutte. Il était organisé de façon à éliminer successivement les compétiteurs pour, à la fin, conserver deux concurrents qui se départageaient à la lutte. Le pentathlon était réservé aux athlètes complets et constituait l'attraction majeure des Jeux.

La philosophie des Jeux antiques

Les Jeux antiques revêtaient un caractère religieux. Les cérémonies d'ouverture se terminaient par un hommage à Zeus, père des Dieux et des hommes. Les Jeux étaient l'occasion de célébrer les Dieux et de se rapprocher de ceux-ci. Le triomphe était plus qu'une victoire d'hommes sur d'autres hommes : les vainqueurs étaient considérés comme ayant réalisé un exploit digne des Dieux et étaient apparentés à ceux-ci. Les Grecs assuraient aux athlètes victorieux une renommée : ils étaient reçus comme des héros et bénéficiaient de multiples privilèges tels que des exonérations fiscales et des cadeaux de toutes sortes.

Raccourci

Les Jeux olympiques antiques étaient une fête donnée en l'honneur de Zeus. Les premiers Jeux olympiques ont eu lieu en 776 avant J.C. Les Jeux, qui étaient considérés comme une fête païenne, ont été interdits en 392.

La rénovation des Jeux

Lorsque Théodore, en 392, abolit les fêtes païennes, dont les Jeux olympiques, nul ne peut imaginer qu'il faudra attendre 1 500 ans pour qu'un baron épris de sport s'attache à les rénover.

Pierre de Coubertin : une personnalité hors du commun

Pierre de Coubertin est né en 1863. Homme érudit (triple bachelier) et d'une intelligence exceptionnelle, il découvre le sport lors d'un voyage en Angleterre. Il est immédiatement conquis par cette forme d'activité physique. Dès son retour en France, il devient non seulement un fervent pratiquant mais aussi un défenseur des pratiques sportives qu'il considère comme un élément de formation morale et physique : « le sport doit être pratiqué avec ardeur, je dirais même avec violence. Le sport, ce n'est pas l'exercice bon pour tous à condition d'être sage ou modéré ; le sport est le plaisir des forts ou de ceux qui veulent le devenir physiquement et moralement. »

Homme d'un très grand humanisme, Coubertin envisage le sport comme devant être pratiqué par tous du fait de son pouvoir éducatif et comme un facteur de rapprochement entre les individus et les peuples. Il consacre toute sa vie au développement du sport autant par ses nombreux écrits (trente volumes édités) que par son engagement personnel (Président du Comité international olympique de 1896 à 1925). Il meurt en 1937 terrassé par un arrêt cardiaque.

La rénovation des Jeux olympiques

À l'initiative de Pierre de Coubertin, alors secrétaire général de l'Union des Sociétés Françaises de Sports Athlétiques, se tient, du 16 juin au 23 juin 1894 dans le grand amphithéâtre de la Sorbonne, un congrès appelé « Congrès International Athlétique de Paris ».

À l'issue du Congrès, Coubertin annonce le rétablissement des Jeux olympiques qu'il avait déjà évoqué dans une conférence en 1892 : « Sur ma demande, le Congrès, avant de se séparer, proclame le rétablissement des Jeux olympiques sur des bases et dans des conditions conformes aux nécessités de la vie moderne. » Le Congrès nomme alors un Comité international olympique de quatorze membres pour veiller à l'exécution de cette décision.

Ce comité travaille d'arrache-pied pour permettre, en 1896 à Athènes, le déroulement des premiers Jeux olympiques modernes. Ces premiers Jeux olympiques rassemblent 13 nations et 285 participants. En 1900, à Paris, ils sont 1 066 athlètes appartenant à 20 nations différentes. Le mouvement est amorcé et les Jeux ne cessent, alors, de prendre de plus en plus d'importance pour devenir une compétition à caractère universel. Il est à noter que les femmes sont admises à participer aux Jeux en 1908.

Les valeurs de l'olympisme

Pour Coubertin, l'idée olympique est éternelle. Elle anime le champion moderne, comme elle insufflait force, bravoure et loyauté à l'athlète d'Olympie. L'athlète olympique est ainsi porteur des plus hautes valeurs humanistes ; il est le porte-parole symbolique d'une humanité qui recherche la voie du bien par une excellence dans les domaines de la beauté physique et morale : ciltius, altius, fortius tels sont les mots clefs de l'olympisme (plus vite, plus haut, plus fort).

Les valeurs de l'olympisme sont actuellement énoncées par la charte olympique et nous pouvons citer quelques extraits de celle-ci pour illustrer cet esprit olympique.

« L'olympisme est une philosophie de la vie, exaltant et combinant en un ensemble équilibré les qualités du corps, de la volonté et de l'esprit. L'olympisme se veut créateur d'un style de vie fondé sur la joie de l'effort, la valeur éducative du bon exemple et les respects des principes éthiques fondamentaux universels. »

« Le but de l'olympisme est de mettre partout le sport au service du développement de l'homme, en vue d'encourager l'établissement d'une société pacifique, soucieuse de préserver la dignité humaine ».

« Le mouvement olympique a pour but de contribuer à bâtir un monde pacifique et meilleur... dans l'esprit olympique qui exige la compréhension mutuelle, l'esprit d'amitié, la solidarité et le fair-play ».

En fait, les valeurs de l'olympisme n'ont pas changé depuis Coubertin et nous pouvons les résumer de la manière suivante : compréhension et rapprochement entre les peuples, formation du corps et de l'esprit, respect et amitié.

Raccourci

Le baron Pierre de Coubertin rétablit les Jeux olympiques. Les premiers Jeux olympiques modernes ont lieu en 1896 à Athènes.

Ces Jeux ont pour ambition de promouvoir les valeurs de l'olympisme, c'est-à-dire, le rapprochement entre les peuples, l'amitié, le fair-play, le respect mutuel, la formation du corps et de l'esprit.

Les Jeux olympiques aujourd'hui

Le phénomène olympique possède, aujourd'hui, une ampleur extraordinaire qui atteint une dimension mondiale. Ses symboles sont universellement reconnus. Les Jeux olympiques mobilisent un nombre considérable d'athlètes, d'accompagnateurs, d'officiels, de journalistes, d'hommes d'affaires, de spectateurs et de téléspectateurs. Il est un des phénomènes sociaux et culturels le plus fortement médiatisé. Le phénomène olympique a connu de nombreux bouleversements depuis sa rénovation. Il est indéniable que le mouvement olympique est l'une des institutions, à caractère international, qui a le mieux réussi dans sa mission mais il a, au cours des olympiades, intégré de nouveaux enjeux qui ont complexifié son organisation.

L'organisation du mouvement olympique

Le mouvement olympique est une organisation complexe représentée, au niveau international, par le Comité international olympique (CIO) qui est une association d'une centaine de membres. Le CIO a été fondé en 1894 à Paris mais son siège est en Suisse à Lausanne. Les membres ne sont pas élus mais cooptés et regroupent des personnalités (cinq Altesses Royales, plusieurs ex-ministres, des diplomates, des académiciens...) d'une soixantaine de pays. Le CIO a pour principale fonction de diriger et de promouvoir l'olympisme au niveau mondial : il reconnaît les Comités nationaux olympiques (CNO), choisit les villes organisatrices des Jeux olympiques, assure le respect des principes de la charte olympique et définit la politique du mouvement olympique. Le CIO est ainsi l'organe de pilotage du système olympique et comprend différentes commissions.

Les Comités nationaux olympique (CNO), les fédérations internationales (FI) et les Comités d'organisation des Jeux olympiques (COJO) forment le système opérant qui permet la coordination des activités sur le terrain. Ces trois structures constituent les piliers du mouvement olympique. Concernant les Jeux olympiques, les CNO fournissent les participants, les FI apportent les juges et les arbitres tandis que les COJO s'occupent des lieux et des conditions de compétition.

Les nouveaux enjeux du mouvement olympique

La mondialisation et le succès du phénomène olympique a eu pour conséquence d'attirer les intérêts financiers et les attentions politiques.

Les enjeux économiques

Lorsque J.A. Samaranch est arrivé à la tête du CIO, en 1980, il ne disposait que de 100 000 dollars en caisse. De nouvelles modalités de fonctionnement ont ramené le compte en banque du CIO à un solde créditeur de 42 millions de dollars en 1986. Le CIO s'est doté de structures spécifiques pour gérer les aspects financiers et a élaboré une stratégie de marketing. Les Jeux font aujourd'hui l'objet d'une commercialisation. L'exploitation du logo olympique et la retransmission télévisée des Jeux se vend à des entreprises au gré des lois du marché. Le montant total des droits de retransmission, pour le monde entier, est proche de 750 millions de dollars. Le programme TOP (programme olympique de sponsoring) a rapporté 175 millions de dollars entre 1988 et 1992 et a pour objectif 350 millions de dollars pour la période 1992 et 1996. Les sociétés, membres du programme TOP, ont le droit d'associer les anneaux olympiques à leurs produits et elles ont la garantie qu'elles seront les seuls sponsors olympiques pour leurs catégories de produits. Le choix des entreprises du programme TOP fait l'objet d'une sélection dont les critères obéissent avant tout à une logique de marketing. Aussi, face à cette loi de l'argent, il est étonnant que l'arrivée de sponsors asiatiques (Panasonic) ait été mal interprétée par certains partenaires occidentaux (à moins que le sport ne soit le lieu d'autres enjeux). L'argent perçu est redistribué au CIO, aux COJO d'organisation (d'hiver et d'été), aux différents CNO et aux fédérations internationales.

Les enjeux politiques

Le CIO possède un énorme pouvoir qui provient non seulement de son argent mais surtout de sa possibilité de reconnaissance des CNO. Le CIO a le pouvoir de décerner le label olympique à l'État qui sollicite son admission dans la famille olympique. Si les conditions fixées pour cette reconnaissance sont essentiellement d'ordre technique, elles intègrent également une dimension politique. Le CIO, lorsqu'il reconnaît un CNO, reconnaît en fait un État et les peuples qui cherchent à se constituer en tant qu'État ne se trompent pas sur l'importance de cette reconnaissance olympique. Le CIO possède également le pouvoir d'exclure ou de suspendre des CNO. Ces sanctions sportives traduisent souvent un désaccord avec l'idéologie des Etats concernés. L'Afrique du Sud avait été exclue de la famille olympique du fait de sa politique d'apartheid et les athlètes sud-africains ont de nouveau été acceptés, en 1992, aux Jeux olympiques avec comme témoin Nelson Mandela. Le CIO, s'il a pour ambition d'être un vecteur de rapprochement entre les peuples, possède le pouvoir de discréditer ceux-ci.

Les enjeux de prestige

Organiser les Jeux est perçu comme un événement important, non seulement pour les impacts économiques mais aussi et surtout pour le prestige que cette organisation apporte. Pendant dix-sept jours la « ville olympique » est le centre de l'univers. Le seul fait de rentrer dans la course à cette organisation est déjà considéré comme un avantage. Le choix des villes olympiques est soumis à des critères politiques et économiques draconiens. Les villes candidates doivent offrir toutes les garanties financières et être soutenues par leur pays afin de pouvoir supporter les frais de l'organisation. En effet, les Jeux olympiques, malgré des retombées économiques diverses, constituent souvent un gouffre financier et sont réservés à des pays qui peuvent se l'offrir. Mais des critères d'ordre politiques rentrent également en compte. L'honneur d'organiser les Jeux olympiques est souvent attribué à une ville et à un pays reconnu comme un grand centre de décision politique ou pour récompenser les plus fidèles alliés des Occidentaux (les Japonais en 1964, les Mexicains en 1968, les Coréens du Sud en 1988). Ces éléments de non-dit, dans les critères de décision, et cette toute puissance du CIO dans l'attribution des Jeux olympiques ne sont pas sans soulever quelques contestations (en témoigne le choix de Pékin comme ville organisatrice des Jeux en 2008).

Le CIO aujourd'hui

Le CIO poursuit un double objectif : le premier, affiché par Coubertin, est l'universalité, le deuxième, plus souterrain, est la survie de l'entreprise olympique et la pérennisation du CIO. Pour ce faire, le CIO cherche à célébrer à tout prix la fête olympique de manière fastueuse, et à rester l'interlocuteur indispensable et unique des États en matière d'olympisme.

Si le mouvement olympique est devenue une institution puissante et reconnue sur le plan international, son évolution met cependant à jour un paradoxe : « Le CIO n'a pu atteindre ses objectifs d'universalité et de pérennité qu'au prix du sacrifice de ses mythes fondateurs : le refus de la politique et de l'argent. Les blocs présents à l'Assemblée générale des Nations Unies se retrouvent à quelques variantes près à l'intérieur du CIO. Ce dernier qui s'est construit en se voulant universel, s'est transformé en ONU du sport. Les soubresauts du monde se retrouvent en son sein ; les lignes de fracture et les tensions internationales s'inscrivent dans sa politique. Le CIO s'est rêvé État olympique apolitique, il se révèle multinationale du sport. » (Dominique Maliesky, 1992).

Aussi du fait de cette évolution de l'olympisme nous pouvons nous interroger sur le devenir de ses valeurs.

Raccourci

Les Jeux olympiques sont aujourd'hui devenus un spectacle d'ampleur mondiale et une source de profits financiers et symboliques importants. Ils constituent un spectable qui se vend et s'achète à prix fort.
Le mouvement olympique est régi, au niveau international, par le Comité international olympique.

L'esprit sportif

Certains sportifs se voient quelquefois décerner un prix : celui de l'esprit sportif. Que peut signifier cette distinction ?

L'esprit sportif est celui qui caractérise le vrai sportif. Il constituerait la valeur même du sport originel non perverti par l'argent et la politique ; celui de l'olympisme !!! Il permettrait de lutter contre les phénomènes de violence et de tricherie qui ont fait irruption dans le domaine du sport. Mais, si on fait souvent référence à cet esprit sportif, on lui donne rarement un contenu spécifique. Il est associé au fair-play (respect des règles du jeu) mais sans autres précisions. L'esprit sportif est un concept complexe, constitué de valeurs qui orientent et qui donnent un sens aux attitudes et aux conduites des sportifs.

Pour tenter d'éclaircir ce concept, nous nous appuyons sur les écrits de Donald Guay (1993), qui identifie trois valeurs constitutives de l'esprit sportif : l'équité, le désir de vaincre, la loyauté.

Raccourci

« Le fair-play est l'essence même du sport. Il lui donne à la fois sa noblesse et sa valeur éducative. »

Jean Borotra, Président-fondateur du Comité International du fair-play

L'équité

Le sport est de nature compétitive, il met en présence des adversaires pour déterminer le meilleur d'entre eux à l'issue d'une confrontation. Le résultat de celle-ci ne doit pas être prévisible sous peine de nuire à la qualité de la rencontre. En effet, l'intensité dramatique d'un affrontement dépend de son degré d'incertitude : les matchs de forte intensité émotionnelle sont ceux dont le dénouement reste incertain jusqu'à la dernière minute.

Ce souci d'équité et d'égalité des chances a influé sur les premiers règlements sportifs. À l'origine, dans les sports collectifs, les sportifs ne pouvaient se faire remplacer et jouaient la totalité du match. Lorsqu'un athlète était blessé et devait quitter le terrain, l'autre équipe retirait également un joueur afin de ne pas se retrouver en supériorité numérique et rétablissait ainsi l'égalité des forces en présence. Les premières courses d'athlétisme étaient organisées avec des handicaps : les plus rapides rendaient de la distance aux autres coureurs. De même, les tennismen les mieux classés donnaient des points d'avance à leur adversaire moins bien classé (ce système de handicap est d'ailleurs à l'origine du système de classement du tennis). L'établissement de catégories de poids dans les sports de combat et le système des catégories d'âge répond à ce souci d'équité, il s'agit d'équilibrer les forces en présence.

Le système sportif actuel est également organisé (principes des championnats, des têtes de séries, des qualifications successives...) de façon à mettre en opposition des forces équivalentes. Une rencontre dont le résultat est connu à l'avance n'intéresse personne : ni les spectateurs, ni les acteurs. Sur le continent américain, le système de transfert des joueurs de hockey sur glace, de base-ball ou de football américain est conçu de façon à privilégier, à l'issue de la saison, le recrutement des équipes les moins fortes. Il semble incohérent de permettre aux équipes les plus fortes de se renforcer en affaiblissant les autres : « À vaincre sans péril on triomphe sans gloire ». C'est cet équilibrage des forces qui permet d'assurer des luttes spectaculaires pour l'obtention de la victoire et du titre. La réglementation française ne prévoit pas de telles dispositions et les clubs riches peuvent s'offrir le luxe d'une équipe, certes à dimension européenne, mais dont la supériorité écrasante nuit à l'intensité émotionnelle du championnat français.

Le désir de vaincre

L'égalité relative des forces en présence est d'autant plus importante que l'esprit sportif commande aux athlètes de posséder le désir de vaincre. Toute leur activité est organisée en vue de cet objectif, remporter la victoire. Sinon, pourquoi se confronter ? Chaque sportif a le devoir de lutter pour vaincre : il doit être combatif, donner le meilleur de lui-même, « aller au charbon », « ne pas baisser les bras »... La lutte fait partie du combat sportif. La combativité reflète l'ardeur, la persévérance, la ténacité, la vaillance, le courage et embellit le spectacle. Les règlements, dans certaines disciplines sportives, pénalisent les compétiteurs qui manquent de combativité. Par exemple, les basketteurs ne « peuvent jouer la montre » et sont sanctionnés s'ils conservent plus de trente secondes le ballon sans avoir tiré au panier.

Ce désir de vaincre amène les athlètes à rechercher sans cesse les progrès. Les compétiteurs s'améliorent au contact des autres, de nouveaux problèmes à résoudre apparaissent en permanence et poussent les sportifs à toujours donner le meilleur d'eux-mêmes et à innover. Chaque victoire en appelle une autre et celle-ci n'est pleinement satisfaisante que lorsqu'elle s'accompagne d'une amélioration des performances antérieures. L'esprit sportif ce n'est pas seulement le désir de vaincre mais aussi celui de réaliser une performance maximale et de reculer constamment les limites du possible.

Aussi, l'essentiel n'est plus de participer mais de vaincre et de progresser. Si le CIO affirme que « le plus important aux Jeux olympiques n'est pas d'y vaincre mais d'y prendre part », il reste que cette formule est pure idéologie car les actes sont en contradiction. Le CIO n'exige-t-il pas, maintenant, des performances minimales pour pouvoir participer aux Jeux ? La formule « ciltius, altius, fortius », n'est-elle pas une formule de progrès ?

S'il est essentiel de vouloir gagner, il faut aussi apprendre à perdre et à reconnaître les mérites de l'adversaire. L'esprit sportif exige que l'athlète accepte la défaite sans animosité mais en essayant, au contraire, d'y puiser de nouvelles énergies. La défaite, si elle a fait l'objet d'une lutte vaillante, n'est pas déshonorante.

La loyauté

Si les compétiteurs veulent vaincre, ils doivent cependant lutter en respectant les règlements sportifs et leurs adversaires. Ils ne peuvent agir à leur guise mais doivent se conformer à un code de conduite. Gagner à tout prix ou en trichant n'est pas compatible avec l'esprit sportif : la fin ne saurait justifier les moyens et la manière de gagner importe autant que la victoire. Se conformer aux règles est un devoir faisant partie de l'esprit sportif. Les athlètes doivent accepter les décisions de l'arbitre et même quelquefois s'autosanctionner. Le célèbre golfeur américain Greg Norman, classé premier dans la Coupe Palm Meadows, d'un enjeu de 800 000 dollars, s'est ainsi retiré volontairement du tournoi parce qu'il avait commis une faute. Le vrai sportif préfère la défaite à une victoire déloyale.

L'esprit sportif est ainsi le garant de l'idéal égalitaire de la compétition sportive. Le sport est un espace de valorisation des qualités naturelles mais offre également l'occasion de mettre en valeur tout ce qui est acquis par un travail long, douloureux et méritant. Il est le lieu où les plus besogneux peuvent, à la longue, s'imposer en surpassant les autres mais où les plus rapides et les plus habiles peuvent aussi, spontanément, créer l'exploit.

Raccourci

L'esprit sportif est une notion qui a pour but de promouvoir l'image d'un sport humaniste. Cette notion intègre l'équité (égalité des chances au départ), le désir de vaincre (la combativité, le surpassement) et la loyauté (respect des règles, des adversaires, des arbitres).

Peut-on encore parler de l'esprit sportif aujourd'hui ?

Ainsi défini, l'esprit sportif semble être le garant d'un sport humaniste. L'équité, le désir de vaincre, la loyauté sont les vecteurs de la poursuite de nobles buts qui ne se laissent jamais submerger par la tricherie et la violence. Mais la réalité est souvent autre : la recherche de la victoire, attisée par de multiples enjeux, est à l'origine de déviances qui deviennent pour le monde sportif de véritables « problèmes sociaux ». Les phénomènes de violence et de dopage font souvent la une des chroniques sportives.

Le désir de vaincre à tout prix conduit les sportifs à bafouer les valeurs d'équité et de loyauté. Les sportifs se dopent pour augmenter leurs chances de succès, ils enfreignent le règlement, essaient d'influer sur les décisions de l'arbitre, utilisent la violence physique pour battre leur adversaire... Plus grave, ils sont parfois corrompus et brouillent, dès le départ, les règles du jeu en arrangeant à l'avance le résultat des rencontres. Aussi, peut-on encore parler aujourd'hui d'esprit sportif ?

Les athlètes de haut niveau sont placés au centre de conflits et d'intérêts divers qu'ils doivent concilier à l'intérieur des limites sportivement et socialement acceptables. On attend d'eux la victoire, et leur existence d'ailleurs ne se justifie pas en dehors de celle-ci, mais ils doivent dans le même temps respecter un idéal qui ne correspond plus aux valeurs sociales. La morale sportive magnifie l'effort, l'épreuve, la réussite dans la confrontation, le contrôle de soi et de ses émotions, le respect de l'adversaire et ceci malgré des enjeux de plus en plus importants. En somme, on attend « des sportifs qu'ils soient des hommes ordinaires agissant de manière extraordinaire » (Donald Guay, 1993).

L'erreur consiste à penser que le sport possède des valeurs intrinsèques. En fait, le sport est un objet neutre approprié de façon différente, qui peut servir différentes idéologies et prendre les valeurs qu'on lui assigne. Lorsque l'on mélange les genres, les sportifs de haut niveau se retrouvent au milieu d'exigences contradictoires qu'ils ne parviennent plus à concilier. Lorsque seule la victoire est reconnue et glorifiée, comment ne pas être tenté d'employer tous les moyens pour y parvenir ?

Pour lutter contre ces excès certaines associations se sont créées. Elles ont pour but de préserver l'éthique sportive et l'esprit sportif. Elles ont ainsi établi un « code de bonne conduite du sportif ». Le sport est conçu comme l'occasion de développer des valeurs morales et constitue « un des derniers remparts contre la barbarie du monde moderne ». Il est une occasion d'épanouissement personnel et de rapprochement entre les peuples et les individus. Il doit être protégé pour conserver ses valeurs d'humanisme. Aussi l'esprit sportif n'est pas un élément constitutif du sport mais il a été construit pour servir et diffuser une représentation humaniste du sport. La mise en avant de cette notion d'esprit sportif a pour but de lutter contre les débordements que connaît aujourd'hui le phénomène sportif.

Raccourci
Le sport ne possède pas de valeurs intrinsèques. C'est un objet neutre qui peut servir différentes idéologies.

→ Comment inculquer l'esprit sportif ?

Le Comité international du fair-play a identifié trois types de mesures pour encourager l'esprit sportif :

- ↗ des mesures pédagogiques, qui visent à la formation d'une mentalité nouvelle en matière de sport ;
- ↗ des mesures structurelles, qui concernent la réglementation du sport ;
- ↗ des mesures répressives, qui visent à réfréner les comportements antisportifs.

Les mesures pédagogiques

Ces mesures sont les plus importantes. Les éducateurs ont pour mission d'inculquer aux jeunes les valeurs de l'éthique sportive en ne tolérant pas certaines attitudes antisportives. Il est inconcevable de rechercher la victoire à tout prix mais les éducateurs doivent valoriser le jeu, le respect des adversaires et le fait d'avoir donné le meilleur de soi-même. La formation des éducateurs est, à ce niveau, essentielle : ils doivent connaître les valeurs de l'éthique sportive pour les transmettre.

Les mesures structurelles

Il est dans le devoir des fédérations sportives d'aménager les règlements sportifs et de former des arbitres compétents de façon à ne pas laisser les actes de violence se propager sur les terrains de sport.

Il s'agit également d'élaborer un code de déontologie et une charte du pratiquant sportif qui feraient obligation au monde sportif de respecter l'homme dans toutes ses dimensions, de protéger les jeunes et surtout les enfants de tous les excès de la compétition et de l'entraînement, d'offrir à tous et à toutes des pratiques adaptées à leur choix. Les fédérations s'engageraient à respecter cette charte.

Les mesures répressives

Les fédérations doivent être fermes quant au respect des règlements sportifs. Il s'agit de ne pas tolérer les actes antisportifs et de les sanctionner par des mesures adaptées (avertissements, suspensions, exclusions, amendes, système de pénalisation...). Les solutions mises en œuvre doivent dépendre de la gravité des fautes et des niveaux de pratique sportive.

Le code du sportif

(Établi par l'Association Française pour un Sport Sans Violence et pour le Fair-Play).

Tout sportif, débutant, champion, éducateur, dirigeant, par la signature d'une licence fédérale s'engage à :

1) se conformer aux règles du jeu ;

2) respecter les décisions de l'arbitre ;

3) respecter adversaires et partenaires ;

4) refuser toute forme de violence et tricherie ;

5) être maître de soi en toutes circonstances ;

6) être loyal dans le sport et dans la vie ;

7) être exemplaire, généreux et tolérant.

Le sport comme vecteur d'insertion sociale

Ainsi défini le sport semble pouvoir être un vecteur d'insertion sociale pour des « jeunes en difficulté » à la recherche d'identité. Il permettrait de recréer du lien social et l'apprentissage de certaines valeurs (le respect des autres et de l'autorité, le sentiment d'appartenance à un groupe, la tolérance, l'accès à la citoyenneté...). Ce présupposé est à la base d'actions pour le développement du sport dans les quartiers défavorisés..

Caractéristiques des « jeunes en difficulté »

L'expression « jeunes en difficulté » est une expression très imprécise qui laisse une grande part à l'interprétation. Ces jeunes sont néanmoins souvent caractérisés par les éléments suivants : des ressources économiques faibles, une certaine désinsertion sociale et désintégration des normes sociales, des contextes familiaux insécurisants, un manque de perspective professionnelle, un sentiment de révolte par rapport à leurs conditions de vie. Ces jeunes se marginalisent et se regroupent fréquemment en bandes au sein des cités.

Caractéristiques des pratiques sportives de ces jeunes

Si les jeunes des cités pratiquent certains sports (le basket, le football...), ils le font de manière sauvage et hors institution. Ils n'acceptent pas la pratique de type associatif, ils jouent sans arbitre et sans règles réellement codifiées, ils refusent la structure des entraînements traditionnels (l'échauffement physique, les exercices, les compétitions institutionnalisées) mais privilégient le plaisir immédiat... En fait les jeunes des cités ont recréé un type de pratique physique qui correspond à leurs motivations et à leurs conditions de vie : ils se regroupent au pied des immeubles pour s'affronter au football, se défient au skate... Ces pratiques autonomes constituent le moyen d'être reconnu au sein de la cité.

Le sport peut-il constituer réellement un vecteur d'insertion sociale pour ces jeunes ?

Les éducateurs rencontrent des difficultés pour faire adhérer les jeunes des banlieues à leur projet sportif. Ceux-ci refusent les règles imposées par l'extérieur et l'intervention des adultes. Les problèmes des jeunes en difficulté sont complexes et liés à des phénomènes économiques, sociaux et culturels. Ces jeunes sont souvent en rupture familiale, ils connaissent le chômage, sont victimes de l'exclusion et de la ségrégation sociale. Ces problèmes ne peuvent être résolus par un éducateur sportif. S'il est vrai que le sport constitue un espace de liberté et une occasion de valorisation de son image personnelle, celui-ci ne peut agir seul : il ne peut être qu'un maillon d'une chaîne plus longue.

Résumé

Les Jeux olympiques ont été rénovés en 1896 grâce à l'impulsion de Pierre de Coubertin qui attribuait une valeur humaniste au sport. Ces Jeux avaient et ont toujours, comme ambition de promouvoir l'esprit olympique, c'est-à-dire les valeurs de progrès, de respect mutuel, de compréhension et de rapprochement entre les peuples.

Cependant le sport ne possède pas de valeurs intrinsèques et peut servir différentes idéologies. L'esprit sportif qui englobe le respect de l'équité, le désir de vaincre et la loyauté a été construit pour diffuser une vision humaniste du sport. Il importe de continuer à développer cet esprit.

Thèmes de réflexion

1. Les exigences de la pratique de haut niveau vous paraissent-elles compatibles avec le respect des valeurs de l'olympisme ?

2. Comment définir l'esprit sportif ?

3. « Le sport est une valeur du monde moderne. Il est fraternité universelle, épanouissement individuel, liberté, courage, confiance, jeunesse, gratuité, esprit de décision et d'entreprise. Il est la forme la plus pure de la manifestation du mérite : on y crée artificiellement l'égalité des chances pour y reconnaître un vainqueur incontestable. Il fait la part au rêve et au merveilleux. En un mot, c'est le Bien ! »

Êtes-vous d'accord avec cette vision du sport ? Pourquoi ?

4. Le sport peut-il constituer un vecteur d'insertion sociale ?

Pour en savoir plus

• Maliesky (Dominique), « De Coubertin à Samaranch : la diplomatie du CIO » in *Pouvoirs*, n° 61, PUF, 1992, p. 25-37. (Analyse du fonctionnement du CIO d'aujourd'hui et de sa politique.)

• Guay (Donald), *La culture sportive*, PUF, 1993, p. 63-99. (Analyse du concept de l'esprit sportif et identifications des déviances observées.)

• Dossier *Cent ans d'olympisme*, Revue EPS, n° 248, juillet-août 1994.

Chapitre 14

les débordements du sport

De nombreux événements « secouent » périodiquement le monde sportif. Les révélations sur le dopage institutionnalisé, les magouilles dans le football, les combats truqués de boxe, la mercantilisation du phénomène olympique, la violence dans les stades, la prostitution publicitaire, les intrigues des dirigeants, font souvent la une des journaux. Le sport apparaît en danger. La violence, la tricherie, le dopage, la corruption sont des phénomènes que nous pouvons qualifier de « problèmes sociaux » pour le sport qui nuisent à son image et à ses valeurs d'équité, de fair-play, de respect et d'éducation. Nous pouvons ainsi nous interroger sur les raisons de l'apparition de ces phénomènes et nous demander s'il est encore possible de lutter contre ceux-ci.

Les phénomènes de violence

Lorsque l'on parle de la violence dans le sport, la soirée dramatique du mois de mai de 1985 au Heysel, revient instantanément dans les mémoires. Le sport engendre des phénomènes de violence qui apparaissent non seulement en dehors des stades mais également sur les terrains.

Les formes de la violence sur les terrains de sport

De nombreux phénomènes de violence apparaissent sur les terrains de sport. Cette violence prend diverses formes (agression entre les joueurs, envers l'arbitre, à l'encontre du matériel) et présente différents degrés (mauvaise humeur, violence verbale ou physique). Lorsque Agassi jette sa raquette ou conteste les décisions de l'arbitre, il est simplement en colère (contre lui ou contre quelqu'un d'autre) mais quand un rugbyman mord et arrache l'oreille de son adversaire dans une mêlée, nous atteignons un stade inadmissible et nous sortons des limites de la tolérance et du supportable.

Les raisons de la violence sur les terrains de sport

Trois types de raisons expliquent l'apparition de cette violence : les passions, les enjeux et les caractéristiques des disciplines sportives.

Les passions

Le sport exacerbe les passions. Les sportifs s'investissent totalement dans l'action et en perdent quelquefois le contrôle. Les cris des spectateurs, l'approche de la fin du match, la non-acceptation de la domination adverse amènent les athlètes à effectuer des actes agressifs. Le footballeur tacle violemment un adversaire qui n'est plus en possession du ballon, le handballeur retient son attaquant par le maillot, le basketteur donne des coups de coude à la récupération sous le panneau, les fins de matchs se terminent en bagarre organisée… Les athlètes enfreignent le règlement pour obtenir la victoire ou pour faire mal : ils sont dans un tel état d'excitation qu'ils perdent le contrôle d'eux-mêmes. Ces phénomènes se retrouvent à tous les niveaux de pratique et sont quelquefois encore plus marqués à des faibles niveaux de compétition, qui concernent des sportifs qui rencontrent des difficultés à gérer les états émotionnels engendrés par la compétition et l'affrontement.

Les enjeux

Les sportifs de haut niveau ont, en général, développé une certaine stabilité émotionnelle. Cependant, les enjeux du sport de haut niveau dépassent les enjeux sportifs et créent un véritable système de pression autour des athlètes. La victoire prend le pas sur le jeu. Les exigences des sponsors, des médias, des dirigeants, l'importance accordée à la victoire transforment les sportifs en machines à concourir. La défaite n'est pas seulement sportive mais entraîne des conséquences financières. Une relégation en deuxième division, pour un club de football, peut mettre son avenir en péril. Les sportifs en arrivent aussi à oublier le plaisir de jouer pour se centrer uniquement sur le résultat de la rencontre. La fin est privilégiée au détriment des moyens. Tout est bon pour gagner : la violence, la tricherie, le dopage. On n'hésite même plus à blesser un adversaire trop performant pour diminuer l'efficacité de l'équipe adverse.

Les caractéristiques des disciplines sportives

Les disciplines sportives sont inégalement touchées par ces phénomènes de violence. La raison de cette inégalité est à rechercher dans l'importance des enjeux (le football) mais aussi dans les caractéristiques mêmes des sports. Le but de l'activité (mettre son adversaire hors de combat pour la boxe), les possibilités de contact avec l'adversaire (tous les coups sont permis en full-contact ou en football américain), les protections des athlètes qui réduisent l'appréhension des coups (casque grillagé pour le hockey sur glace, harnachement complet pour les footballeurs américains) influent sur le degré de violence des disciplines sportives. Les sports les plus violents sont ainsi la boxe, le full-contact, le hockey sur glace, le football américain, le rugby… Même lorsque les règles sont respectées, le jeu est violent dans la mesure où le contact physique fait partie de ces activités sportives.

Raccourci

Les passions et les enjeux provoquent des phénomènes de violence sur les terrains de sport. Les athlètes perdent le contrôle d'eux-mêmes et s'en prennent aux adversaires, à l'arbitre, aux partenaires ou/et au matériel.

L'hooliganisme

La violence ne se limite pas au terrain mais envahit les tribunes. Des spectateurs insultent les arbitres, lancent des objets sur les joueurs, s'agressent. De verbale, la violence devient physique. La soirée du Heysel de mai 1985 a porté l'attention sur un phénomène, qui suscitait jusqu'alors peu d'analyses : le hooliganisme et la violence dans les stades de football. Divers sociologues, philosophes et hommes politiques ont tenté de comprendre l'origine de ce phénomène.

Qui sont les hooligans ?

Si le terme de « hooligan » n'a pas été crée au XXe siècle mais provient d'une famille irlandaise, qui s'était particulièrement distinguée en 1898 au coeur de manifestations agitées, l'hooliganisme est réellement apparu dans les années 1960 en Grande-Bretagne. Des jeunes, sans perspective scolaire et professionnelle, étaient à la recherche d'une identité sociale et humaine. Ces jeunes ont investi dans leur club de football qui brise le vide monotone de leur existence. Ils entretiennent une relation passionnée avec le club pour lequel ils ont choisi de vibrer. Lorsque leur équipe joue bien, il leur suffit de se manifester en tant que supporters mais lorsque leur équipe joue mal, ils manifestent leur présence par de la violence. En conflit avec les valeurs d'ordre, de discipline, de politesse, les hooligans aiment choquer, faire peur, impressionner, ils aiment s'affronter et s'insulter... Ils déplacent le spectacle du terrain vers les tribunes et entrent dans la compétition au lieu de se contenter de la regarder. Une compétition parallèle, spectaculaire et bruyante, se joue dans les gradins et déborde quelquefois les limites du stade pour envahir la rue.

Pour mieux cerner le phénomène d'hooliganisme, il est nécessaire de répondre à trois interrogations : quelles sont les raisons de l'existence des hooligans ? Pourquoi le phénomène est-il spécifique au football ? Pourquoi est-il particulièrement développé en Grande-Bretagne ?

Quelles sont les raisons de l'existence des hooligans ?

Le hooliganisme doit être compris dans le cadre d'une société individualiste qui ne fournit plus de repères forts. Le hooliganisme n'est qu'une manifestation, parmi d'autres, du dilemme des groupes sociaux situés en bas de la hiérarchie et condamnés à y rester. Le hooliganisme constitue une sorte de monde alternatif et une sous-culture dans lesquels ces jeunes trouvent de nouvelles perspectives et peuvent s'identifier à un groupe reconnu et craint. Ils sortent de l'anonymat en se mettant en scène et en organisant les conditions de leur propre spectacularisation.

Pourquoi le phénomène est-il spécifique au football ?

Le football est un des sports les plus médiatiques dans lequel la présence des hooligans est la plus susceptible d'être remarquée. Le football cristallise les passions, il est l'occasion de se montrer, d'attirer l'attention. Le football n'est pas, par hasard, la victime du hooliganisme. Il possède au contraire tous les ingrédients pour susciter ces débordements : médiatisation à l'extrême, enjeux excessifs qui dépassent le cadre sportif, engagement physique des joueurs à la limite de l'agressivité, stades vétustes et mal conçus qui ne séparent pas les différentes bandes de supporters...

Pourquoi le phénomène est-il particulièrement développé en Grande-Bretagne ?

Le football atteint, outre-Manche, des proportions inconnues en France ; des rencontres de troisième division peuvent mobiliser 30 000 spectateurs. Les stades français eux, relativement vides et bien équipés sur le plan de la sécurité, ne constituent pas des lieux de mise en scène et de publicité : peu de public signifie plus d'anonymat et moins d'excitation. Les jeunes marginaux se tournent ainsi vers d'autres lieux pour sortir de l'anonymat dans lequel les confine leur condition sociale. Les rivalités entre les villes sont également certainement plus marquées en Angleterre qu'en France et favorisent cet investissement du football pour s'affronter.

Une nouvelle forme de hooliganisme : les figthing crews

Une nouvelle forme de hooliganisme, plus violente que la précédente, semble actuellement se développer en Europe et notamment en Belgique et en France. En effet, les hooligans, s'ils adorent faire peur et impressionner, propagent une violence plus symbolique qu'effective. L'idéal, à la limite, consiste à se faire remarquer en faisant peur, sans que rien ne se passe. Le drame du Heysel est un horrible mais heureusement exceptionnel dérapage. Celui-ci est avant tout le résultat d'un mouvement de panique des supporters de la Juventus, agressés par les supporters de Liverpool, mais qui, ce jour-là, n'avaient pas de fuite possible.

Le nouveau type de hooliganisme qui se profile est, lui, beaucoup plus violent. Ces nouveaux venus ne sont pas des supporters mais avant tout des délinquants. Ils ne portent pas les insignes de leur club mais plutôt ceux de l'extrême droite et sont organisés en véritables « équipes de combat ». L'apparition récente de ces figthing crews ne permet pas de bien comprendre encore ce phénomène mais il ne doit pas être cependant confondu avec l'hooliganisme classique. Les idéologies et les enjeux sont différents : les hooligans ont des comportements de machos, ils provoquent mais ont pour principal objectif de sortir de leur anonymat en s'identifiant dans un groupe de supporters extrémistes, les figthing crews véhiculent, eux, une idéologie d'extrême droite teintée de racisme qui n'a plus aucun lien avec le phénomène sportif.

Raccourci
Le football est devenu l'occasion, pour des jeunes à la recherche d'identité, de sortir de l'anonymat par des manifestations de violence dans et à proximité des stades.

La tricherie

Les enjeux du sport et la recherche de la victoire à tout prix ont entraîné des phénomènes de tricherie dans le sport. L'équité des chances n'est plus respectée mais certains bafouent les règles sportives pour vaincre : on se dope ou on corrompt ses adversaires.

Le dopage

Qu'appelle-t-on le dopage ?

Pour augmenter leurs chances de succès, allonger leur carrière, oublier la fatigue et la douleur, les sportifs se dopent. Le dopage est le fait d'absorber des substances illicites dans le but d'accroître artificiellement le potentiel physiologique ou psychique de l'organisme. Ces substances illicites sont définies par la liste établie par la Commission de lutte contre le dopage. Elle concerne des substances telles que les amphétamines, les anabolisants, les hormones, les drogues, qui sont absorbées par les athlètes pour retarder les effets de la fatigue, augmenter leur masse musculaire, diminuer le stress et/ou augmenter leur seuil de vigilance.

Une véritable course scientifique s'engage entre les médecins pro-dopage et anti-dopage. En effet, on ne décèle, dans les contrôles, que les produits recherchés et la liste des produits interdits ne cesse de s'allonger. Les apprentis sorciers qui gravitent autour des sportifs sont toujours à la recherche de produits dopants qui ne soient pas encore inscrits sur la liste et donc pas encore interdits. Cette inflation d'absorption de substances bafoue non seulement le respect des règles sportives mais s'effectue au détriment de la santé des athlètes. L'autopsie de Tom Simpson, mort au Mont Ventoux en juillet 1967 au cours du Tour de France, a révélé que les amphétamines avaient joué un rôle certain dans son décès. Les athlètes dépassent les seuils physiologiques et s'exposent à des conséquences très graves.

Le dopage touche inégalement les disciplines sportives

Le phénomène est plus développé dans certaines disciplines sportives et dans certains pays. Les exigences physiologiques extrêmes de certaines compétitions, l'importance des enjeux, les politiques des fédérations et des États à l'égard du dopage et du sport sont autant de facteurs qui accentuent ce phénomène. On se demande, par exemple, comment les cyclistes peuvent enchaîner durant deux semaines des efforts d'intensité soutenue sans avoir recours à des coups de pouce.

Le dopage a pénétré inégalitairement les disciplines sportives et concerne prioritairement des disciplines sportives énergétiques telles que l'haltérophilie, le cyclisme, le culturisme, l'athlétisme, la boxe, la natation... La souplesse de certaines fédérations à l'égard du dopage favorise, de plus, les excès.

Les raisons du dopage

L'augmentation des enjeux liés au sport, l'importance de la victoire et la difficulté d'atteindre le haut niveau sont les raisons essentielles de cette forme de tricherie. Les sportifs sont prêts à mettre en jeu leur intégrité physique et psychique pour gagner tant la victoire est essentielle à leurs yeux. Volontairement ou dupés par des équipes pseudomédicales, les sportifs qui se dopent hypothèquent sur leur avenir.

Mais le dopage n'est pas le seul fait des sportifs ; il concerne tous ceux qui gravitent autour d'eux c'est-à-dire les dirigeants, les médecins, les entraîneurs qui ferment les yeux et qui sont même parfois les instigateurs de telles pratiques. Dans la course aux médailles et devant les impacts économiques et politiques du sport, certaines nations n'ont pas hésité à instaurer un véritable dopage d'État.

Le phénomène est d'autant plus grave que le dopage ne concerne pas exclusivement le sport de haute performance mais il a atteint des pratiquants de tous les niveaux. On espère, par la prise de ces produits, augmenter sensiblement ses performances. Des marchés parallèles, très lucratifs, se créent pour vendre aux sportifs les produits qu'ils ne parviennent pas à se procurer légalement.

La lutte contre le dopage

Devant l'importance d'un tel phénomène, l'État et le mouvement sportif tentent de réagir par une réglementation plus précise, une répression plus sévère et par une politique de prévention. Le problème est complexe dans la mesure où les avis sur le dopage sont partagés. Certains se demandent de quel droit certaines pratiques, autorisées par ailleurs, sont interdites dans le milieu du sport. « Pourquoi le sportif ne serait-il pas libre de faire ce qu'il veut de sa santé, de son corps ? Lorsqu'un étudiant ou un homme politique se dope, on ne dit rien. Nous, il faut toujours qu'on nous suspecte. » La recherche de produits interdits (tels que le cannabis), dont l'absorption ne semble pas toujours être réalisée dans le but de tricher dans le domaine sportif en améliorant artificiellement ses performances, tend également à présenter le sport comme un univers de pureté dans lequel les athlètes doivent être irréprochables, au nom d'un idéal sportif quelque peu vieillot.

La lutte contre le dopage est d'autant plus difficile qu'il n'est pas certain que toutes les fédérations mettent en œuvre tous les moyens nécessaires pour combattre ce phénomène. En effet, dans la course poursuite entre les chercheurs pour le dopage et les chercheurs antidopage, les premiers ont toujours une longueur d'avance sur les seconds du fait de moyens de fonctionnement plus importants. De plus un contrôle performant et généralisé risquerait de décapiter les élites sportives pour deux ou trois ans et il faudrait accepter, ainsi, que les records ne soient plus battus pendant quelque temps. Mais qui s'intéresserait à une finale olympique du 100 mètres qui se courrait en 10 secondes ?

Le dopage met le sport en danger en bafouant un de ses principes fondamentaux : l'équité des chances. Pour enrayer le dopage, la lutte contre celui-ci ne doit pas s'apparenter au contrôle des excès de vitesse sur la route ou au contrôle fiscal dans les entreprises, mais devenir réellement performant en s'appliquant à tous les sportifs avec régularité. Cette solution est cependant très onéreuse dans la mesure où un contrôle antidopage coûte cher. La lutte contre le dopage doit être l'affaire de tous les acteurs du système sportif. Éducateurs, entraîneurs, dirigeants, médecins, athlètes doivent poursuivre le même objectif : éviter que le sport ne devienne un lieu de « préparation biologique » et un « laboratoire humain » au détriment du respect de la santé des athlètes et des valeurs fondamentales du sport.

Raccourci
La difficulté d'atteindre le haut niveau et les enjeux financiers du sport incitent les sportifs à prendre des produits interdits afin d'augmenter leurs chances de succès. Ce phénomène de dopage n'est pas le seul fait des athlètes mais concerne tous les acteurs du monde sportif.

La corruption

« L'affaire OM-Valenciennes » illustre une autre forme de tricherie dans le monde du sport : la corruption. Cette histoire a défrayé la chronique du fait de l'aspect médiatique des protagonistes mis en jeu mais n'est certainement pas un cas unique. Le sport, en devenant une valeur marchande, fait l'objet de transactions. La victoire, mais aussi la défaite, sont maintenant des sources de profit. Dans certains sports individuels, lors des tournées promotionnelles, les sportifs ou les managers s'arrangent à l'avance pour se partager les gains des finales. Ils assurent ainsi le spectacle tout en évitant les aléas de la compétition. Ces phénomènes s'accroissent lorsque le spectacle sportif est le support de paris.

S'ils sont rarement mis à jour, les dessous de table sont de plus en plus nombreux dans le monde sportif. Nous savons maintenant que l'Olympique de Marseille avait souvent recours à ce genre de pratique : dix matchs avaient été achetés avant la finale de 1991. Les sommes d'argent en jeu sont trop importantes pour prendre le risque de perdre. La glorieuse incertitude du sport est, pour les investisseurs, véritablement exaspérante car ils ne sont pas prêts à miser au hasard. Plus les investissements sont importants et plus les tentations de tricherie augmentent.

Aussi lorsqu'un athlète ou une équipe a une place assurée, ses adversaires peuvent tenter d'acheter sa défaite. Pourquoi ne pas accepter de perdre (contre compensation financière) lorsque la victoire ou la défaite n'ont pas d'incidence sur le classement final ? La loi de l'argent et de l'appât du gain prévalent quelquefois sur les enjeux sportifs. Cette forme de l'intrusion de l'argent dans le monde du sport est un réel danger, elle détourne les enjeux initiaux du sport. La victoire n'est plus le résultat d'un combat loyal et courageux mais devient un produit qui s'achète et se vend.

Les abus de pouvoir

Les abus de pouvoir des dirigeants

Les fédérations sont les principales structures organisatrices du sport, elles ont une mission de développement du sport, de formation et assurent la promotion d'une élite sportive. Elles sont en liaison avec l'État, établissent des relations de partenariat avec des grandes entreprises et brassent souvent des sommes considérables d'argent. Les fédérations cherchent à croître et à augmenter leur puissance sociale et économique. Les objectifs annoncés concernent les résultats internationaux, le nombre de licenciés, l'implantation de centres de formation, la mise en place de cadres techniques... Certaines fédérations sportives sont devenues des institutions très puissantes. Elles sont dirigées par des élus qui, quelquefois, se laissent griser par le pouvoir qu'ils possèdent. L'exemple récent de la Fédération Française des Sports de Glace nous permet d'illustrer ce phénomène. La gestion de cette fédération a été gravement mise en cause par l'inspection générale du Ministère de la Jeunesse et des Sports. L'enquête effectuée a révélé un certain nombre de dysfonctionnements et le président de la fédération a été décrié pour son mode d'exercice solitaire du pouvoir.

Dévorés par leurs ambitions, certains dirigeants sportifs oublient, parfois, ce qui est légal et ce que doit être l'exercice démocratique du pouvoir. Ils outrepassent leurs droits et exercent le pouvoir fédéral en bafouant les statuts de la fédération. Certains dirigeants gèrent des budgets dignes de ministères selon des principes « mafieux » sans jamais rendre de comptes à personne.

Les rapports entre l'argent privé et les fédérations demandent à être éclaircis. La corruption ne concerne pas seulement les sportifs mais aussi certains dirigeants qui utilisent leur statut et leur pouvoir pour profiter, au passage, d'avantages financiers. L'intérêt du sport est, une fois de plus, bradé face au désir de pouvoir et à l'appel de l'argent.

Le « baillonage » des athlètes

Face au pouvoir grandissant des sponsors et des dirigeants, les sportifs ont de plus en plus de mal à se faire entendre. Beaucoup de sportifs acceptent tout et n'importent quoi, soit par cupidité ou soit par faiblesse et peur de représailles. Lorsqu'on sait que la carrière de la plupart des footballeurs professionnels dure quatre à dix ans pour un salaire moyen mensuel de 3 000 à 4 000 euros, il faut mieux éviter de se retrouver trop vite au chômage en critiquant ouvertement des méthodes avec lesquelles on n'est pas d'accord. D'autres sportifs sont rémunérés très cher pour ne pas contester les décisions des organisateurs. Les pilotes de formule 1 sont payés pour prendre des risques et ils n'ont pas à s'immiscer dans certains aspects de la politique sportive. Ayrton Senna avait eu une amende pour avoir été vérifier une partie du circuit sur lequel un pilote s'était tué le jour même. Nul n'a écouté ses inquiétudes sur la fiabilité de sa voiture et du circuit. Rares sont les sportifs qui osent lutter contre le pouvoir des sponsors et des dirigeants. Lorsqu'Alain Prost a le courage de dire que les organisateurs privilégient le spectacle sur la sécurité des pilotes, il est sanctionné.

Les sportifs, qui sont pourtant les acteurs principaux du spectacle, deviennent des comédiens, certes quelquefois très bien payés, mais quelque peu potiches.

Raccourci

Le sport professionnel tend à apparaître comme une zone de non-droit, dans laquelle les règles démocratiques ne sont pas toujours respectées. L'appât du gain, la recherche d'événements spectaculaires, l'importance de la victoire engendrent des excès de plus en plus nombreux.

Peut-on et comment lutter contre les débordements du sport ?

Face à ces débordements, nous pouvons noter trois types de réactions. Certains nient en bloc ces phénomènes pour continuer à penser le sport comme un espace de pureté. D'autres considèrent les effets pervers du sport comme parfaitement inéluctables. À leurs yeux, une activité qui repose sur des principes de domination, de dépassement et de progrès est condamnée, par essence, à engendrer les excès actuels. La tricherie, le dopage, la corruption, la violence appartiennent au sport et reflètent sa face cachée. Une dernière tendance consiste à reconnaître certains aspects peu reluisants du sports, mais à les présenter comme des déviances qu'il est possible et nécessaire de combattre.

En effet, ces phénomènes constituent de réels dangers pour le sport. Le sport risque de se transformer en un lieu d'affrontements au cours desquels tous les coups seront permis pour parvenir au résultat souhaité. Il peut devenir l'occasion d'apprendre la violence, la tricherie et les abus de pouvoir. Lutter contre ceux-ci devient l'affaire de tous. Ces excès ne concernent, pour l'instant, qu'un nombre réduit de pratiques sportives et elles ne doivent, en aucune façon, se propager sous peine de mettre en péril le sport que nous connaissons et que nous aimons.

Les pouvoirs publics et les fédérations essaient d'enrayer ces phénomènes en créant des commissions et des cellules de réflexion. Cependant, tous les acteurs du monde sportif peuvent et doivent intervenir, chacun à leur niveau. L'éducateur joue essentiellement un rôle de prévention, il doit agir pour ne pas encourager de telles pratiques. Les fédérations et le corps arbitral jouent un rôle de répression : ils doivent être très fermes et ne pas tolérer les excès. Les fédérations ont le devoir de sanctionner les athlètes qui ont recours au dopage ou à la violence. Des arbitres compétents sont les garants du bon déroulement du jeu sur le terrain. Les dirigeants, eux, doivent veiller à appliquer les textes en vigueur (notamment sur la sécurité dans les stades et sur la lutte contre le dopage) pour prévenir les débordements. Mais le rôle le plus important est peut être celui des médias : toujours à la recherche de l'événement et du sensationnel, il leur plaît d'insister sur les phénomènes de violence et de tricherie dans le monde du sport. Les images du Heysel ont été montrées et remontrées jusqu'à l'overdose pour les uns mais aussi jusqu'à la banalisation pour les autres. À force de voir des images de violence, nous nous y habituons et notre seuil de sensibilité à celle-ci augmente.

Le problème est complexe à résoudre. La violence et le dopage sont apparus dans certaines disciplines sportives et il sera certainement très difficile de faire machine arrière. Il est cependant en notre pouvoir de pas les laisser contaminer l'ensemble du sport. Le sport devient ce qu'on fait de lui, alors évitons qu'il ne devienne une jungle sauvage et un spectacle d'arène mais essayons d'en faire un espace de respect, de plaisir et d'épanouissement.

Raccourci

Le sport est victime de son succès. Ses enjeux ont dépassé le cadre de la pratique sportive et incitent à recourir à tous les moyens possibles pour gagner. La violence, la corruption et le dopage sont liés, en partie, à la spectacularisation extraordinaire du sport.

Résumé

Du fait de son extrême popularité le sport connaît aujourd'hui de nombreux excès. La violence, le dopage, la corruption, les abus de pouvoir ont envahi le sport. L'esprit sportif est souvent bafoué et il importe de combattre ces débordements. Cette lutte concerne l'ensemble des acteurs du monde sportif et est indispensable si nous voulons conserver certaines des valeurs humanistes du sport. Il s'agit d'empêcher que le sport ne devienne que victoire, pouvoir, argent et magouille.

Thèmes de réflexion

1. Comment expliquer l'apparition des phénomènes de violence et de tricherie dans le monde du sport ?

2. Le dopage est-il compatible avec l'esprit sportif ?

3. « L'actualité récente a souvent donné l'impression d'un monde du sport uniquement gouverné par l'argent, dans les mains d'une bande de marionnettistes sans scrupules qui trempent leur ego dans la sueur des autres. Pour certains observateurs, tout se passe comme si le sport, sûr de sa puissance, laissait peu à peu tomber son masque de respectabilité pour montrer son vrai visage aux expressions hideuses et déformées par la souffrance et la haine. » Goetghelwer (Gilles), « Sport : en quête de respectabilité ? », in *Sport et Vie* n° 33, Novembre 1995, p. 22-25.

Que pensez-vous de cette vision du sport ?

4. Quelles mesures de prévention et de répression vous semble-t-il possible de mettre en place pour lutter contre la violence dans le sport ?

Pour en savoir plus

- Fanixes (Karl), « Hooligans : la grande incompréhension » in *Sport et vie*, n° 12, Juillet-Août 1992, p. 42-47. (Présentation du « phénomène hooligan ».)
- Mondenard (Jean-Pierre), *Drogues et dopages*, éditions Chiron, coll. *Quel corps,* 1987. (Présentation très complète des phénomènes du dopage avec une analyse critique.)
- Brohm (Jean-Marie), « Massacre à la tronçonneuse », *Sport et vie,* n° 33, Novembre-décembre 1995, p. 23-27. (Présentation des problèmes de violence et de corruption comme faisant partie même du sport, conception du sport comme « l'opium du peuple ».)

Chapitre 15

l'arbitre et le respect des règles

L'arbitre est celui qui a la responsabilité d'assurer le bon déroulement du jeu sportif. Si tout le monde s'accorde à reconnaître la difficulté et la noblesse de cette tâche, les arbitres sont souvent l'objet, sur les terrains de sport, de violences verbales voire physiques. D'où peut provenir ce décalage entre les discours et les pratiques ?

Le rôle des arbitres

Les arbitres assurent le bon déroulement du jeu. Ils font appliquer les règlements, sanctionnent les actes antisportifs, valident les points marqués, maintiennent le calme sur le terrain... L'autoarbitrage entraîne souvent des contestations et des affrontements. Lorsque deux tennismen estiment tous les deux avoir gagné l'échange, il devient difficile de se mettre d'accord si une tierce personne ne peut donner son point de vue. Aussi le rôle d'un arbitre est indispensable dans la mesure où les êtres humains éprouvent quelques difficultés pour s'autodiscipliner. Ce phénomène s'accentue dans les activités passionnelles et ce d'autant plus que la victoire l'emporte sur le jeu.

Les arbitres peuvent être amenés à tenir divers rôles. Devant la complexité du jeu sportif, certaines disciplines nécessitent la présence de plusieurs arbitres qui possèdent des fonctions différentes : en football l'arbitre central à un fort pouvoir de décision tandis que les arbitres de touche ont pour rôle essentiel de signaler les touches et les hors-jeu.

Les arbitres font quelquefois partie même du spectacle sportif. Ils se mettent en scène au même titre que les athlètes par des attitudes théâtrales et une gestuelle dramatique.

Raccourci

L'arbitre représente le pouvoir exécutif et judiciaire d'une fédération. Il a pour fonction d'assurer le respect des règles et de l'éthique sportive. Il est garant du bon déroulement des compétitions et valide les résultats.

Les tâches d'un arbitre

- Vérifier le matériel et la sécurité (terrain, équipement, éclairage)
- Contrôler les licences
- Gardien du temps

- Faire appliquer le règlement
- Veiller au respect de l'esprit sportif
- Sanctionner les écarts de conduite
- Consigner les réclamations
- Enregistrer et valider les résultats
- La difficulté de l'arbitrage

→ La difficulté de l'arbitrage

Certaines activités sportives sont plus faciles à arbitrer que d'autres et tolèrent très bien l'autoarbitrage. Cette différence est à rechercher dans les caractéristiques même des disciplines sportives et nous pouvons ainsi identifier diverses sources de la difficulté de l'arbitrage.

L'appréciation de la performance sportive

Dans certains sports (l'athlétisme, la natation, le cyclisme...) le chronomètre permet de chiffrer objectivement la performance et limite ainsi les phénomènes de contestation.

Dans d'autres sports les actions de marque sont facilement repérables. En tennis de table, il est difficile (sauf cas extrême de mauvaise foi) de ne pas percevoir qu'une balle n'a pas rebondi sur la table. En tennis la vision du rebond par rapport à la ligne est plus malaisée et peut donner lieu à des jugements différents.

La difficulté s'accroît lorsque la performance est évaluée par des juges qui ont pour fonction de noter une prestation (la gymnastique rythmique et sportive, la natation synchronisée, le patinage artistique, le plongeon). Malgré des critères objectifs, le jugement des juges est subjectif et les écarts de notation peuvent être importants et résultent de sensibilités individuelles et des représentations personnelles d'une « bonne prestation ».

La grandeur de l'espace de jeu et le nombre de joueurs

Dans les sports collectifs le nombre de joueurs et la grandeur du terrain ne permettent pas à l'arbitre une appréhension exhaustive de la situation. Pour apprécier un hors-jeu, il est nécessaire d'être bien placé pour évaluer la position des différents joueurs par rapport au ballon. Centré sur celui-ci, l'arbitre ne perçoit pas toutes les actions de l'ensemble des sportifs et peut sanctionner injustement un athlète alors que celui-ci ne fait que réagir à un comportement d'un adversaire.

De même le regroupement de plusieurs joueurs (la mêlée en rugby par exemple) rend difficile la perception des actions individuelles et certains faits échappent ainsi au contrôle de l'arbitre.

L'ambiguïté et l'interprétation des règles

Certaines règles sont faciles à faire appliquer car elles ne présentent aucune ambiguïté. La balle de tennis de table rebondit (ou ne rebondit pas) sur l'espace de jeu. Par contre d'autres règles laissent une part à l'interprétation de l'arbitre et complexifient sa tâche. Pour apprécier une faute en football il est nécessaire de prendre en compte différents éléments et de porter un jugement de valeur : l'athlète recherchait-il le ballon ? La faute est-elle intentionnelle ou accidentelle ? Il faut savoir, à bon escient, interrompre le jeu ou « laisser l'avantage ». Des événements identiques peuvent donner lieu à des interprétations différentes et les arbitres se caractérisent par un style qui traduit leur conception du jeu (sévérité, fermeté, laxisme...).

L'urgence temporelle

L'arbitre est souvent en situation d'urgence temporelle. Le jeu va vite et l'arbitre doit prendre des décisions rapidement. Le coup de sifflet doit avoir lieu juste après la faute sinon les athlètes, déjà engagés dans une autre action, ne comprennent plus. Ce contexte d'urgence temporelle ne permet pas à l'arbitre de considérer tous les éléments de la situation et de prendre du recul : il réagit instantanément, de façon globale et en fonction des indices les plus flagrants. Cette nécessité de décider immédiatement entraîne quelquefois des erreurs de jugement.

Les passions et les pressions

Avec l'accroissement des intérêts en jeu, les passions s'exacerbent. L'arbitre n'échappe pas à ce système de pressions : les interpellations du public, des athlètes, des entraîneurs et des dirigeants génèrent un climat d'insécurité qui nuit à la sérénité de l'arbitre. Or il ne peut y avoir de bon juge sans sérénité et les décisions d'un arbitre sont quelquefois influencées par les pressions qui s'exercent autour de lui. Quand la passion prend le pas sur la raison, il devient difficile de rester impartial.

Les athlètes, engagés totalement dans l'action, perdent quelquefois le contrôle d'eux-mêmes et l'arbitre doit alors supporter leurs excès de mauvaise humeur. Le footballeur mis hors-jeu par ses adversaires se retourne vers l'arbitre pour contester sa décision et, ainsi, nier sa faute. L'arbitre doit, en ce cas, être capable de ne pas réagir de façon épidermique à toutes ces invectives mais évaluer les agressions verbales qui dépassent l'acceptable.

La malhonnêteté de certains athlètes

La tâche d'un arbitre est d'autant plus complexe que les athlètes jouent avec les règles et cherchent à exploiter les faiblesses de l'arbitrage. Certains sont devenus des experts dans « le cinéma ». Lorsqu'un footballeur se laisse tomber dans la surface de réparation, il cherche à influer sur le jugement de l'arbitre en lui donnant de fausses informations. L'arbitre est contraint de démêler la part du vrai et de la comédie dans les comportements des joueurs. Certains athlètes camouflent leurs actes afin de ne pas les rendre perceptibles à l'arbitre : on exploite des regroupements de joueurs pour agir de façon illicite, on retient un adversaire par le maillot dans le dos de l'arbitre, on essaie de camoufler une faute...

Raccourci
Arbitrer est une tâche difficile. L'arbitre doit prendre des décisions rapidement et évaluer avec pertinence les caractéristiques de chaque événement. La complexité de cette tâche est accrue lorsque les règlements sportifs nécessitent une interprétation de la situation.

Pourquoi cette animosité envers l'arbitre ?

Toutes les parties prenantes du sport sont d'accord pour souligner la difficulté de la tâche d'arbitrage et relever la noblesse de la fonction. Et pourtant les arbitres sont souvent hués et montrés du doigt. Aussi nous pouvons nous interroger sur les raisons de cette animosité envers les arbitres. Certaines sont liées à la qualité de l'arbitrage et d'autres aux caractéristiques mêmes du sport et de ses acteurs.

L'incompétence de l'arbitre

Si un bon arbitre endigue les phénomènes de violence et de contestation, un mauvais arbitrage amène une dégradation rapide de la rencontre. Un arbitre imprécis et indécis génère une incertitude qui est source de conflits. L'arbitre devient incapable de se faire respecter et de faire respecter les règles du jeu. Cette incompétence se traduit par des prises de décision erronées et/ou tardives, un laxisme trop important, des crises d'autorité. Un arbitre ne peut se faire obéir que si ses décisions sont équitables : des erreurs flagrantes d'arbitrage sont très mal vécues par les athlètes et augmentent leur agressivité.

L'origine des critiques envers l'arbitrage n'est cependant pas exclusivement liée à la qualité de l'arbitrage mais provient d'autres facteurs.

La méconnaissance des règles et le chauvinisme des spectateurs

Le public décrie souvent les décisions de l'arbitre de manière injustifiée. Sa connaissance partielle du règlement l'amène à contester des décisions cohérentes. Les spectateurs vivent la rencontre de façon passionnelle, ils sont sensibles aux actes spectaculaires et oublient quelquefois les aspects réglementaires du jeu. Ils contestent sans savoir mais seulement en fonction d'impressions et de sentiments. C'est une des caractéristiques des spectateurs que d'avoir le jugement aisé. Nous nous y faisons tous prendre. Dans l'ambiance des tribunes, les supporters deviennent partiaux et prennent parti pour leur équipe de façon inconsidérée (jusqu'à un certain seuil au-delà duquel les spectateurs ne dénigrent plus l'arbitre mais les sportifs mêmes).

Un coupable facile

On gagne facilement par ses propres mérites mais on perd souvent par la faute des autres. Il est toujours plus aisé, en cas de défaite, d'accuser l'arbitre plutôt que de reconnaître ses erreurs. Le penalty, justifié pour les uns, apparaît complètement inacceptable pour les autres. Les nouveaux enjeux du sport (économiques, politiques, de prestige...) nuisent à l'objectivité des jugements et amènent les athlètes, les supporters, les dirigeants et même les entraîneurs à rechercher les causes de la défaite dans des facteurs externes (la malchance, le terrain, la météo, l'arbitre...).

La non-acceptation d'une erreur d'arbitrage amène quelquefois les sportifs à se sanctionner eux-mêmes. Le tennisman, malmené par son adversaire, se focalise sur une décision de l'arbitre et perd un set, voire le match du fait de son incapacité à se reconcentrer sur le jeu. Il est bien sûr facile, après coup, d'accuser l'arbitre et de ne pas reconnaître son intolérance et sa fragilité émotionnelle.

Raccourci

Le chauvinisme, la méconnaissance du règlement, les enjeux financiers, la difficulté à accepter la défaite, la malhonnêteté conduisent les supporters, les sportifs, les dirigeants et les entraîneurs à critiquer violemment les arbitres même si leurs décisions sont justifiées.

Les qualités d'un arbitre :

- le courage ;
- l'honnêteté ;
- l'autorité ;
- la compétence ;
- le sens pédagogique ;
- le respect des athlètes ;
- la maîtrise de ses réactions émotionnelles.

Comment favoriser le dialogue et la compréhension mutuelle ?

Il est nécessaire de revaloriser la fonction des arbitres et de ne pas les transformer en simples marionnettes que l'on peut invectiver par pur plaisir. Pour ce faire, certaines mesures sont susceptibles d'être mises en œuvre.

La sensibilisation des jeunes sportifs à l'arbitrage

La meilleure façon de comprendre les autres est de se mettre à leur place. C'est ce principe qui a engendré une politique en faveur de l'accès à l'arbitrage des jeunes sportifs. L'Union Nationale du Sport Scolaire a ainsi créé une carte de jeune arbitre. Les sportifs mis en situation d'arbitre découvrent la difficulté de la tâche et cette pratique mérite d'être systématisée dans les clubs au cours des entraînements. Cette sensibilisation à l'arbitrage a pour but d'apprendre aux sportifs à respecter l'arbitre en se confrontant à la réalité et à la difficulté de cette fonction.

La formation et le suivi des arbitres

Le rôle des arbitres est essentiel et il est indispensable de prévoir une formation adaptée pour ceux-ci. Arbitrer ne s'improvise pas et exige des qualités de courage, de ténacité, d'intelligence... Il s'agit de mettre en place des formations appropriées (sans qu'elles ne deviennent cependant exigeantes au point de rebuter les éventuels candidats) pour permettre le développement de ces compétences. À titre d'illustration, au cours de l'année 2008, un Diplôme Universitaire a été mis en place par l'université Blaise Pascal de Clermont-Ferrand en partenariat avec diverses fédérations de sports collectifs. Cette formation regroupe des arbitres experts de football, rugby, basket-ball et handball. Elle vise à susciter des échanges entre les arbitres de différentes cultures et des chercheurs afin de créer un nouveau corpus de connaissances sur l'arbitrage.

Le suivi des arbitres est également l'occasion d'une formation continue et limite les abus. Le football, à titre d'illustration, a mis en place un système de notation des arbitres. Les arbitres de première et de deuxième division sont évalués, à chaque match, par d'autres arbitres. Ces notes donnent lieu à un classement à la fin de la saison et, en fonction de celui-ci, les arbitres sont relégués à des niveaux inférieurs ou accèdent à de nouvelles responsabilités.

Des outils d'aide à la décision de l'arbitre

Des outils sont susceptibles d'aider les arbitres à évaluer certains aspects du jeu et de limiter les erreurs d'appréciation (les systèmes électroniques sur les lignes des terrains de tennis par exemple). Il importe de réfléchir sur la conception de tels outils qui faciliteraient la prise de décisions des arbitres. Le problème est de mettre au point des outils qui ne nuisent pas à la continuité du jeu. Par exemple, le recours à la vidéo, souvent évoqué en football, ne paraît guère possible dans la mesure où il entraînerait des arrêts de jeu trop importants.

Raccourci

Le respect des règles et de l'arbitre fait partie de l'esprit sportif. Il importe d'apprendre aux différents acteurs du monde sportif à ne pas laisser la passion prendre le pas sur la raison.

Résumé

Si le sport n'a pas été inventé pour les arbitres, il reste qu'il ne peut y avoir de sport sans arbitre. Ils sont les garants du respect de l'éthique sportive et des règlements. La difficulté à s'autodisciplinier, la recherche à tout prix de la victoire, l'accroissement des passions, le refus de l'autorité, le chauvinisme, le rejet de la faute sur les autres sont autant de facteurs qui rendent l'arbitrage indispensable. La complexité de cette tâche est accrue par les contextes d'urgence temporelle et fortement émotionnels des rencontres sportives. L'esprit sportif impose d'apprendre à respecter l'arbitre et à accepter ses erreurs.

Thèmes de réflexion

1. Le jeu sportif est-il possible sans arbitre ?
2. L'importance et le rôle des arbitres sont-ils les mêmes en fonction des disciplines sportives et des niveaux de pratique ? Justifiez votre réponse.
3. Peut-on à la fois être juge et partie ?
4. Pourquoi vous semble-t-il important d'éduquer les jeunes sportifs à l'arbitrage ?
5. Quelles qualités et compétences doit posséder un arbitre pour se faire respecter sur le terrain ?

- Alain (C.) et Sarrazin (C.), « Prise de décision et traitement de l'information en squash » in *STAPS* n° 12, 1985, p. 49-59.
- Alderman (R.), *Manuel de psychologie de sport*. Paris, Vigot, 1987.
- Bart (C.) et Fleury (M.) « Analyse des comportements des gardiens de but experts et non-experts en hockey sur glace », in Marcotte (G.) et Thiffauft (C.) (Dir.), *Tactique individuelle et collective au hockey sur glace*. Québec, Pélican, 1981, p. 111-115.
- Bakker (F. C.), Whiting (H.) et Van der Brug (H.), *Psychologie et pratiques sportives*. Paris, Vigot, 1992.
- Cadopi (M.) « Pratique mentale et apprentissage de formes gestuelles chez les enfants de 8 et 10 ans », in Bilard (J.) et Durand (M.) (Dir.), *Sport et psychologie*. Dossier EPS n° 10, *EPS*, 1990.
- Cattell (R. B.), *The scientific analysis of personality*. Chicago, Aldine, 1966.
- Chevalier (N.), « Imagerie et répétition mentale dans l'apprentissage moteur et dans la performance motrice », Séminaire sur la représentation, in *Cahiers du centre interdisciplinaire de recherche sur l'apprentissage et le développement en éducation (CIRADE)*. Université du Québec à Montréal, 1988, p. 25.
- Delignières (D.), *Psychologie du sport*. Paris, PUF, 2008.
- Durand (M.), *L'enfant et le sport*. Paris, PUF, 1987.
- Fleischman (E.A.), *The structure and measurement of physical fitness*. Englewood, Cliffs, Prentice Hall, 1964.
- Gabler (H.), « Development of personnality traits in top-level sport performers » in *Sport-wissenschaft*, n° 6, 1976, p. 247-276.
- Gauthier (G. M.), « L'apprentissage du contrôle du mouvement par bouclage rétroactif biologique : application au geste du rameur », in Rioux (G.) et Thill (E.), *Les déterminants de la performance*. Paris, Vrin, 1980.
- Guthrie (E. R.), *The psychology of learning*. New York, Harper et Row, 1952.
- Halliwell (W. R.), « Intrinsic motivation in sport » in *Sport psychology, an analysis of athlete behavior.* Ithaca, NY, Mouvement Publications, 1978.
- Jones (J. G.) et Hardy (L.), « Stress and cognitif functioning in sport », in *Journal of Sport Sciences*, n° 7, 1989, p. 41-63.
- Karli (P.), *L'homme agressif*. Paris, O. Jacob, 1987.

- Knapp (B.), *Acquisition des habiletés motrices*. Paris, Vigot, 1968.
- Le Scanff (C.) et Legrand (F.), *Psychologie*. Paris, Ellipses, 2004.
- Leyens (J.-Ph.), « La valeur cathartique de l'agression : un mythe ou une inconnue ? », in *L'année psychologique*, n° 2, 1977, p. 525-550.
- Lorenz (K.), *L'agression, une histoire naturelle du mal*. Paris, Flammarion, 1963.
- Nuttin (J.), *Théorie de la motivation humaine*. Paris, PUF, 1980.
- Pfister (R.), « Le sport et la catharsis de l'agressivité », in Arnaud (P.) et Boyer (G.) (Dir.), *La psychopédagogie des activités physiques et sportives*. Privat, Toulouse, 1985, p. 225-238.
- Reuchlin (M.), *Psychologie*. Paris, PUF, 1977.
- Rey, (J.-P.), « Le groupe », in *EPS*, 2000.
- Schmidt (R. A.), *Apprentissage moteur et performance*. Paris, Vigot,1993.
- Saury (J.) et Sève (C.), « L'entraînement », in *EPS*, 2004.
- Simonet (P.), *Apprentissages moteurs. Processus et procédés d'acquisition.* Paris, Vigot, 1985.
- Spaeth Arnold (Ree K.), « Le développement des habiletés sportives ». Dossier EPS n° 3, in *EPS,* 1983.
- Target (C.) et Cathelineau (J.), *Pédagogie sportive. Modules de formation et méthodes d'enseignement des standards*. Paris, Vigot, 1990.
- Thill (E.) et Fleurance (P.), *Guide pratique de la psychologique du sportif*. Paris, Vigot, 1998.
- Vallerand (R. J)., *La motivation du sportif de compétition. Théorie et applications*. Paris, Les cahiers de l'INSEP n° 6, 1994.
- Weineck (J.), *Biologie du sport*. Paris, Vigot, 1996.

- **Acquis :** qui résulte de l'expérience et de la pratique.
- **Affectif :** qui concerne la sensibilité, les émotions, les sentiments.
- **Apprentissage :** acquisition d'une conduite du fait de la pratique et de la répétition.
- **Aptitude :** prédisposition définie génétiquement. Les aptitudes peuvent être physiques, cognitives ou psychomotrices.
- **Attitude pédagogique :** style d'intervention et modes d'interaction d'un éducateur à l'égard des élèves.
- **Automatisme :** geste appris par apprentissage qui se déroule sans mobiliser les processus conscients.
- **Cognitif :** qui concerne la connaissance.
- **Cohésion :** processus grâce auquel un groupe reste uni.
- **Concentration :** capacité à porter son attention sur un élément particulier.
- **Développement :** modifications dues à la croissance.
- **Éduquer :** transmettre des valeurs morales et sociales.
- **Émotion :** modification cérébrale et physiologique due à une situation inhabituelle.
- **Endurance psychologique :** capacité à maintenir son attention durant une durée importante.
- **Enseigner :** apprendre quelque chose à quelqu'un.
- **Entraînabilité :** marge de progression d'un athlète.
- **Entraînement :** mise en place de charges de travail dans le but d'améliorer les performances sportives.
- **Entraînement mental :** apprentissage de la gestion des facteurs psychologiques de la performance.
- **Esprit sportif :** la fusion du désir de vaincre, de l'équité et de la loyauté.
- **Éthique sportive :** valeurs sportives issues de la charte olympique c'est-à-dire : amitié, honnêteté, respect et reconnaissance mutuels, rapprochement entre les peuples, progrès…
- **Éveil cortical :** voir niveau d'activation nerveuse.
- **Gérer :** administrer, faire fonctionner, créer des projets.
- **Fair-play :** respect des règles, des adversaires, des partenaires et des arbitres.
- **Feed-back :** retour d'informations concernant la performance et/ou le résultat.

- **Flânerie sociale :** diminution de la performance d'un sujet réalisée en contexte groupal par rapport à sa performance réalisé en contexte individuel.
- **Habileté :** capacité à atteindre un but avec le maximum de réussite et le minimum de dépense énergétique.
- **Habileté fermée :** habileté qui se déroule dans un milieu stable.
- **Habileté ouverte :** habileté qui se déroule dans un milieu instable.
- **Inné (héréditaire) :** donné à la naissance.
- **Leadership :** processus d'influence social par lequel un individu exerce un effet positif sur un groupe.
- **Motivation :** ensemble des forces qui poussent l'individu à atteindre un but.
- **Niveau d'activation nerveuse (ou éveil cortical) :** état d'alerte du système nerveux.
- **Pédagogie :** art de conduire la classe.
- **Performance :** production motrice.
- **Personnalité :** ensemble des caractéristiques psychologiques d'un individu qui tendent à le faire réagir d'une certaine façon.
- **Prise de décision :** effectuer un choix parmi plusieurs alternatives.
- **Programme moteur :** suite d'instructions ordonnées stipulant les commandes motrices nécessaires à l'exécution d'un geste.
- **Projet :** articulation d'objectifs et de moyens destinés à les atteindre.
- **Promotion d'une activité sportive :** assurer la croissance d'une activité sportive.
- **Proprioception :** sensations liées aux mouvements.
- **Psychologie :** étude des pensées, des sentiments et des conduites humaines.
- **Réflexe :** réponse innée.
- **Sophrologie :** ensemble de techniques dont le but est d'apprendre à l'individu à contrôler de façon volontaire ses pensées et ses niveaux d'activation nerveuse.
- **Sponsor :** partenaire qui s'associe avec le sport dans l'espoir d'effets retours (accroissement des ventes, amélioration de son image de marque, communication externe...).
- **Stéréotype :** mouvement automatique mais non adaptable.
- **Stimulus (ou signal) :** événement perçu dans la situation qui déclenche une réponse particulière.
- **Stress :** appréhension non contrôlée.

- **Système nerveux central** : les structures nerveuses cérébrales (= le cerveau).
- **Tâche motrice** : ensemble de contraintes qui nécessitent la mise en place d'une réponse adaptée.
- **Temps de réaction** : durée s'écoulant entre la présentation d'un signal et le début de la réponse à ce signal.
- **Training autogène** : méthode de préparation psychologique, basée sur la relaxation, qui a pour but d'augmenter la récupération du sportif.
- **Transfert d'apprentissage** : effet d'un ancien apprentissage sur un nouvel apprentissage.
- **Visualisation** : se représenter quelque chose (un geste, une situation) mentalement.
- **Visuomotrice** : coordination entre les informations oculaires et un mouvement.